Paul De Raeve

Die Europäische Union – was habe ich davon

Paul De Raeve

Die Europäische Union – was habe ich davon

ScienciaScripts

Imprint

Any brand names and product names mentioned in this book are subject to trademark, brand or patent protection and are trademarks or registered trademarks of their respective holders. The use of brand names, product names, common names, trade names, product descriptions etc. even without a particular marking in this work is in no way to be construed to mean that such names may be regarded as unrestricted in respect of trademark and brand protection legislation and could thus be used by anyone.

Cover image: www.ingimage.com

This book is a translation from the original published under ISBN 978-3-330-03381-8.

Publisher:
Sciencia Scripts
is a trademark of
Dodo Books Indian Ocean Ltd. and OmniScriptum S.R.L publishing group

120 High Road, East Finchley, London, N2 9ED, United Kingdom
Str. Armeneasca 28/1, office 1, Chisinau MD-2012, Republic of Moldova, Europe
Managing Directors: Ieva Konstantinova, Victoria Ursu
info@omniscriptum.com

Printed at: see last page
ISBN: 978-620-8-31257-2

Das Inhaltsverzeichnis:

DIE EUROPÄISCHE UNION - WAS IST FÜR MICH DRIN?
von
Paul De Raeve

Über den Autor

Paul De Raeve, der 1984 seinen Abschluss als Krankenpfleger machte, erwarb 1989 einen Master-Abschluss in Pflegewissenschaft an der Freien Universität Brüssel (VUB), gefolgt von einem Master-Abschluss in Statistik an der Katholischen Universität Brüssel (KUB) im Jahr 1996. Diese akademische Wissensentwicklung ermöglichte es Paul, von einem quantitativen zu einem qualitativen Ansatz für eine evidenzbasierte Politikgestaltung überzugehen, was in seiner Doktorarbeit am Kings College der Universität London zum Ausdruck kam. Seine Doktorarbeit konzentrierte sich auf einen ethnografischen Ansatz zur Erforschung des politischen Zeitfensters, das sich der Führung der Krankenpflege bei den Verhandlungen zum EU-Beitritt bietet.

Aus beruflicher Sicht arbeitete Paul De Raeve seit 1984 Vollzeit als Krankenpfleger im Exzellenzzentrum für muskelkranke Kinder "De Bijtjes". Von 1990 bis 1992 war Paul De Raeve leitender Krankenpfleger in der Neonatologie des Al Hada Krankenhauses in Saudi-Arabien, einem Arbeitsumfeld mit vielen Nationalitäten, unterschiedlichen kulturellen Hintergründen, Gewohnheiten und Überzeugungen, und kümmerte sich um Patienten, als der Golfkrieg begann. Nach seiner Rückkehr aus dem Nahen Osten wurde Paul als Mitarbeiter an das Freie Universitätsklinikum Brüssel (UZB) berufen. In Teilzeit wurde er an das belgische Ministerium für Gesundheit und Umwelt abgeordnet, wo Paul zu einem Team gehörte, das den Mindestdatensatz für die Krankenpflege entwickelte und diese Indikatoren für die Finanzierung aller belgischen Krankenhäuser verwendete. Somit waren die Krankenschwestern und Krankenpfleger an der politischen Entscheidungsfindung bei der Gestaltung eines nachhaltigen Gesundheitssystems beteiligt.

Paul hatte die Gelegenheit, zwei frühere Bücher zu verfassen: "Nursing Research in Practice" (Pflegeforschung in der Praxis), das 1999 bei Kluwer in flämischer und französischer Sprache erschien (La Recherche Infirmière, Approches Pratiques), und "Nurses' voice in the EU Policy Process" (Die Stimme der Pflegekräfte im politischen Prozess der EU), das 2011 veröffentlicht wurde. Im Jahr 2016 veröffentlichte Paul seine Doktorarbeit als Forschungsmonografie.

Weitere Artikel wurden ab 2002 veröffentlicht, als Paul der erste Generalsekretär der Europäischen Föderation der Krankenpflegeverbände (EFN) wurde, die im Namen von 3 Millionen Krankenschwestern und -pflegern gegenüber den europäischen Institutionen, der Europäischen Kommission, dem Europäischen Parlament und dem Rat eine starke Lobbyarbeit leistete. Der Schwerpunkt dieser Arbeit lag vor allem auf drei Prioritäten im Pflegebereich: dem europäischen Rechtsrahmen für die Krankenpflegeausbildung, damit sich Krankenschwestern und Krankenpfleger aufgrund ihrer Qualifikationen innerhalb der EU frei bewegen können; den EU-Arbeitskräften im Gesundheitsbereich; und der Entwicklung von qualitativ hochwertigen und vor allem sicheren Pflegediensten! In diesem Zusammenhang haben eHealth-Dienste und Robotik auf Pauls Lobby-Agenda hohe Priorität. Da Forschung und Innovation auf der Agenda der Kommission immer weiter nach oben rücken und Milliarden von EU-Mitteln in Anspruch nehmen, wurde klar, dass es neben EFN als politischer Stimme der Krankenschwestern in der EU dringend notwendig war, die wissenschaftlichen Erkenntnisse der Krankenpflege zu bündeln, um politische Argumente zu liefern. Daher wurde bei der Gründung der Europäischen Stiftung für Pflegeforschung (ENRF) haben die EFN-Mitglieder Paul gebeten, auch Generalsekretär dieser Stiftung zu werden, um sicherzustellen, dass beide Organisationen, EFN und ENRF, in Synergie arbeiten und sich gegenüber den EU-Institutionen politisch und wissenschaftlich Gehör verschaffen.

Über das Buch

2016 war ein sehr herausforderndes Jahr für die europäischen Institutionen. Sie hatten den Brexit zu verkraften und die USA wählten Trump zum Präsidenten. Auch in Italien gab es ein Referendum, und Renzi versprach, zurückzutreten. Österreich behielt jedoch seinen grünen Präsidenten, wohl wissend, dass die extreme Rechte nur einen Hauch entfernt ist!

Es sieht so aus, als hätten die EU-Bürger genug von dem schönen Gerede der Politiker, die sie in der Vergangenheit gewählt haben, genug von den politischen Versprechungen. Sie fragen sich, ob die Politiker ihr Verhalten und ihre Rhetorik ändern, um auf die Frustrationen ihrer Wähler zu reagieren. Trotzdem stehen für die EU noch weitere Herausforderungen an.

In diesem Zusammenhang ist es wichtig, dass sich die Krankenschwestern und Krankenpfleger fragen, in welcher Welt sie leben und arbeiten wollen, wie die Krankenpflege in dieser sich verändernden Welt aussehen muss und was für die Krankenschwestern und Krankenpfleger, die täglich für die Schwächsten in unserer komplexen Gesellschaft sorgen, drin sein sollte. Wir könnten sogar die Frage stellen: Die EU, was ist für mich drin?

Seit 2008, als die Finanzkrise die normalen EU-Bürger, insbesondere Krankenschwestern und Frauen, sehr hart traf, wurden immer mehr Herausforderungen für das tägliche Überleben sichtbar. Einige Politiker begannen, die Sprache der normalen Bürger zu sprechen, von denen viele ihren Arbeitsplatz verloren, um einen neuen Job kämpften, von einem Tag auf den anderen Gehaltskürzungen hinnehmen mussten und feststellten, dass die etablierten Politiker die Finanzkrise nutzten, um das Gesundheitssystem grundlegend zu reformieren. Es war die Zeit der Kürzungen, der Verkleinerung, vorzugsweise unter Beibehaltung der gleichen Ergebnisse, aber mit weniger Menschen. Was bedeutete also die Wachstumsagenda für die Arbeitnehmer weißer Hautfarbe?

Die Frage bleibt: "Was tut die EU für mich?". Ist die EU, ihre Institutionen, ihre politischen Spiele, nur ein komplexes politisches Labyrinth, das niemand versteht? Sind die gut bezahlten und gut geschützten EU-Beamten einfach nur Gesetzgeber in ihrem selbst geschaffenen Kokon, weit weg von der täglichen Realität?

Und was noch wichtiger ist: Was bringt es den Krankenschwestern? Was ist für das Personal an vorderster Front drin? Was ist für den normalen EU-Bürger drin? Und schließlich: Sollen wir dieses europäische Projekt aufgeben oder eines mit zwei Geschwindigkeiten schaffen? Vielleicht haben Juncker, Tusk und Schulz das alles schon herausgefunden.

Dieses Buch basiert daher weitgehend auf den konkreten Errungenschaften der Krankenpflegegemeinschaft und ihrer Führungspersönlichkeiten, die die europäische politische Agenda vorantreiben, um die Krankenpflege so voranzubringen, dass sie konkrete Vorteile für die Bürger und Patienten der EU bringt. Das europäische Projekt der Krankenschwestern und Krankenpfleger, sei es auf politischer, beruflicher oder wissenschaftlicher Ebene, ist eine starke Bewegung, die seit 1967, als die Kommission mit der Ausarbeitung der Freizügigkeitsrichtlinie begann, entstanden ist. Was haben die Krankenschwestern und Krankenpfleger also nach einem halben Jahrzehnt von diesem komplexen, dynamischen, politischen EU-Umfeld?

Kapitel 1

1. Einführung

Bevor wir die Frage "Was bringt mir die EU?" beantworten, sollten wir zunächst besser verstehen, woher die EU kommt und wohin sie sich nach Ansicht der derzeitigen politischen Führer entwickelt. Das Modell der zwei Geschwindigkeiten ist wieder im Gespräch, da Polen und Ungarn derzeit nicht die größten EU-Liebhaber sind; und nach dem Votum des Vereinigten Königreichs für einen Austritt aus der EU könnten auch Frankreich und die Niederlande ähnliche Überlegungen anstellen. Also, wer bleibt?

Die EU ist kein Schiff, kein Tanker, der sich sehr langsam auf sein Ziel zubewegt. Im Gegenteil, sie kann sich sehr schnell bewegen und man muss als Lobbyist wachsam sein, um die Details nicht zu verpassen. Die EU-Institutionen - das Europäische Parlament, der Rat und die Kommission - sind jedoch zu einer komplexen Bürokratie geworden, die den Bürgern nur unzureichend erklärt wird. Man könnte sogar sagen, dass wir heute nicht nur die Kluft zwischen Wissenschaft und Praxis schließen müssen (an der wir mehrere Jahre lang gearbeitet haben, weil wir erkannt haben, dass sie durch Elitedenken und "Kokonismus" entstanden ist), sondern dass jetzt eine noch größere Kluft zwischen Politik und Bürgerschaft besteht. Die Bürger vertrauen den Politikern nicht mehr. Es geht nicht um Populismus; es geht darum, dass man zuhört und ernst genommen wird. Deshalb sollten wir einige Dinge verstehen, bevor wir weitermachen.

Im ersten Kapitel "Was wir wissen müssen, um voranzukommen!" wird der Kontext der EU-Politikgestaltung dargelegt. Es folgt das Kapitel "Krankenpflege ist bereit, gesundheitliche Ungleichheit zu verringern", das sich mit diesem Kontext befasst. Krankenschwestern und Krankenpfleger können Ungleichheit verringern und zu einer ehrlicheren, wohlhabenderen Europäischen Union beitragen, und indem sie dies tun, wird deutlich, dass Frauen eine entscheidende Rolle in dieser Bewegung spielen.

Darüber hinaus bedeutet Gesundheitsversorgung auch Management und Leitung, beides Begriffe, die eng mit der Haftung verbunden sind. Die Haftung von Krankenschwestern und Krankenpflegern ist in der EU unterentwickelt, da Krankenschwestern und Krankenpfleger im 21.ᵗᵉⁿ Jahrhundert immer noch den Ärzten "unterstellt" sind.

Dennoch werden fortschrittliche Rollen entwickelt und erhalten politische Impulse, sogar mit der Unterstützung einiger Ärzte. Es gibt genug zu tun, um den "Tanker" weiter zu bewegen und sicherzustellen, dass wir im Team zusammenarbeiten, um das Ziel (das Ergebnis) zu erreichen, das wir uns für das Ökosystem der Gesundheits- und Sozialfürsorge vorstellen.

Das Sammeln von Erkenntnissen darüber, was funktioniert und was nicht, ohne politische Motive, ist eine der Möglichkeiten, Innovation zu fördern, die sich von einer forschungsorientierten Denkweise unterscheidet. Innovationen müssen nicht zwangsläufig evidenzbasiert sein; sie können auch aus der Not heraus entstehen, um in der täglichen Praxis zu bestehen. Durch das Sammeln von Innovationen und deren Analyse unter dem Gesichtspunkt der Auswirkungen könnten eHealth-Dienste in der Krankenpflege und der Sozialfürsorge jedoch als Beispiele für die Ausweitung des Wandels dienen, ohne störend zu wirken. Mit diesen fortschrittlichen Rollen für Krankenschwestern und -pfleger, die mit diesem Wandel einhergehen - endlich weg von einem medizinischen Krankheitsmodell hin zu einem stärker präventiven Ansatz mit Gemeinde- und Schulkrankenschwestern als Public-Health-Coaches - muss die Technologie unser bester Freund werden, um an vorderster Front zu bleiben. Der Lebensstil ist der größte Killer, aber können wir das Verhalten des Einzelnen ändern, damit er aufhört zu rauchen, zu trinken, zu spielen, ungeschützten Sex zu haben und mehr zu Fuß zu gehen und Sport zu treiben, ohne langweilig zu sein und Vorschriften zu machen? Die innovativen Lösungen der Krankenschwestern und die Entwicklung zweckdienlicher Technologien, wie z. B. Avatare oder seriöse Spiele, um die Bevölkerung zu erreichen, sind virtuelle Coaching-Tools, die von den Mitarbeitern an der Front aufgegriffen werden, um die Kontinuität der Pflege zu unterstützen.

Die Prävention ist jedoch nur ein Teil des Ökosystems der Gesundheits- und Sozialfürsorge. Während "Virgin Care" seine Arbeit aufnimmt und vielleicht Ryanair folgt und die Pflege in ein Geschäft umwandelt, ist Privatisierung ein Konzept, vor dem die Europäische Kommission keine Angst hat; KMU werden unterstützt, Start-ups werden gegründet, das Unternehmertum wird gefördert, in der Hoffnung, mehr Arbeitsplätze und Wachstum zu schaffen.

Der Aufbau eines widerstandsfähigen Ökosystems für die Gesundheits- und Sozialfürsorge ist daher eine Priorität, die nicht von der Industrie gestaltet werden sollte. Natürlich ist die Industrie dazu bereit, indem sie die Kontrolle über die öffentlichen Beschaffungssysteme erhält und so ihr eigenes Geschäftsmodell vorantreibt, das sehr gut zur Liberalisierung passt. Aber zu welchem Preis, und wer zahlt dafür? Wenn die Industrie Teil des "Tankers", des "Flaggschiffs", sein will, das sich sicher durch einige hohe Wellen bewegt, muss sie erkennen, dass sie auf dem "Tanker" eine gleichberechtigte Kabine hat, keine Luxussuite.

Das zweite Kapitel konzentriert sich darauf, wie Krankenschwestern und Krankenpfleger die europäische Gesetzgebung gestaltet haben, insbesondere in Bezug auf das wichtigste politische Dossier, das Krankenschwestern und Krankenpfleger in der EU aufgebaut haben: die *Freizügigkeit von Personen und Dienstleistungen*, insbesondere im Rahmen der Regelung der gegenseitigen Anerkennung von Berufsqualifikationen. Diese europäische Gesetzgebung bietet Krankenschwestern und Krankenpflegern rechtlichen Schutz, wenn es um die Bachelor-Ausbildung geht; und durch die Modernisierung dieser Richtlinie im Jahr 2013 wurde das Niveau der europäischen Ausbildung durch die Aufnahme von Artikel 31, der acht Schlüsselkompetenzen festlegt, erheblich angehoben. Drei Personen in den EU-Institutionen - die Kommission, das Parlament und der Rat - haben dies erreicht, weil sie wussten, dass einige Politiker in der EU, vor allem in den Niederlanden, Malta, Ungarn und Deutschland, die Pflegeausbildung abwerten wollten. Warum sollte man drei Jahre lang lernen, um Patienten zu waschen und zu füttern? Oder geht es darum, dass einige Politiker die Ausbildung von Frauen - über 3 Millionen Frauen in der EU - nicht verbessern wollen?

Daher ist es wichtig, den Fokus auf den EU-Beitritt - den Acquis Communautaire - zu richten, da viele EU-Beitritte gezeigt haben, dass er die Ausbildung von Krankenschwestern und Krankenpflegern von einer sanitären und beruflichen Ausbildung hin zu einer Hochschul- und Universitätsausbildung stärkt. Polen, das 2004 der EU beigetreten ist und Millionen von EU-Mitteln in die Verbesserung der Krankenpflegeausbildung durch Brückenkurse investiert hat, konnte innerhalb von zehn Jahren ein stabiles und hochwertiges Gesundheitspersonal aufbauen, wobei Krankenschwestern und Krankenpfleger eine führende Rolle im polnischen Gesundheitssystem einnehmen. Doch was passiert, wenn neue Politiker in Polen an die Macht kommen? Können sie die Ausbildung von Krankenschwestern und -pflegern wieder in die Richtung des früheren kommunistischen Regimes lenken, in dem Krankenschwestern und -pfleger nur als "Dienstmädchen" der Ärzte angesehen wurden? Wir müssen die Erweiterung erneut unter dem Gesichtspunkt der Entwicklung der Bürger, der Arbeitsplätze und des Wachstums betrachten. Eine weniger politische Gestaltung des EU-Beitritts wäre für die Europäisierung hilfreich.

Darüber hinaus ist es ein Weg, um der Politik die Realität näher zu bringen, wenn bewährte Praktiken aus dem Gesundheits- und Sozialfürsorgesektor (nicht die Silos, von denen immer die Rede ist) und Innovationen an der Front durch das Europäische Semester anerkannt werden. Wechselnde Regierungen müssen verstehen, welche positiven Entwicklungen in der Krankenpflege und im Gesundheitswesen außerhalb ihrer eigenen Systeme existieren, und zwar nicht als Pilotprojekte, sondern als Geschäftsmodelle, die operativ und nachhaltig sind. Ohne Teil einer großen EU-Maschinerie wie der Europäischen Innovationspartnerschaft (EIP) zu werden, die von einigen wenigen Verdächtigen geleitet wird, kann das Europäische Semester zu einem Mechanismus werden, der über politisches Engagement, politische Kultur und Wandel hinausgeht.

Wenn der "Öltanker" jedoch seinen Bestimmungsort erreicht, muss der Demenzpflege, eingebettet in die gemeindenahe Pflege, besondere Aufmerksamkeit gewidmet werden. Die Rückverlagerung der Pflege in die Gemeinschaft ist daher eine der obersten Prioritäten für die Führung der Pflegekräfte, wobei die Kontinuität der Pflege durch Fortschritte in der Technologie und bei den Aufgaben unterstützt wird. Die integrierte Pflege ist leider zu politisch geworden und wird von riesigen globalen Netzwerken vorangetrieben, die Callcenter aufbauen, welche die Pflegekräfte vom Krankenbett wegziehen und sie zu IT-gesteuerten Dienstleistern machen, so dass lokale Veränderungen und Auswirkungen für die Menschen eine neue Herausforderung darstellen. Daher sollten sich die Krankenschwestern und Krankenpfleger darauf konzentrieren, diese Callcenter zu verlassen und an die Front zurückzukehren, ans Krankenbett, in die Gemeinschaft, zusammen mit den Patienten, mit den Bürgern. Technologien können dabei helfen!

Folglich müssen die Container im Schiff sicher positioniert werden, um das beste Ergebnis zu erzielen. Die wirtschaftliche und politische Diskussion über "wertorientierte Gesundheitssysteme" ist daher eine Chance für Veränderungen, aber keine disruptive Veränderung, es sei denn, ihre Gestaltung wird von der Industrie dominiert. Wenn wir uns nur auf Ergebnisse und Kosten konzentrieren, die von der Industrie gestaltet werden, werden die Gesundheits- und Sozialfürsorgesysteme in der gesamten EU zu einer besetzten Zone, in der Krankenschwestern und -pfleger in ein Abrechnungssystem gepresst werden, das die Schlechten durch die Schlechten ersetzt. Wenn man den "Öltanker" weiterbewegt, werden Kontext, Prozess und Ergebnisse relevant bleiben, um angemessene Strategien in einem Gesundheits- und Sozialfürsorge-Ökosystem zu entwickeln, das nach dem Grundsatz der "Zweckmäßigkeit" gestaltet ist. Donabedian, machen Sie sich keine Sorgen!

Das nächste Kapitel ist dann der Kernpunkt dieses Buches und beantwortet die Frage "Die EU: Was habe ich davon?". Bei Gesprächen mit Krankenpflegeschülerinnen und -schülern werden vor allem folgende Fragen und Bedenken geäußert: Wie kann ich problemlos in einen anderen Mitgliedstaat umziehen, um einen Arbeitsplatz zu finden? und Wie kann ich motiviert bleiben, umzuziehen, wenn die Bürokratie mich davon abhält, in der EU mobil zu sein? Wenn ich Krankenschwestern und Krankenpfleger in der EU treffe, äußern sie alle den Wunsch nach einem ausgewogenen Privatleben. Mein Privatleben mit der Möglichkeit in Einklang zu bringen, meinen Beruf als Krankenschwester weiterhin zu "lieben", ist eine echte Herausforderung. Die EU muss eine Politik entwickeln, die dieses Gleichgewicht berücksichtigt, insbesondere weil der Pflegeberuf zu über 90 % von Frauen ausgeübt wird. Gemeinsam mit den Krankenschwestern und Krankenpflegern und den EU-Bürgern müssen die politischen Entscheidungsträger und Politiker die EU-Politik auf der Grundlage der vereinbarten Werte und Grundsätze der Union - Solidarität, Gerechtigkeit und Wohlstand - gestalten. Krankenschwestern und Krankenpfleger haben als vertrauenswürdigster Berufsstand, der sich für die Schwächsten in der Gesellschaft einsetzt, stets die Unterstützung und Wertschätzung der Bürger erfahren. Wir müssen weiter an diesem Respekt und Vertrauen arbeiten! In diesem Zusammenhang müssen die Politiker (und die Industrie) von ihren disruptiven Modellen wegkommen, die alles auf den Kopf stellen, weil sie denken, dass sie damit Geld sparen können. Stattdessen müssen die Regierungen den Krankenschwestern und -pflegern hochqualifizierte Arbeitsplätze zurückgeben und die seit 2008 vorgenommenen Kürzungen rückgängig machen. Um einen besseren Zugang zur Gesundheits- und Sozialfürsorge zu erreichen, brauchen wir nicht nur mehr hochqualifizierte und motivierte Krankenschwestern und -pfleger in der EU (1 Million), sondern müssen zunächst dafür sorgen, dass die direkte Patientenzeit (persönlicher Kontakt) und die indirekte Patientenzeit (um sich zu organisieren) deutlich erhöht werden. Das ist es, was wir als "Investition in die Gesundheit" bezeichnen, wobei Pflegeschüler unsere Zukunft, unser Kapital, unsere Rendite aus der Investition sind.

Das letzte Kapitel befasst sich mit dem "Innovationsprinzip", das die Industrie und den Politikern unbedingt aufdrängen will; es sieht aus wie "Gänsestopfleber". Bei der Gestaltung unserer eigenen Zukunft müssen wir jedoch Lobbyarbeit für den Kapitän leisten und den Nachweis der Wirkung erbringen. In diesem Zusammenhang müssen Pflegewissenschaftler mit den Bürgern sprechen und sich mit ihnen austauschen. Das ist keine unmögliche Aufgabe. Die Wirkung wird von Innovationen in der Krankenpflege an vorderster Front ausgehen, die hauptsächlich aus dem überlebenden Kontext stammen und die sich abmühen, aber motiviert sind, Qualität und Sicherheit als oberste Priorität bei der Erbringung von Dienstleistungen für die Bevölkerung zu wahren. Es ist unsere Mission, die eine bessere Rendite bringen wird. Die Europäische Föderation der Krankenpflegeverbände (EFN) als politische Stimme von 3 Millionen Krankenschwestern und Krankenpflegern und die Europäische Stiftung für Pflegeforschung (ENRF) als vereinte europäische Stimme der Pflegeforschung können einen großen Unterschied machen, um Wohlstand, Solidarität, Gerechtigkeit und ein europäisches Projekt aufzubauen, das seinem Zweck gerecht wird: die EU-Bürger dazu zu bringen, den Politikern zu vertrauen, Demokratie und Menschenrechte zu schützen.

Kapitel 2
2. Herausforderungen für die Europäische Union

In diesem Kapitel wird aufgezeigt, woher wir kommen, wo wir uns derzeit befinden und wohin wir uns bewegen; all dies vor dem Hintergrund der politischen Herausforderungen, vor denen die EU steht. Nach dem Votum des Vereinigten Königreichs für den Austritt aus der EU und der Wahl Donald Trumps in den USA, die ein Votum gegen das Establishment war, gibt es in Italien, Österreich, den Niederlanden, Frankreich und Deutschland weitere Signale dafür, dass die EU-Bürgerinnen und -Bürger einen Wandel in der Art und Weise wünschen, wie Demokratie und Politik zusammenarbeiten. Dies bietet reichlich Gelegenheit für eine populistische Abstimmung, um den Status quo zu stören, wenn die traditionellen Parteien (EVP, S&D und ALDE) so weitermachen, wie sie es in den letzten 50 Jahren getan haben. Aber sind Politiker und Beamte sensibel genug, um die Richtung zu ändern und die von den Bürgern geäußerten Bedenken zu berücksichtigen? Auch hier blicken die größten politischen Parteien auf die Bevölkerung herab, bleiben in ihrem bevorzugten Kokon, geben die gleiche Rhetorik von sich und gehen davon aus, dass die extreme Rechte und die "cardon sanitair" immer noch der politische Feind sind. Der Dominoeffekt, der mit dem Votum des Vereinigten Königreichs für den EU-Austritt begonnen hat und dem weitere folgen werden, könnte das EU-Projekt zerstören, da die von Sparmaßnahmen betroffenen Bevölkerungen andere Bedürfnisse, Sorgen und Frustrationen haben, die zu einer Anti-Establishment-Bewegung führen. Die Regierungen können nicht an den Bürgern vorbeigehen und für den wachsenden Populismus verantwortlich bleiben. Um den Populismus umzukehren, müssen wir zunächst unsere Errungenschaften verstehen, um voranzukommen.

2.1. Was wir wissen müssen, um weiterzukommen

Die Entwicklung der EU-Gesundheitspolitik war ein langer Weg, der die Geschichte der EU selbst widerspiegelt. Mit dem Wachstum der EU wuchs auch die Erkenntnis, dass Europa die Instrumente braucht, um seinen Bürgern eine gute Gesundheit und ein gutes Wohlbefinden zu gewährleisten. Eine europäische Gesundheits- und Sozialpolitik ist daher notwendig, um das "Subsidiaritätstrauma" zu überwinden. Wenn wir wirklich einen positiven Einfluss auf die Gesundheit der Bürgerinnen und Bürger haben wollen, die sie alle als oberste Priorität betrachten, müssen die Machtspiele zwischen den europäischen Institutionen und den nationalen Regierungen und Regionen aufhören.

Bei der Bewertung des aktuellen Stands der Dinge müssen wir uns daran erinnern, dass die Ursprünge der EU nur kurz nach dem Zweiten Weltkrieg mit der Gründung der Europäischen Gemeinschaft für Kohle und Stahl (EGKS, 1950) zu finden sind, die von sechs Ländern gegründet wurde: Belgien, Frankreich, Deutschland, Italien, Luxemburg und die Niederlande. Würde dies wieder das neue Team werden, das das zweistufige Europa anführt? -Vielleicht, aber ohne die Niederlande. Das ursprüngliche

Bündnis wurde gegründet, um die Eckpfeiler einer friedlichen Zusammenarbeit zwischen den Mitgliedstaaten der Europäischen Gemeinschaften zu schaffen, und 1957 folgten die Europäische Wirtschaftsgemeinschaft und die Europäische Atomgemeinschaft.

Seitdem sind weitere Länder dem europäischen Projekt beigetreten, das heute zu zerfallen scheint. Als die mittel- und osteuropäischen Länder 2004 der NATO und der EU beitraten, ging man fest davon aus, dass diese Länder ihren positiven demokratischen und wirtschaftlichen Wandel fortsetzen würden. Doch mehr als ein Jahrzehnt später ist in der Region ein Rückgang der demokratischen Standards und der Regierungspraktiken zu beobachten. Nach Kroatien, dem jüngsten Beitrittsland, stehen die Türkei und andere westliche Balkanländer wie Albanien, Bosnien und Herzegowina, die ehemalige jugoslawische Republik Mazedonien, Montenegro und Serbien, einschließlich des Kosovo, vor der Tür. Daher ist die Unterscheidung zwischen europäischer Integration und Europäisierung (Graziano & Vink, 2008) der Schlüssel zum Verständnis künftiger Entwicklungen. Die europäische Integration befasst sich mit dem Prozess des Aufbaus von Institutionen und der politischen Integration auf europäischer Ebene, während die Europäisierung die Folgen des europäischen Integrationsprozesses bezeichnet, die unterschiedliche Auswirkungen auf die Innenpolitik der EU-Mitgliedstaaten haben können.

Die Europäisierung kann als inkrementeller Prozess (Ladrech, 1994) und als einfache Blackbox mit Inputs und Ergebnissen in Form von Rechtsvorschriften betrachtet werden. Studien zur Europäisierung tendieren jedoch dazu, sich von der Europäisierung als einem Prozess des Herunterladens (Brüssel entscheidet über nationale Politik) von Entscheidungsprozessen und der Entwicklung institutioneller Strukturen zu entfernen. Stattdessen liegt der Schwerpunkt mehr auf der Verarbeitung nationaler Veränderungen und deren Anpassungsmustern (Megie & Ravinet, 2004). Die Europäisierung als ein Prozess, durch den nationale Politikbereiche zunehmend der europäischen Politikgestaltung unterworfen werden (Borzel, 1999), wird in Frage gestellt und kritisiert. Borzel hat die Faktoren ermittelt, die sich wahrscheinlich auf die Europäisierung auswirken, nämlich (i) die Passgenauigkeit zwischen den EU-Zielen und der bestehenden Realität, (ii) das Ausmaß des politischen Willens, in einem bestimmten Bereich eine neue Politik zu betreiben oder neue Partnerschaften aufzubauen, (iii) die tatsächliche Reform oder Zielsetzung und (iv) die diskursive Rahmung und die besondere Politisierung des Themas (Borzel, 2003).

Die Europäisierung wurde zu einem zweiseitigen Prozess, bei dem die nationalen Regierungen ihre Politiken auf die europäische Ebene hochladen, um die Kosten zu minimieren, und sie dann auf die nationale Ebene übertragen. So passen sich die Mitgliedstaaten an die Europäisierung an, indem sie Strategien einsetzen, die ihre eigenen Präferenzen und Interessen widerspiegeln, indem sie die Formulierung und Definition der institutionellen Funktionsweise der EU und die Politikgestaltung beeinflussen (Borzel, 2012). Das von Borzel beschriebene Hoch- und Herunterladen wurde ernsthaft gestört. Daher ist eine kritische Bewertung der Europäisierung erforderlich, um dem europäischen Projekt eine zweite Chance zu geben. Erstens denken wir immer noch in "alten" und "neuen" Mitgliedstaaten, wobei Österreich, Belgien, Dänemark, Finnland, Frankreich, Deutschland, Italien, Luxemburg, die Niederlande, Portugal, Spanien und Schweden immer noch die Politik bestimmen und die neuen Mitgliedstaaten, Zypern, Ungarn, Malta, Polen, die Slowakei und Slowenien, immer noch nicht in die Gleichung der Europäisierung einbezogen sind. Die Europäisierung muss auch aus einer mittel- und osteuropäischen Perspektive verstanden werden, da diese Länder dem Sozialismus sowjetischer Prägung ausgesetzt waren, der zwischen den späten 1940er Jahren und 1989 politische, soziale und wirtschaftliche Homogenität erzwang. Daher ist das Konzept der Europäisierung wichtig, da es einen Rahmen für die Messung der Gesamtwirkung der EU-Gesetzgebung in den postsozialistischen Staaten in Bezug auf die Einhaltung und das Engagement bietet (Fagan, 2010).

Zweitens kann die EU-Mitgliedschaft eine reine Angelegenheit des nationalen Nettointeresses bleiben, bei der der Beitrittsprozess von zwischenstaatlichen Verhandlungen dominiert wird, die auf eine glaubwürdige EU-Mitgliedschaft und die damit verbundenen finanziellen Vorteile ausgerichtet sind (Schimmelfennig & Sedelmeier, 2005b). Eine recht disparate Gruppe von postsozialistischen und Post-Konflikt-Staaten, die den EU-Beitritt aus finanziellen Gründen anstreben, hat somit eine wichtige Perspektive für die Europäisierung. Dies gilt insbesondere nach der Wirtschafts- und Finanzkrise von 2009, die die EU, Europa und die ganze Welt getroffen hat. Folglich wurden die sozioökonomischen Merkmale der postkommunistischen Länder ignoriert (Matei & Ani, 2010). In diesem Zusammenhang kann man auch leicht vergessen, dass die EWG 1957 gegründet wurde, um die wirtschaftlichen Interessen der kapitalistischen europäischen Liberaldemokratien der Nachkriegszeit zu fördern.

Drittens: Die Europäisierung geht über die Politik hinaus. Alle Akteure, staatliche und nichtstaatliche, auf europäischer und nationaler Ebene sollten bei der Gestaltung der Politik ernst genommen werden, anstatt die Zivilgesellschaft als Schaufenster zu benutzen. Die Europäische Kommission ist in dieser Hinsicht sehr gut. Es gibt viele Erklärungen zum "Stakeholder-Engagement", aber die Realität zeigt, dass der soziale und zivile Dialog eher als Belastung denn als Ermächtigung empfunden wird. Die Rolle der Zivilgesellschaft bei der guten Regierungsführung hängt vom Engagement der Nichtregierungsorganisationen ab - nicht nur als Akteure bei der Entwicklung, Umsetzung und Durchsetzung von Gesetzen, sondern auch als politische Akteure, die dem Einfluss von Staat und Markt entgegenwirken.

Die Entwicklung neuer Formen der Governance zur Bewältigung der zunehmenden Umsetzungsprobleme ist eine große Herausforderung für die EU-Institutionen, insbesondere für die Kommission und den Rat. Um diese neuen Formen der Governance vorzubereiten, sollte sich die Krankenpflege als größte Interessengruppe der Gesundheitsberufe in der EU weiterhin für Veränderungen und ein Engagement an vorderster Front einsetzen.

Obwohl ein wichtiger Meilenstein die Einführung von Artikel 129 in den Vertrag von Maastricht im Jahr 1993 war, der im Vertrag von Amsterdam 1997 verfeinert wurde und als Artikel 152 wieder auftauchte, und der Vertrag von Lissabon im Jahr 2010 den EU-Artikel über die öffentliche Gesundheit weiter verfeinerte und die Richtlinie über Patientenrechte in der grenzüberschreitenden Gesundheitsversorgung seit 2013 umgesetzt wird, stehen die meisten Politikbereiche im Zusammenhang mit Wettbewerb, Binnenmarkt, Handel und Regulierung zusammen mit der Steuer- und Währungspolitik sowie der Umweltpolitik ganz oben auf der politischen EU-Agenda. Auch wenn die EU aufgrund des Subsidiaritätsprinzips keine direkte Zuständigkeit für das Gesundheitswesen hat, gilt die Freizügigkeit von Krankenschwestern und Krankenpflegern innerhalb der EU als einer der 12 Hebel des europäischen Binnenmarktes zur Förderung des Wachstums und zur Stärkung des Vertrauens (Barnier, 2012). Migrierende Krankenschwestern und Krankenpfleger können sich positiv auf die Erbringung von Gesundheitsdienstleistungen, die Nachhaltigkeit der Gesundheitssysteme und die öffentliche Gesundheit auswirken, wenn die Sicherheit der Patienten und die Qualität der Pflege betroffen sind. Daher sollten die Krankenschwestern und Krankenpfleger eine aktivere Rolle bei der Europäisierung spielen. Krankenschwestern und Krankenpfleger als Teil der Zivilgesellschaft spielen eine wichtige Rolle für die Demokratie, da sie Sozialkapital und Vertrauen aufbauen und Werte teilen, die in den politischen Bereich übertragen werden und die Gesellschaft zusammenhalten. Die Stärke der Zivilgesellschaft, der gemeinsamen Stimme der Krankenschwestern und Krankenpfleger, liegt in ihrem Bewusstsein für die Bedürfnisse und das Potenzial der Gemeinschaft sowie in ihrer Fähigkeit, positive Energie zu mobilisieren, um bodenständige Lösungen für gemeinsame Herausforderungen zu finden.

Es ist wichtig, die Europäisierung als einen Diskurs zu verstehen, in dem die Akteure (Stakeholder) die Realität nach ihren Normen, Werten und Prinzipien bewerten und beurteilen. Krankenschwestern können ihre transformative Kraft einsetzen, um traditionelle Ansichten, konservative Wahrnehmungen und Präferenzen der Bürger zu verändern. Die Stimme der vereinigten Krankenschwestern und Krankenpfleger sollte daher Teil eines Mehrebenen-Governance-Systems sein, das Institutionen, Interessengruppen und Prozesse auf verschiedenen Ebenen der Gesellschaft umfasst (Underdal, 2008, 2012). Die Europäisierung ist daher eng mit strategischer Führung verbunden. Interessanterweise sieht Wildavsky Führung als eine Funktion oder Folge der politischen Kultur. Daher ist es wichtig, Führung in einem sich verändernden politischen Kontext zu verstehen, um zu verstehen, "warum wir die Art von Politik bekommen, welche Art von Politik wir wollen und was wir aufgeben müssen, um sie zu bekommen" (Wildavsky, 1987).

2.2. Krankenpflege ist bereit, gesundheitliche Ungleichheiten abzubauen

Aus einer aktuellen Mitteilung der Europäischen Kommission geht hervor, dass die Zahl der Menschen in der EU, die von Armut und sozialer Ausgrenzung bedroht sind, zwischen 2010 und 2014 um 4,5 Millionen gestiegen ist.[1] Die jüngsten Zahlen aus dem Vereinigten Königreich (UK) zur Kinderarmut sind sogar noch schlimmer.

---

[1] Mitteilung der Kommission an das Europäische Parlament, den Rat, die Europäische Zentralbank und die Eurogruppe zum Europäischen Semester 2016: Bewertung der Fortschritte bei den Strukturreformen, der Vermeidung und Korrektur makroökonomischer Ungleichgewichte und der Ergebnisse der vertieften Überprüfungen gemäß der Verordnung (EU) Nr. 1176/2011, COM(2016) 95 final/2, http://ec.europa.eu/europe2020/pdf/csr2016/cr2016_comm_en.pdf

Trotz großer Erfolge bei der Verwirklichung der Millenniums-Entwicklungsziele (MDG), der Empfehlungen des EU-Rates und zahlreicher politischer Verpflichtungserklärungen gibt es nach wie vor große Unterschiede im Gesundheitszustand und in der Lebenserwartung zwischen Ländern mit hohem, mittlerem und niedrigem Einkommen. Vor allem gibt es Unterschiede zwischen Männern und Frauen sowie zwischen Land- und Stadtbewohnern, was die zentralen Werte der EU - Solidarität, Gerechtigkeit und Wohlstand - in Frage stellt.

Die Gesundheit der Menschen ist untrennbar mit den Umständen verbunden, in denen sie leben, während die Möglichkeit des Zugangs zu Gesundheits- und Sozialdiensten der Schlüssel zur Verbesserung ihrer Gesundheit, ihres Wohlbefindens und ihrer Lebenserwartung ist (CDC, 2013). Das soll nicht heißen, dass die EU keine Initiativen zur Bekämpfung von Diskriminierung und Ungleichheiten ergriffen hat. Bemerkenswerte Beispiele sind die Richtlinie 2000/78/EG zur Festlegung eines allgemeinen Rahmens für die Verwirklichung der Gleichbehandlung in Beschäftigung und Beruf, die Richtlinie 2000/43/EG zur Anwendung des Gleichbehandlungsgrundsatzes ohne Unterschied der Rasse oder der ethnischen Herkunft und die Richtlinie 2004/38/EG über das Recht der Unionsbürger und ihrer Familienangehörigen, sich im Hoheitsgebiet der Mitgliedstaaten frei zu bewegen und aufzuhalten. Dies sind wichtige Rechtsakte, die die Mobilität innerhalb der EU erhöht und eine konkrete Rechtsgrundlage für die Bekämpfung von Diskriminierung und den Abbau von Ungleichheiten zwischen verschiedenen Gruppen geschaffen haben.

In einer Zeit, in der der Bereich der Gesundheits- und Sozialfürsorge getrennt betrachtet wird, ist dies leider nicht genug. Die Forschung hat wiederholt gezeigt, dass Investitionen in gemeindenahe Dienste und Arbeitskräfte dazu beitragen, positive gesundheitliche und soziale Ergebnisse zu erzielen und die Qualität der Pflege zu verbessern (RCN, 2014). Die gemeindenahe Versorgung kann die Kosteneffizienz von Dienstleistungen verbessern und Ungleichheiten abbauen. Der Aufbau einer nachhaltigen Gesundheits- und Sozialfürsorge für künftige Generationen mit weniger Ungleichheiten bedeutet daher, dass die Pflege wieder in die Gemeinschaft verlagert wird.

Eine erneute Konzentration auf die Erbringung allgemeiner Gesundheits- und Sozialfürsorge in der Gemeinschaft setzt jedoch eine entsprechend gestaltete Zusammensetzung des Personals an der Schnittstelle von Gesundheits- und Sozialfürsorge voraus. Wenn es den EU-Mitgliedstaaten gelingen soll, Ungleichheiten abzubauen, müssen sie ihr Ökosystem im Bereich der öffentlichen Gesundheit stärken, und so wird die Rückverlagerung der Pflege in die Gemeinschaft zu einer obersten politischen Priorität.

Die Verlagerung der Pflege in die Gemeinschaft fördert den Mehrwert von Gesundheit und sozialem Wohlergehen als Triebkräfte für die Bekämpfung von Ungleichheiten. Ein echtes Engagement für die Verringerung gesundheitlicher Ungleichheiten bedeutet jedoch, dass mutige Entscheidungen darüber getroffen werden müssen, was finanziert werden soll und was möglicherweise nicht mehr finanziert werden soll. So können wir von der Theorie zur Praxis übergehen, von politischen Reden zur Umsetzung an der Front, von Empfehlungen zu konkreten Maßnahmen. Die Mitarbeiter des öffentlichen Gesundheitswesens an vorderster Front müssen diesen Wandel anführen.

Die Finanz- und Wirtschaftskrise wirkte sich negativ auf den Gesundheits- und Sozialpflegesektor aus (EFN, 2012) und führte zu Kürzungen bei Diensten und Personal, z. B. bei der Schulkrankenpflege und anderen Diensten für die Kindergesundheit, bei der Prävention von Suizid und häuslicher Gewalt, bei Diensten für Drogen- und Alkoholmissbrauch, bei Diensten für sexuelle Gesundheit und Gewichtsreduzierung, bei Diensten für die Raucherentwöhnung und bei umfassenderen Angeboten für psychische Gesundheit, einschließlich Freundschaftsdiensten für ältere Menschen. Diese Kürzungen betrafen in ungerechter Weise die schwächsten Menschen und diejenigen, die sich um pflegebedürftige Menschen kümmern. Obwohl die Regierungen immer wieder behaupten, dass sie die Prävention in den Mittelpunkt der Gesundheits- und Sozialfürsorge stellen wollen, werden in Wirklichkeit Kürzungen im öffentlichen Gesundheitshaushalt vorgenommen, was dazu führt, dass Probleme für die Zukunft aufgestaut werden. Diese Kürzungen haben die gesundheitlichen und sozialen Ungleichheiten verschärft und treffen unverhältnismäßig stark die am schwersten zu erreichenden Bevölkerungsgruppen.

Investitionen in innovative, qualitativ hochwertige, sichere und kosteneffiziente Gesundheits- und Sozialfürsorgedienste und hochqualifizierte Gesundheits- und Krankenpfleger, die an vorderster Front arbeiten, sind der Schlüssel zur Bekämpfung von Ungleichheiten (RCN, 2012). Es ist nicht nur wichtig, dass die Dienstleistungen zu einem Zeitpunkt erbracht werden, der für die Menschen, die sie benötigen, geeignet ist, sondern es müssen auch genügend Krankenschwestern und Krankenpfleger mit den richtigen Fähigkeiten vorhanden sein, um sie zu erbringen. So können sich Beziehungen zwischen den Menschen, die die Dienstleistungen in Anspruch nehmen, und den Pflegekräften, die sie erbringen, entwickeln und etablieren. Dies ist wichtig, um das Vertrauen der am stärksten benachteiligten Menschen in der Gesellschaft wiederherstellen zu können. Es ist jedoch unmöglich, dies in Diensten zu erreichen, in denen zu wenig Personal auf den Dienstplänen steht, die Arbeitsmoral niedrig ist und die Fluktuation hoch ist. Die Zeit von Fachkräften ist nicht billig, aber im Hinblick auf bessere Ergebnisse ist die Investition von unschätzbarem Wert.

Viele Kinder, Jugendliche und ihre Familien haben Schwierigkeiten, die richtige Versorgung zur richtigen Zeit am richtigen Ort zu erhalten. Da Armut und Benachteiligung mit schlechten Gesundheitsergebnissen in der Kindheit und einer verminderten körperlichen und geistigen Gesundheit im Erwachsenenalter zusammenhängen, sehen Krankenschwestern und -pfleger die Auswirkungen der gesundheitlichen Ungleichheiten bei Kindern aus erster Hand und spielen eine Schlüsselrolle bei ihrer Milderung. Schulkrankenschwestern und -pfleger sind am besten in der Lage, Kinder im Schulalter zu betreuen und Ungleichheiten im Kindesalter zu beseitigen.

Darüber hinaus ist Suizid nach wie vor eine der häufigsten Todesursachen bei jungen Menschen in der EU, und die Zahl der Todesfälle bei Kindern im Alter von 10 bis 18 Jahren aufgrund von vorsätzlichen Verletzungen und Selbstverletzungen ist seit 30 Jahren nicht zurückgegangen. Es gibt sogar Hinweise darauf, dass viele Kinder, die durch Selbstmord starben, keinen Kontakt zu psychosozialen Diensten hatten (RCPCH, 2014). Es wurde auch über Probleme berichtet, dass die Dienste es versäumten, Patienten weiterzuverfolgen, die überwiesen worden waren, aber nicht zu den Terminen erschienen waren (RCPCH, 2014). Menschen mit schlechter psychischer Gesundheit müssen schnell von Menschen mit den richtigen Fähigkeiten unterstützt werden. Eine nachhaltige Finanzierung von Advanced Nurse Practitioners, die über Fachwissen und Entscheidungsbefugnis verfügen, würde den Menschen den Zugang zu der von ihnen benötigten Versorgung erleichtern und ihre Genesung wirksam unterstützen (Rafferty et al., 2015). Pflegekräfte in diesen fortgeschrittenen Funktionen benötigen die richtigen Qualifikationen, Schulungen und Fähigkeiten und sollten dabei unterstützt werden, ihre Fähigkeiten zu erhalten und weiterzuentwickeln.

Die Angehörigen der Gesundheitsberufe, die primäre Gesundheits- und Sozialfürsorge leisten, arbeiten in vielen der schwierigsten Umgebungen; sie sind für die Verbesserung der Chancengleichheit und des Zugangs zur Gesundheits- und Sozialfürsorge unerlässlich und tragen zur Qualität der Pflegeergebnisse bei. Fortgeschrittene Rollen sind daher im Kontext der integrierten Versorgung und der Kontinuität der Versorgung der Schlüssel zur Bewertung und Prioritätensetzung, was zu einem sicheren, vertrauenswürdigen und befähigenden Umfeld für die Versorgung führt. Zur Erleichterung einer optimalen Koordinierung und Integration innerhalb und über die Schnittstelle von primärer und sekundärer Gesundheits- und Sozialfürsorge hinweg, um Ungleichheiten zu verringern, können "praxisgerechte" IKT-Lösungen die Arbeit des Personals an der Front unterstützen (ENS4Care, 2015). Die IKT-Integration in die Gesundheits- und Sozialfürsorgedienste, eine optimale Gestaltung der Zusammensetzung des Gesundheits- und Sozialfürsorgepersonals in der Gemeinschaft und die Orientierung an bestehenden Forschungsergebnissen werden den Wandel erleichtern und echte Vorteile für die Nachhaltigkeit des Gesundheits- und Sozialfürsorgesystems bringen und dadurch Ungleichheiten verringern.

Neben den vielen verschiedenen Solidaritätsinitiativen, die stattfinden, ist eine wichtige laufende Konsultation, die 2017 zu konkreten Aktionspunkten führen soll, die Europäische Säule sozialer Rechte. Eine Initiative der Europäischen Kommission zur Ermittlung von Bereichen, in denen mehr Maßnahmen ergriffen werden müssen, ohne bestehende Programme zu duplizieren. Dies ist ein vielversprechender Weg nach vorn, der sicherstellt, dass die vorhandenen Mittel richtig priorisiert werden. Es bleibt abzuwarten, ob diese von der Europäischen Kommission geschaffene Möglichkeit in vollem Umfang genutzt wird und sich tatsächlich auf die wichtigsten Bereiche konzentriert.

Was von den Beteiligten immer wieder festgestellt wurde, ist das Fehlen von Umsetzungsprogrammen. Es wird viel Geld Forschung finanziert, aber die Verbreitung und Anwendung dieser Forschung ist in der Regel unterfinanziert. Neben dem EPSR steht die Koordinierung zwischen Investitions- und Strukturfonds und Forschungsprogrammen wie H2020 ganz oben auf der Agenda der Kommission. Hier sind die Ergebnisse noch nicht sichtbar, und es ist eine bessere sektorübergreifende Zusammenarbeit erforderlich, bei der verschiedene Direktionen der Europäischen Kommission zusammenarbeiten und die Arbeit und die Ergebnisse der jeweils anderen nutzen. Schließlich sollte die Einbeziehung der Betroffenen überdacht werden, wenn Ungleichheiten erfolgreich bekämpft werden sollen. Fachleute an der Front und Organisationen, die sie vertreten, sollten eine stärkere Stimme erhalten und von den europäischen Institutionen unterstützt werden. Gegenwärtig sind viele Beratungsfirmen und Privatunternehmen, die zweifellos über ein hohes Maß an Fachwissen verfügen, gleichberechtigte Partner von NRO und Vertretungen, wenn es um Projekte oder andere Mittel der direkten EU-Finanzierung geht. Dadurch wird die Arbeitsweise kleinerer Organisationen mit engeren Verbindungen zu den Fachleuten vor Ort und zu den Bürgern beeinträchtigt. Zugleich werden die komparativen Vorteile, die diese Organisationen früher hatten, immer geringer. Früher konnten sie an mehr politischen und politikgestaltenden Veranstaltungen teilnehmen, aber selbst dort konzentriert sich ein Großteil der Finanzierung auf die Mitgliedstaaten, und die Organisationen werden nur als "beratend" angesehen; das bedeutet viel Arbeit für sie und wenig Möglichkeiten, zu bestimmen, welcher Teil ihrer Arbeit für die Ergebnisse und Strategien verwendet wird.

Zwar wissen wir heute besser als je zuvor, was getan werden muss, um gesundheitliche Ungleichheit zu bekämpfen, und es werden in der gesamten EU Maßnahmen auf lokaler, regionaler und nationaler Ebene ergriffen, doch reicht dies in den meisten Fällen nicht aus, um ausreichende Veränderungen zu bewirken. Die Gesundheits- und Sozialfürsorgedienste schöpfen ihr Potenzial zur Verringerung gesundheitlicher Ungleichheit noch nicht voll aus. Wenn wir die Armut nicht bekämpfen und Maßnahmen an vorderster Front in gefährdeten Gemeinschaften unterstützen, werden wir die tief verwurzelten gesundheitlichen Ungleichheiten in der EU und in Europa nicht bekämpfen können. Die angestrebten Verpflichtungen beziehen sich daher auf: 1) eine Kultur zu fördern, in der die Verbesserung der Gesundheit und des sozialen Umfelds der Bevölkerung ein zentraler Bestandteil der klinischen Praxis ist; 2) mit Einzelpersonen, Familien und Gemeinschaften zusammenzuarbeiten, um sie in die Lage zu versetzen, fundierte Entscheidungen zu treffen und ihre Gesundheit selbst in die Hand zu nehmen; 3) den Menschen in den Mittelpunkt zu stellen, der eine hochwertige Pflege erfährt; 4) partnerschaftlich mit Einzelpersonen, ihren Familien, Betreuern und anderen für sie wichtigen Personen zusammenzuarbeiten; und 5) sich für den Einsatz von Technologie und Informatik einzusetzen, um die Praxis zu verbessern, ungerechtfertigte Abweichungen zu beseitigen und die Ergebnisse zu verbessern.

2.3. Haftung in der Krankenpflege

Professionalisierung und Berufshaftpflicht sind eng miteinander verwobene Konzepte. Wenn man für seine Handlungen zur Rechenschaft gezogen wird, entsteht ein Gemeinschaftsgefühl unter Fachleuten, die sich in der gleichen Situation befinden. Wenn Fachleute selbst haftbar gemacht werden, zeigt dies auch, wie wichtig die eigene Arbeit ist. Im Gesundheitssektor hat die Berufshaftpflicht eine zusätzliche Funktion. Sie ist ein Mittel zur Gewährleistung eines hohen Qualitätsniveaus im Gesundheitswesen und zum Schutz der Öffentlichkeit durch die Aufrechterhaltung der Patientensicherheit. Wenn es um das Leben von Patienten geht, steht mehr als nur ein ethischer Kodex auf dem Spiel. Obwohl die Haftung von Ärzten in verschiedenen akademischen Abhandlungen thematisiert wurde, ist über die Haftung anderer Berufsgruppen im Gesundheitswesen wenig geschrieben worden. Dieses Kapitel gibt einen ersten Überblick über die verschiedenen rechtlichen Regelungen, die in verschiedenen EU-Mitgliedstaaten im Bereich der Krankenpflege bestehen.

Bei der Analyse der Haftung von Angehörigen der Gesundheitsberufe ist klar, dass: *Unabhängig von der Organisation des Gesundheitswesens eines Landes ist eine strafrechtliche Verfolgung von Ärzten, die gegen das Gesetz verstoßen* haben, *immer möglich.*[2] Die Art und Weise, wie dies (direkt oder indirekt) geschieht, ist jedoch ebenso unterschiedlich wie die Haftung der verschiedenen Angehörigen der Gesundheitsberufe. Die Richtlinie 2005/36/EG, überarbeitet durch die Richtlinie 2013/55/EU[2][3], legt Mindestkriterien für die Anerkennung von Berufsqualifikationen fest. Die Krankenpflege ist einer der wichtigsten Berufe, die in dieser Richtlinie aufgeführt sind. In Artikel 31 dieser Richtlinie wird eine Liste von Kompetenzen festgelegt, die alle Krankenschwestern und Krankenpfleger erwerben müssen, um von der automatischen Anerkennung ihrer Qualifikationen in der EU profitieren zu können. Die

---

[2] Eine Strafsache aus dem Londoner Bürgermeistergericht aus den frühen 1300er Jahren.
[3] Richtlinie 2013/55/EU des Europäischen Parlaments und des Rates vom 20. November 2013 zur Änderung der Richtlinie 2005/36/EG über die Anerkennung von Berufsqualifikationen und der Verordnung (EU) Nr. 1024/2012 über die Verwaltungszusammenarbeit mit Hilfe des Binnenmarktinformationssystems

erste Kompetenz, die hier aufgeführt wird, ist die "*eigenständige Feststellung des Pflegebedarfs [des Patienten]*" (unsere Hervorhebung). Das Wort *selbständig* wirft sofort die Frage nach der Haftung auf. Wenn von einer Krankenschwester verlangt wird, dass sie den Pflegebedarf eines Patienten selbständig feststellt, ist damit sicherlich eine gewisse Haftung verbunden.

Die Haftung war zu verschiedenen Zeitpunkten Gegenstand von Diskussionen auf europäischer Ebene. Im Rahmen der Ausarbeitung der aktuellen Verbraucherschutzrichtlinie (2011/83/EG)[4] war die Haftung ein wichtiges Thema auf der EU-Agenda. Vor dem endgültigen Vorschlag hatte die Europäische Kommission einen viel ehrgeizigeren Plan, der auch die Haftung von Fachleuten in verschiedenen Bereichen, einschließlich des Gesundheitswesens, einschließen sollte. Da dieser Vorschlag heftig kritisiert wurde, wurde er schließlich nicht vorgelegt. Zuvor war 1991 ein Richtlinienentwurf über die Haftung von Dienstleistungen erwogen worden, der auch die Haftung von Ärzten vorgesehen hätte, aber zurückgezogen wurde. Im Jahr 2005 fand eine Konferenz statt, deren Ergebnis die Luxemburger Erklärung zur Patientensicherheit war. Da grenzüberschreitende Mobilität immer häufiger vorkommt, muss der Rechtsrahmen für Patienten und Angehörige der Gesundheitsberufe klar sein, damit jeder seine Rechte und Pflichten gegenüber dem anderen kennt. Die Dynamik in diesem Bereich hat sich jedoch nicht in dem erforderlichen Maße erhalten. Derzeit ist die Haftung der Angehörigen der Gesundheitsberufe nicht auf europäischer Ebene geregelt. Es gibt zwar verschiedene europäische Rechtsvorschriften, die das Thema berühren und die die Regelung der Haftung auf nationaler Ebene beeinflussen könnten, aber die Haftungssysteme werden überwiegend von den Mitgliedstaaten geregelt. Infolgedessen sind die Haftungsregelungen in der EU sehr unterschiedlich.

Eine Analyse der verschiedenen Regelungen zur Arzthaftung legt nahe, dass eine stärkere Regulierung auf europäischer Ebene wünschenswert wäre, um sowohl den Angehörigen der Heilberufe als auch den Patienten, die in anderen Mitgliedstaaten arbeiten und sich in andere Länder begeben, mehr Sicherheit und Gewissheit zu geben. Obwohl diese Entwicklung langsamer verläuft als erwartet (siehe z. B. die "Richtlinie über grenzüberschreitende Gesundheitsdienstleistungen", insbesondere ihre langsame Umsetzung und den Bericht der Kommission vom Oktober 2016), gibt es nach wie vor Patienten, die sich für eine Behandlung über die Grenzen hinweg bewegen. Darüber hinaus arbeiten sehr viele Angehörige der Gesundheitsberufe in einem anderen EU-Mitgliedstaat als dem, in dem sie ihre Qualifikation erworben haben. Ärzte und Krankenschwestern gelten als die mobilsten Berufe in der EU.

Die Arzthaftung war Gegenstand verschiedener wissenschaftlicher Abhandlungen und umfangreicher Forschungsarbeiten, wenngleich eine umfassende Analyse und ein Vergleich der Mitgliedstaaten noch aussteht. Über die Haftung anderer Angehöriger der Gesundheitsberufe und insbesondere von Krankenschwestern und -pflegern ist jedoch wenig geschrieben worden. In Anbetracht der wirtschaftlichen Lage in den meisten EU-Mitgliedstaaten ist der Gesundheitssektor bereits unterfinanziert, und dennoch werden immer noch viele Kürzungen vorgenommen. Das bedeutet, dass es einen Mangel an Fachkräften im Gesundheitswesen gibt, was sich auch auf das Zusammenspiel der verschiedenen Berufsgruppen auswirkt: Ein zunehmender Mangel an Ärzten bedeutet, dass immer mehr Patienten von Krankenschwestern und -pflegern behandelt werden. Da der Zugang zur Krankenpflege gefragt ist, suchen die Krankenschwestern und -pfleger nach Möglichkeiten, ihre Unabhängigkeit und Autonomie zu stärken; dies hat Auswirkungen auf die Haftung der Krankenpflege. Die in der europäischen Richtlinie (2013/55/EU) enthaltenen neuen Kompetenzen verlangen, dass Pflegekräfte die Verantwortung für die eigenständige Bewertung, Planung und Verwaltung der Pflege übernehmen. Dies hat Auswirkungen auf die Stärkung der Beziehung zwischen Pflegekraft und Patient durch eine engere und direktere Interaktion in Bezug auf die Pflegepläne der Patienten (Aldridge, 1994). Durch den Wegfall des vermittelnden Faktors der medizinischen Fachkraft haben Pflegekräfte und Patienten das Potenzial, eine stärkere vertrauensvolle Partnerschaft zu entwickeln, durch die eine patientenzentrierte Pflege gefördert werden kann.

Die Unabhängigkeit birgt auch berufliche Risiken für das Pflegepersonal, insbesondere wenn der Zustand der Patienten nicht genau überwacht und bewertet wird und wenn eine unzureichende Überwachung der Patienten zu Schäden führt (Croke, 2003). Wenn die Pflege den Zustand eines

---

[4] Richtlinie 2011/83/EU des Europäischen Parlaments und des Rates vom 25. Oktober 2011 über Rechte der Verbraucher, zur Änderung der Richtlinie 93/13/EWG des Rates und der Richtlinie 1999/44/EG des Europäischen Parlaments und des Rates sowie zur Aufhebung der Richtlinie 85/577/EWG des Rates und der Richtlinie 97/7/EG des Europäischen Parlaments und des Rates

Patienten nicht optimiert oder das Risiko von Komplikationen wie Unterernährung oder Wundliegen erhöht, kann das Pflegepersonal normalerweise damit rechnen, beruflich, rechtlich und ethisch haftbar gemacht zu werden. Diese Situation ist jedoch nicht neu: Auch wenn die Ausführung ärztlicher Anordnungen die Krankenschwestern und Krankenpfleger von der Haftung freistellen kann, würden die meisten Aufsichtsbehörden eine Krankenschwester, die derartige Anordnungen blindlings ausführt, nicht als angemessene Entschuldigung akzeptieren. In der Tat ist die Frage des Fehlverhaltens ein wachsendes Problem (Weld & Garmon Bibb, 2009).

Um Fehlverhalten zu vermeiden, ist es wichtig, dass es klare Standards für die Praxis gibt, an die sich das Pflegepersonal hält. Gleichzeitig muss der Aspekt der Harmonisierung in der Gesundheitspraxis und im klinischen Umfeld berücksichtigt werden (Studdert et al., 2011). Eine Krankenschwester, die in einem anderen Krankenhaus arbeitet als dem, in dem sie ausgebildet wurde, und in dem möglicherweise andere Regeln und Verfahren gelten, kann sich leicht unwissentlich eines Fehlverhaltens schuldig machen. Solche Situationen gefährden die Patientensicherheit und die berufliche Glaubwürdigkeit und müssen vermieden werden. Die Notwendigkeit der Harmonisierung und Standardisierung wird noch deutlicher, wenn ein grenzüberschreitendes Element in die Gleichung aufgenommen wird.

Pflegestandards oder Praxisstandards in der Krankenpflege sind allgemeine Leitlinien, die eine Grundlage dafür bieten, wie Krankenschwestern und Krankenpfleger handeln sollten und was sie in ihrer beruflichen Eigenschaft tun und lassen sollten. Eine Abweichung von diesem Standard kann bestimmte rechtliche Konsequenzen nach sich ziehen, obwohl die Verknüpfung von Abweichung und Verursachung nicht so einfach ist, wie es auf den ersten Blick erscheinen mag (Fiesta, 1999). Pflegestandards sind aus mehreren Gründen wichtig: Sie umreißen die beruflichen Erwartungen an das Pflegepersonal, geben dem Pflegepersonal Anhaltspunkte für die richtige Vorgehensweise und bieten einen objektiven Standard, an dem es die Pflege anderer Pflegekräfte messen kann. Wichtig ist auch, dass die Standards für eine einheitliche Berufsausübung sorgen, damit die Patienten eine qualitativ hochwertige Pflege erhalten. Letztlich geben die Standards den Pflegekräften die notwendigen Informationen, um die Qualität der Pflege aufrechtzuerhalten und Maßnahmen festzulegen, anhand derer die geleistete Pflege bewertet werden kann.

Wenn eine Krankenschwester oder ein Krankenpfleger die anerkannten Standards der Praxis nicht einhält, kann sie oder er für fahrlässig befunden werden, wenn ihre oder seine Fahrlässigkeit einem Patienten Schaden zufügt. In den meisten Rechtsstreitigkeiten wird eine Krankenschwester oder ein Krankenpfleger beschuldigt, gegen einen Pflegestandard verstoßen zu haben, um eine Fahrlässigkeitsklage zu erheben. Krankenschwestern und -pfleger können haftbar gemacht werden, wenn sie Medikamente in unangemessener Weise verabreichen, Geräte nicht überwachen, Patienten nicht vor bekannten Schäden warnen oder Patienten nicht vor bekannten Gefahren schützen. Darüber hinaus müssen Krankenschwestern und Krankenpfleger die Beurteilung und die Beobachtungen, die sie bei jedem Patienten machen, vollständig und genau und zeitnah melden. Wenn sie den Zustand des Patienten nicht überwachen oder nicht auf Veränderungen im Zustand des Patienten aufmerksam gemacht werden, können sie für fahrlässig befunden werden. Krankenschwestern und -pfleger sind auch verpflichtet, dem behandelnden Arzt Veränderungen mitzuteilen, damit eine korrigierende Behandlung eingeleitet werden kann. Die Nichteinhaltung der Vorschriften der Mitgliedstaaten zur Regelung der Pflegepraxis in Bezug auf die Übertragung bestimmter Aufgaben an nicht lizenzierte Personen oder der unsachgemäße Umgang mit der Patientenidentifikation kann ebenfalls zu haftungsrechtlichen Problemen führen. Obwohl die oben genannten Punkte eine Reihe von Bereichen eröffnen, in denen Krankenschwestern und Krankenpfleger mit rechtlichen Folgen schlechter Praxis konfrontiert werden können, gibt es nur wenige Erkenntnisse darüber, wie diese Folgen tatsächlich aussehen und wie die Haftung in den verschiedenen EU-Mitgliedstaaten gehandhabt wird.

In den meisten Mitgliedstaaten bezieht sich der Wortlaut der gesetzlichen und sonstigen Vorschriften auf medizinisches Personal. Folglich ist die Anwendung dieser Vorschriften auf Krankenschwestern und andere Angehörige der Gesundheitsberufe mit Ausnahme von Ärzten eher implizit als explizit. So schreibt Lord Denning im Vereinigten Königreich in der Rechtssache *Roe gegen den Gesundheitsminister*, dass die Krankenhausbehörden für ihr gesamtes medizinisches Personal verantwortlich sind - aus dem Text geht (angesichts des Kontextes) nicht klar hervor, ob sich dies auch auf anderes Personal als Ärzte oder Chirurgen bezieht. In ähnlicher Weise haftet das niederländische Bürgerliche Gesetzbuch die Krankenhäuser für alles, was in ihren Räumlichkeiten schief geht (Artikel 7:462), obwohl die individuelle Berufshaftung nicht ausdrücklich erwähnt wird.

Außerhalb der Krankenhaushaftung gibt es auch Beispiele dafür, dass Angehörige der Gesundheitsberufe selbst zur Rechenschaft gezogen werden können, auch wenn die Krankenpflege nicht erwähnt wird. In Finnland beispielsweise haftet nach Artikel 2 des Gesetzes über Patientenschäden eine "erfahrene medizinische Fachkraft" für Behandlungsschäden, die durch eine Untersuchung, Behandlung oder eine ähnliche Maßnahme entstanden sind. In Frankreich heißt es im Gesetz *ordre des médecins* aus dem Jahr 2002, dass es die Aufgabe des *ordre* ist, die Kompetenz der medizinischen Fachkräfte und die Einhaltung der ethischen Grundsätze des ärztlichen Berufsstandes sicherzustellen. In beiden Fällen wird die Haftung der Krankenschwestern und Krankenpfleger als Teil des medizinischen Fachpersonals impliziert, aber nicht ausdrücklich erwähnt.

Innerhalb der EU ist die Wahrscheinlichkeit, dass Krankenschwestern und Krankenpfleger in einem Verfahren wegen Fahrlässigkeit verklagt werden, nach wie vor relativ gering. Mit den gestiegenen Anforderungen an die registrierten Krankenschwestern und Krankenpfleger, der Entwicklung hin zu Advanced Nurse Practitioners und der Zunahme von Komorbidität und Komplexität der Pflege nimmt das Risiko jedoch eindeutig zu. England und Wales sind ein anschauliches Beispiel dafür, wo Primary Care Trusts Verträge mit Allgemeinpraxen abschließen, von denen einige Krankenschwestern als unabhängige Partner einbeziehen. Diese Krankenschwestern und -pfleger übernehmen die Verantwortung für ihr Handeln als Fachleute, da sie nicht unter der Aufsicht eines Arztes praktizieren; die Krankenpflege wird in solchen Fällen als eigenständiger Beruf betrachtet, der gleichermaßen zur Gesundheitsversorgung beiträgt, wobei jede Fachkraft ihre eigene Rolle in diesem Prozess spielt.

Innerhalb der Krankenhäuser und des Nationalen Gesundheitsdienstes (NHS) im weiteren Sinne definiert die NHS Litigation Authority klinische Fahrlässigkeit als "eine Verletzung der Sorgfaltspflicht durch Angehörige der Gesundheitsberufe (*sic. dazu gehören auch Krankenschwestern und Krankenpfleger*), die bei NHS-Einrichtungen beschäftigt sind, oder durch andere infolge von Entscheidungen oder Beurteilungen, die von Angehörigen dieser Berufe in Ausübung ihrer beruflichen Tätigkeit getroffen wurden, und die vom Arbeitgeber als fahrlässig eingestanden oder auf dem Rechtsweg als solche festgestellt werden". Dies zeigt, dass in England und Wales die Krankenschwestern und Krankenpfleger in vollem Umfang haften und für ihre Handlungen rechtlich zur Verantwortung gezogen werden.

Eine kritische Untersuchung des Stands der Haftung von Krankenschwestern und Krankenpflegern in der EU und der unterschiedlichen rechtlichen Rahmenbedingungen ist der Schlüssel zu Fortschritten. Obwohl wir festgestellt haben, dass es in diesem Bereich Unterschiede und eine fehlende Rechtsharmonisierung gibt, was für die Angehörigen der Gesundheitsberufe und insbesondere für die Krankenschwestern und -pfleger zu Unsicherheiten führt, ist es von entscheidender Bedeutung, dass sich die Haftung der Krankenschwestern und -pfleger auf die Sicherheit der Patienten und die Qualität der Pflege konzentriert. Diese Unterschiede stehen im Widerspruch zu den derzeitigen Initiativen für die Freizügigkeit von Berufen und Patienten in der EU.

In diesem unsicheren Umfeld sind eine gute Pflege und kritisches Denken für EU-Krankenschwestern und -pfleger unerlässlich, um die Wahrscheinlichkeit, in einen Prozess wegen Fahrlässigkeit verwickelt zu werden, deutlich zu verringern. Diese Fähigkeiten in Verbindung mit guten Dokumentationsverfahren können das Risiko eines nachteiligen rechtlichen Ergebnisses verringern (Gruber & Gruber, 1990). Die Unterstützung durch Berufsverbände der Krankenschwestern und Krankenpfleger ist in diesem Zusammenhang ebenfalls von entscheidender Bedeutung und kann Krankenschwestern und Krankenpflegern, die über die Grenzen ihres Heimatlandes hinaus praktizieren oder Patienten aus verschiedenen Mitgliedstaaten betreuen, Sicherheit geben.

Wir kommen zu dem Schluss, dass der Bereich der Haftung in der Krankenpflege auf EU-Ebene stark vernachlässigt wurde und dringend Abhilfe geschaffen werden muss. In diesem Kapitel legen wir die wichtigsten Probleme offen und fordern die EU-Institutionen auf, koordinierte Maßnahmen zur Bewältigung der rechtlichen und beruflichen Herausforderungen der Gesundheitsversorgung innerhalb der Mitgliedstaaten und über die Grenzen hinweg zu ergreifen, um eine qualitativ hochwertige und sichere Pflege für die Bürger der EU zu gewährleisten.

2.4. Innovationen sammeln und in Beweise umwandeln Ein Gegengewicht zu disruptiven Geschäftsmodellen, die in den Gesundheits- und Sozialpflegesektor eindringen, kann durch das Zusammenbringen verschiedener Gesundheits- und Sozialpflegeberufe mit Vertretern der Zivilgesellschaft geschaffen werden. Ein erfolgreiches Beispiel ist das ENS4Care-Projekt, bei dem eine

Reihe von Interessengruppen gemeinsam eine Reihe von EU-Leitlinien für die Einführung von elektronischen Gesundheitsdiensten in der Krankenpflege und Sozialfürsorge als Teil des Aktionsplans der Kommission 20122020 entwickelt haben (De Raeve et al., 2016). Der Erfolg dieses Projekts hat gezeigt, dass die Reform des Gesundheitssystems nicht disruptiv oder aggressiv sein muss, sondern durch einen Bottom-up-Ansatz vorangetrieben werden muss, um Erfolg zu garantieren.

In einem der ENS4Care-Leitfäden zur Prävention (ENS4Care 2015b) wurden zwanzig Praktiken gesammelt, die eine Reihe von Interventionen und Programmen darstellen, darunter Gesundheitsförderung, Beratung, soziale Unterstützung und Rehabilitation. Praktiken, die an der Frontlinie existieren. Die meisten der erfassten Praktiken betrafen die Gesundheitserziehung und - beratung, z. B. Familienplanung und Schwangerschaftsberatung für junge Paare; Mangelernährung und soziale Isolation für ältere Erwachsene; Gesundheitsberatung für die Gemeinschaft der Reisenden; Infektionsschutzberatung für die Öffentlichkeit; Sicherheit und Wohlbefinden am Arbeitsplatz, Rehabilitation und Risikobewertung für kardiovaskuläre Erkrankungen unter Bezugnahme auf die App HeartAge.

In zwei Praxen ging es um Unterstützungsprogramme für Einzelpersonen und Gemeinschaften zur Bewältigung von Trauerfällen und psychischen Problemen, die mit Ungleichheiten in Zusammenhang stehen. Dies sind alles Themen, die mit der Bekämpfung von Ungleichheiten in Verbindung gebracht werden können, da alle Praxen die IKT nutzen, um Patienten und Bürger durch die Möglichkeit der Selbstkontrolle und des Managements zu stärken. Alles in allem ist klar, dass Krankenschwestern und Sozialarbeiter als Hauptverantwortliche für diese Praktiken der IKT-Nutzung zu Präventionszwecken den Schlüssel zu einer gesünderen Zukunft für die Bürger in ganz Europa in der Hand halten, indem sie Zugang zu den Schwächsten in der Gesellschaft haben und Ungleichheiten verringern.

Es gibt Belege für die Vorteile, die sich aus diesen angewandten Praktiken ergeben: Verbesserung der Lebensqualität, weniger Krankenhauseinweisungen und -behandlungen, gesundes Verhalten, z. B. gesunde Ernährung und Raucherentwöhnung, verbessertes Gesundheitswissen und allgemeines Bewusstsein für Krankheiten, mehr körperliche Aktivität, Motivation und Selbstvertrauen bei Patienten und Bürgern (ENS4Care, 2015). Es liegt auf der Hand, dass der Einsatz von IKT in der Präventionspraxis einen großen Nutzen für Patienten, Bürger und Angehörige der Gesundheitsberufe bringen kann; Beispiele sind die Verringerung von Stürzen bei Osteoporose-Patienten, die verstärkte Aufnahme von Müttern zum Stillen, weniger Krankenhauseinweisungen und eine höhere Lebensqualität. Die für ENS4Care eingereichten Verfahren wurden offenbar sowohl vom Personal als auch von den Patienten positiv aufgenommen und zeigen bereits Anzeichen dafür, dass sie sowohl benutzerfreundlich als auch nützlich sind, wobei nur geringfügige Schulungen und Trainings erforderlich sind.

Viele der eingereichten Verfahren befanden sich entweder in einem frühen Entwicklungsstadium oder in einer Pilotphase, so dass ihre Bewertung noch nicht abgeschlossen ist. Kostenwirksamkeit und Datenschutz scheinen die beiden wichtigsten Schwachpunkte zu sein, für die bei der Einreichung der Verfahren nur begrenzte Daten vorgelegt wurden. Während die Anonymität der Daten bei den meisten Praktiken zumindest implizit gewährleistet ist, müssen Fragen der Datenverschlüsselung und des Datenschutzes weiter entwickelt werden. Außerdem kann der Nutzen solcher Präventionspraktiken langfristig und eher qualitativer Natur sein, so dass eine tatsächliche Kostenberechnung möglicherweise nicht so einfach zu erstellen ist. In Anbetracht der relativ geringen Kosten einiger der vorgeschlagenen IKT-Verfahren, z. B. der Entwicklung von Websites und Anwendungen, kann jedoch selbst eine geringe Verringerung von Krankenhauseinweisungen und unnötigen Behandlungen erheblich sein. Dies gilt vor allem, wenn man die eher qualitativen Vorteile berücksichtigt, wie die Befähigung der Patienten, ihre Motivation, ihr Selbstvertrauen und das Potenzial der Bürger, die Kontrolle über ihre eigene Gesundheit und ihren Krankheitsverlauf zu übernehmen.

Die eingereichten Praxen machten keine Angaben zu den tatsächlichen Kosten, aber viele gaben ihre aktuelle Finanzierungsquelle an. Die meisten Praxen wurden durch lokale Wohltätigkeitsorganisationen und Spenden finanziert. Eine weitere wichtige Finanzierungsquelle für viele Praxen war die staatliche Finanzierung, etwa durch nationale oder regionale Gesundheitsabteilungen. Die übrigen Praxen finanzierten sich durch private Unternehmen, Forschungszuschüsse, Eigenfinanzierung und lokale Krankenhausfinanzierung. Die Eingaben sind in der folgenden Tabelle zusammengefasst.

Kasuistik	Name der Praxis	Stand der Entwicklung	Erfassungsbereich	Erforderliche Kenntnisse/Fähigkeiten	Wichtigste Vorteile	Auftretende Hindernisse	Gelernte Lektionen
A	Befähigung der Patienten (Programm zur Familienplanung/ Fruchtbarkeitsberatung)	Vollständig Implementiert	National	Akademische, einschlägige Diplome/Abschlüsse	90 % der Frauen haben entbunden.	Patienten aus Scham oder Schüchternheit zur Teilnahme zu bewegen.	Die Öffentlichkeitsarbeit ist das Wichtigste, woran die Patienten teilnehmen möchten.
BM	Traveller Health (Unterstützung des öffentlichen Gesundheitswesens für die Traveller-Gemeinschaft)	Vollständig implementiert	Lokales	Einschlägige Diplome/Abschlüsse	Die Impfraten haben sich verbessert.	Nicht detailliert.	Der Wandel braucht Zeit, und das Wichtigste ist die Bildung.
H	Stanley chinkwi (spezifische Maßnahme nicht klar)	Piloten	Lokales	Technische, einschlägige Diplome/Abschlüsse	Senkung der Sterblichkeitsrate von Kindern unter fünf Jahren, Beteiligung und Engagement der Gemeinschaft Schlechtigkeit der Bereitstellung von Medikamenten.	Finanzierung und Entwicklung der Infrastruktur, z. B. der Stromversorgung. Möglichkeiten des Kapazitätsaufbaus für das ländliche Gesundheitspersonal.	Nicht detailliert.
J	COPD RehabApp (Unterstützung für COPD-Patienten)	Piloten	Regional	Klinische	Die Patienten sind mehrheitlich positiv eingestellt. Sie empfinden es als motivierend, und im positiven Sinne werden sie gerne überwacht.	Die Kenntnis der Vorschriften über Datensicherheit und die Einführung neuer Technologien. Wie kann sichergestellt werden, dass auch finanziell schwächer gestellte Patienten den Tischcomputer und die RehaApp als Hilfsmittel nutzen können?	Zusammenarbeit mit den Patienten und der Firma. In manchen Fällen entspricht die Verordnung nicht dem aktuellen Bedarf.
L	eRehab (Unterstützung der kardialen Rehabilitation)	Vollständig Implementiert	Regional	Akademisch, klinisch	Die maßgeschneiderte Version der Intervention zeigt drei Monate nach der Rehabilitation deutlich bessere Ergebnisse bei der körperlichen Aktivität als die nicht maßgeschneiderte Version der Intervention.	Die Finanzierung war das größte Hindernis. Die regionale Finanzierung hat die Praxis vorübergehend möglich gemacht, aber die Zukunft ist ungewiss.	Eine noch stärkere Einbeziehung der Nutzer, mehr Mittel und mehr Zeit sind erforderlich.
S	Verhinderung von Unterernährung und sozialer Isolation (Gesundheitserziehung für ältere Erwachsene)	Piloten	Regional	Technische, klinische Führung	Positives Feedback, da sich die Lebensqualität verbessert hat, die Bemühungen führten zu schnellen Ergebnissen, und mit dem Forschrittsbericht war es leicht, die Motivation aufrechtzuerhalten.	Thrive - Beherrschung neuer Werkzeuge, Möglichkeiten, aktiv zu bleiben. Infrastruktur und Zeit für die anfängliche Unterstützung der Nutzer.	Planung, Geduld und operative Systeme.
Z	Nicht vorgesehen (Praxis unklar)	Nicht detailliert.	International	Klinische Führung	Nicht detailliert.	Nicht detailliert.	Nicht detailliert.

Kasuistik	Name der Praxis	Stand der Entwicklung	Erfassungsbereich	Erforderliche Kenntnisse/Fähigkeiten	Wichtigste Vorteile	Auftretende Hindernisse	Gelernte Lektionen
AR	Sturzprävention und Aufklärung über Knochengesundheit	Vollständig Implementiert	National	Akademisch, klinisch, technisch, klinische Leitung.	Stärkeres Bewusstsein der Mitarbeiter für ihre eigene Knochengesundheit. Erhöhtes Bewusstsein für Stürze unter den Mitarbeitern - größere Wachsamkeit gegenüber Sturzrisiken am Arbeitsplatz Seit der Umsetzung des Programms wurden die Stürze auf dem gesamten Campus reduziert.	Die Vertrautheit mit den neuen Papierkram, die einmal erkannt wurde, konnte durch Schulung und Ausbildung vor Ort überwunden werden.	Beteiligen Sie alle Interessengruppen von Anfang an. Wenn jede Rolle zu Beginn klar umrissen wird, verbessert sich die Akzeptanz.
AS	Tukhet (Programm zur Unterstützung der psychischen Gesundheit und des Wohlbefindens)	Vollständig implementiert	National	Akademische, klinische, technische, relevante Diplome/Abschlüsse	Das Feedback der Kunden wurde für die Entwicklung neuer Themen genutzt.	Aufgrund der wirtschaftlichen Herausforderungen haben gemeinnützige Organisationen diese gute Praxis finanziert.	Die Plattform erreicht eine halbe Million Menschen, weil sie unterstützend und kostengünstig ist.
AT	Sicherheit am Arbeitsplatz (Arbeitsmedizinischer Dienst)	Vollständig Implementiert	National	Akademische, klinische, technische, einschlägige Diplome/Abschlüsse Klinische Leitung	Die Ergebnisse der Gesundheit der Arbeitnehmer.	Die Prävention in Krankenhäusern ist mit hohen Kosten verbunden.	Nicht detailliert.
BU	Gesundheit am Arbeitsplatz	Vollständig Implementiert	Lokales	Klinisch, technisch	Einige Arbeitnehmer haben das Rauchen aufgegeben.	Die Tätigkeit der Abteilung richtet sich nach der lokalen und regionalen Politik und basiert auf der Durchführung einzelner Projekte.	Die Menschen schätzen Gesundheitserziehungsprojekte mit zusätzlichen Tests, die ihren Gesundheitszustand objektiv aufzeigen
BW	Plataforma Dados da Saude (Präventionspraxis unklar)	Nicht detailliert.	Lokales	Nicht detailliert.	Nicht detailliert.	Zeitplan.	Nicht detailliert.
CB	Kardiale Rehabilitation (Unterstützung für Patienten mit Herzinsuffizienz)	Piloten	Lokales	Akademische, klinische, einschlägige Diplome/Abschlüsse Postgraduierte in kardialer Rehabilitation	Verbesserung der Lebensqualität der Patienten. Geringere Medikamentendosen. Weniger Wiedereinweisungen.	Eigene Krankenschwestern und Ärzte, die nicht an diese Praxis glaubten.	Monetarisierung von Ressourcen und Bereitschaft, kreativ zu sein. Partnerschaften können oft der Weg sein.
BZ	Infektionskontrolle	Vollständig implementiert	National	Akademisch, Klinisch, Technisch, Klinische Leitung	Nicht detailliert.	Zeit für die Formulierung der Praxis. Organisatorische Hindernisse. Die große Mobilität der Patienten zwischen verschiedenen Einrichtungen der Gesundheitsversorgung. Geringes Verhältnis von Pflegepersonal zu Patienten.	Bessere Kommunikation zwischen den Organisationen. Gesundheitseinrichtungen. Aufklärung von Patienten und Besuchern.

Kasuistik	Name der Praxis	Stand der Entwicklung	Erfassungsbereich	Erforderliche Kenntnisse/Fähigkeiten	Wichtigste Vorteile	Hindernisse	Gelernte Lektionen
CD	E-Mail für schwangere Paare (Aufklärung über Schwangerschaft)	Vollständig Implementiert	Lokales	Akademisch	Nicht detailliert.	Nicht detailliert.	Nicht detailliert.
CN	Projekt "Renascer em Luto" (Programm zur Unterstützung von Trauernden)	Piloten	Lokales	Nicht detailliert.	Nicht detailliert.	Nicht detailliert.	Nicht detailliert.
CT	Interventionsprogramm zur Förderung des Stillens	Piloten	Lokales	Akademisch, klinisch, technisch	Stillen ist sowohl für das Kind als auch für die Mutter von Vorteil.	Zeitaufwendig bei der Nachbetreuung der Mütter.	Nicht zutreffend - die Praxis befindet sich noch in der Umsetzung.
DH	mHealth Booster (nutzergesteuerte Entwicklungsumgebungen für Gesundheitstechnologie)	Piloten	Lokales	Technisch	Ältere Menschen sind an einer Teilnahme interessiert. Die Zusammenarbeit mit älteren Menschen und Unternehmen hat sich als fruchtbar erwiesen.	Nicht detailliert.	Nutzer wie ältere Menschen sind in der Lage, neue Dienste oder den Einsatz von Gesundheitstechnologie zu nutzen und zu entwickeln.
DI	Heart Age - JBS3 (Risikorechner für Herz-Kreislauf-Erkrankungen)	Vollständig Implementiert	International	Klinische	Der Hauptnutzen besteht darin, dass die Menschen und Patienten ihre Gesundheitsrisiken besser verstehen und die Möglichkeit haben, sich zu motivieren und zu unterstützen, Veränderungen vorzunehmen, um Krankheiten vorzubeugen.	Kontaktaufnahme mit einschlägigen Fachleuten. Verbreitung.	Es ist wichtig, das Instrument bei den wichtigsten Gruppen von Pflegekräften einzuführen und die Nutzung durch Pflegeorganisationen zu fördern.
DP	TV Enfermagem (Fernsehsender für Gesundheit und Pflege)	Vollständig Implementiert	National	Klinisch, technisch	Die Öffentlichkeit ist besser über Krankheiten und Prävention sowie über die Rolle der Krankenschwestern und -pfleger bei der Klärung und Bewältigung von Krankheiten informiert.	Fehlende Finanzierung.	Nicht detailliert.

Neben der Prävention beziehen sich weitere vierzig Praktiken auf die klinische Praxis (ENS4Care 2015), die vor allem auf Bürger mit chronischen Erkrankungen abzielen, was zu Ungleichheiten beiträgt. Zu den bemerkenswerten Beispielen gehören der Einsatz von Telediagnostik, um Bürgern in abgelegenen Gebieten den Zugang zu Gesundheitsdiensten zu ermöglichen, z. B. für Gebärmutterhalskrebs-Screening; die Nutzung des Telefons für die Nachsorge und Beratung, um den Reiseaufwand für Patienten und Fachkräfte zu verringern; die Verringerung unnötiger Krankenhausbesuche und -einweisungen; die von Patienten und Fachkräften wahrgenommene höhere Qualität der Versorgung; und die Möglichkeit für Bürger mit chronischen Langzeiterkrankungen, ein unabhängiges Leben zu führen.

Diese Praktiken wurden in dreizehn Ländern gesammelt: Portugal, Italien, das Vereinigte Königreich, Irland, Dänemark, Finnland, die Tschechische Republik, Deutschland, Slowenien, Schweden, Island, die Schweiz und Polen. In den eingereichten Praktiken wurden verschiedene gesundheitliche Vorteile für Patienten, Bürger und Fachleute angegeben, darunter klinische, organisatorische und berufliche Ergebnisse. Die klinischen Ergebnisse beziehen sich auf die spezifischen Bedingungen, mit denen sich die IKT-Praktiken befassten, wie z. B.: Frühdiagnose, Verbesserung des Blutzuckerspiegels bei Diabetikern, Erkennung von Herzrhythmusstörungen, Wundheilung und verbesserte Ergebnisse bei der Atmung von COPD-Patienten. Es gibt auch Anzeichen dafür, dass die Patienten und Bürger ihre Krankheiten besser kennen und verstehen, dass sie eine höhere Lebensqualität haben, dass sie mit den Gesundheitsdiensten und der Pflege, die sie erhalten, zufriedener sind und dass sie weniger unnötige Reisen für Klinikbesuche und Nachsorge unternehmen müssen.

Schließlich nannten die Fachleute auch Vorteile, die mit den eingereichten Verfahren verbunden sind, wie z. B. Zeitersparnis durch die Automatisierung von Routineverwaltungsaufgaben und verbesserte Kommunikation und Zusammenarbeit durch die Verfügbarkeit und Zugänglichkeit elektronischer Gesundheitsakten. Diese positiven Auswirkungen haben das Potenzial, zum Abbau von Ungleichheiten beizutragen.

Vierzig Praxen wurden eingereicht, die eine Reihe von Interventionen und Programmen anbieten, darunter Telemonitoring, Telediagnostik, elektronische Dokumentation, telefonische Nachsorge und Unterstützung. Diese Praxen richteten sich an eine Reihe von Bürgern und Patientengruppen mit unterschiedlichen Gesundheitsbedürfnissen und -anforderungen, wobei die Gruppen mit chronischen Erkrankungen wie chronisch obstruktiver Lungenerkrankung (COPD), Diabetes und chronischer Herzinsuffizienz (CHF) offenbar die meiste Unterstützung benötigten und einen größeren direkten Nutzen daraus ziehen konnten. Die Verbesserung der Qualität und Sicherheit der Versorgung, die Zeit- und Kosteneffizienz und die Sicherstellung der Zugänglichkeit von Gesundheitsdiensten für Patienten und Bürger schienen bei allen eingereichten Praktiken im Mittelpunkt zu stehen, was viele auch bewiesen.

Die eingereichten Beispiele zeigen, dass der Einsatz von IKT in der klinischen Praxis für Patienten, Bürger und Angehörige der Gesundheitsberufe von großem Nutzen sein kann. Die Einführung der für die klinische Praxis eingereichten Beispiele in die tägliche Praxis schien sowohl vom Personal als auch von den Patienten begrüßt und gefeiert zu werden, auch wenn die Meinung der Patienten weniger häufig eingeholt wurde. Die eingereichten Praktiken zeigten bereits Anzeichen dafür, dass sie sowohl benutzerfreundlich als auch nützlich sind, obwohl einige von ihnen eine gewisse Ausbildung und Schulung in ihrer Anwendung erfordern. Bei vielen der eingereichten Verfahren handelt es sich um Innovationen, die ständig weiterentwickelt werden, so dass ihre Bewertung noch nicht abgeschlossen ist.

Viele der vierzig eingereichten Verfahren zeigten ein deutliches Effizienzpotenzial durch zeitsparende Prozesse und die Automatisierung von administrativen Routineaufgaben sowie durch Kostensenkungen. Allerdings scheinen die Anfangskosten für die Einrichtung vieler dieser Verfahren hoch zu sein, da sie erhebliche Investitionen in die Infrastruktur erfordern. Während die Anonymität der Daten bei den meisten Verfahren zumindest implizit gewährleistet ist, müssen Fragen der Datenverschlüsselung und des Datenschutzes weiter erörtert werden. Der Kosten-Nutzen-Effekt der vorgelegten Beispiele aus der klinischen Praxis dürfte daher eher längerfristig zu sehen sein, als dass er unmittelbar ersichtlich wäre. Dennoch überwiegen die potenziellen Vorteile für Patienten und Bürger, wie z. B. die Stärkung der Handlungskompetenz, der Zugang zur Gesundheitsversorgung und ein unabhängiges Leben, bei weitem die Kosten, die diese Praktiken verursachen können.

Insgesamt ebnen die von Krankenschwestern und Sozialarbeitern angeführten klinischen Praxisbeispiele den Weg zu einem zugänglicheren, effizienteren, patientenzentrierten und sicheren Gesundheitssystem für Patienten und Bürger der EU. Nachfolgend wird eine zusammenfassende Tabelle mit den Praktiken vorgestellt.

Kasuistik	Name der Praxis	Stand der Entwicklung	Erfassungsbereich	Erforderliche Kenntnisse/Fähigkeiten	Wichtigste Vorteile	Auftretende Hindernisse	Gelernte Lektionen
B	ICT (Handhygiene-Audit-Tool)	Vorführer	Lokales	Klinisch-technisch Klinische Führung	Nicht detailliert.	Finanzierung, z.B. für Softwareentwicklung.	Nicht detailliert.
C	Telefonische Überprüfung nach dem Eingriff – unter Leitung einer Krankenschwester (telefonische Schmerzbeurteilung)	Vollständig implementiert	Regional	Akademisch-klinisch	Weniger Krankenhausaufenthalte. Verbesserter Zugang zur Schmerzklinik. Begrenzt den Bedarf an Reisen. Das Wissen der Patienten über die Schmerzbehandlung wurde verbessert.	Finanzierung einer Krankenschwester, die die Telefonate führt.	Zeitmanagement; Sicherstellen, dass die Überprüfungen innerhalb des dem Patienten mitgeteilten Zeitrahmens durchgeführt werden. Stellen Sie sicher, dass für die Besprechung von Patientenproblemen mit dem Berater ausreichend Zeit zur Verfügung steht.
F	Tele-KOL-Einheit (Fernüberwachung von COPD-Patienten)	Vollständig implementiert	Lokales	Akademisch Klinisch Technisch Einschlägige Diplome/Abschlüsse Klinische Leitung	Nicht detailliert.	Die Finanzierung.	Enthusiasmus ist eine der erforderlichen Fähigkeiten. Fachleute, die sowohl die technischen als auch die beruflichen Kenntnisse für die Ausübung der Tätigkeit als Krankenschwester in der Telemedizin beherrschen.
E	Strahlenonkologische Pflege (Praxis unklar)	Vollständig implementiert	National	Akademisch Klinisch Einschlägige Diplome/Abschlüsse	Nicht detailliert.	Nicht detailliert.	Nicht detailliert.
I	Telediagnostik (für Gebärmutterhalskrebs-Screening)	Vollständig implementiert	International	Klinische	Wenn Frauen in einem frühen Stadium diagnostiziert werden, ist eine Behandlung einige Entwicklungsorganisationen anstelle von PAP-Abstrichen eine visuelle Inspektion durchführen wollten. leicht möglich.	Das Hauptproblem war die Tatsache, dass Verwenden Sie eine gute Ausstattung. Schulung aller Teilnehmer in ihrer eigenen Sprache.	Nicht detailliert.
K	Südwestkrankenhaus Esbjerg (COPD-Unterstützung durch Telecare)	Piloten	International	Nicht detailliert.	Nicht detailliert.	Nicht detailliert.	Nicht detailliert.
P	NHS111 (telefonische Beratung und Unterstützung)	Vollständig implementiert	Regional	Klinisch relevante Diplome/Abschlüsse Klinische Leitung	Nicht detailliert.	Genügend Personal, um bei Bedarf arbeiten zu können, d. h. Anpassung der Tätigkeit an die Kapazität.	Nicht detailliert.
Q	Gian Rhos Care Home (IKT-Praxis/Beispiel unklar)	Vollständig implementiert	Lokales	Akademisch Klinisch Technisch Einschlägige Diplome/Abschlüsse Klinische Leitung	Besserer Umgang mit schwankenden Blutzuckerwerten und effektive Behandlung und Anwendung von Insulin.	Nicht detailliert.	Halten Sie es klein und einfach. Loben Sie Ihre Mitarbeiter, wo es angebracht ist.
R	Praxisschwester (ICT-Praxis/ Beispiel unklar)	Nicht detailliert.	Lokales	Akademisch Klinisch Technisch Einschlägige Diplome/Abschlüsse Klinische Leitung	Wenn ein Patient an diesem Tag keinen Termin bekommt, kann ihm ein Telefonanruf angeboten werden, um seine Bedenken zu besprechen.	Nicht detailliert.	Verringern Sie die Verschwendung von Vorräten.

Kasuistik	Name der Praxis	Stand der Entwicklung	Erfassungsbereich	Erforderliche Kenntnisse/Fähigkeiten	Wichtigste Vorteile	Auftretende Hindernisse	Gelernte Lektionen
U	Allgemeine Praxis (IKT-Praxis; Beispiel unklar)	Vollständig implementiert	Lokales	Akademisch Klinisch Technisch Einschlägige Diplome/Abschlüsse	Nicht detailliert.	Nicht detailliert.	Nicht detailliert.
V	Konsultation per E-Mail, einschließlich Bildgebung (medizinische Beratung per E-Mail)	Vollständig implementiert	Lokales	Akademisch Klinisch Technisch Klinische Leitung	Besserer Zugang; Beratung in optimaler Zeit.	Ein Großteil der Arbeit muss außerhalb der Bürozeiten erledigt werden, da die elektronische Kommunikation während der Praxiszeiten aufgrund der hohen Arbeitsbelastung praktisch nicht möglich ist.	Nicht detailliert.
X	Fernüberwachung der Gesundheitsfürsorge (genaue IKT-Praxis nicht im Detail)	Vollständig implementiert	Lokales	Akademisch Klinisch Technisch Einschlägige Diplome/Abschlüsse Klinische Leitung	Weniger Krankenhausaufenthalte und Einweisungen. Stärkeres Bewusstsein der Patienten für ihren Zustand. Geringerer Schweregrad der Exazerbationen bei Patienten. Frühere Erkennung einer Verschlechterung des Gesundheitszustands und schnelleres Handeln zur Lösung von Problemen.	Überwindung festgefahrener Vorstellungen und Kulturen. Ein zu langwieriger Verwaltungsprozess, d. h. ein Formular, kann auf manche Fachärzte abschreckend wirken.	Verkürzen Sie die Länge der Formulare und streichen Sie unnötige Informationen.
AX	COPD - Aufnahme von Patienten mit kardialer Dekompensation (Telemonitoring und Fernunterstützung für COPD-Patienten)	Vollständig implementiert	Regional	Klinisch-technische Abschlüsse Einschlägige Diplome/Abschlüsse Klinische Leitung	Nicht detailliert.	Das Haupthindernis bestand darin, dass die Ärzte der primären Gesundheitsversorgung die wachsende Verantwortung und zentrale Rolle der Krankenpflege nicht akzeptierten. Der Nachweis, dass die Praxis effektiv und kostensparend ist, war ein Weg, um zu beweisen, dass Krankenschwestern eine Quelle für die Praxis sein können und nicht ein Hindernis.	Durch den Austausch von Informationen über die Gesundheitsfürsorge der Patienten zwischen verschiedenen Fachleuten im Rahmen eines gemeinsamen Prozesses erhöht sich das Wohlbefinden des Patienten, da die Gesundheitsleistungen reduziert werden.
AA	Telemedizinische Versorgung (Fernbehandlung von Diabetes)	Vollständig implementiert	Regional	Klinisch-technisch	Das benötigt die Patienten, und es gab einige positive Verbesserungen bei den HbA1c-Werten.	In einigen Gebieten gab es Probleme mit Mobiltelefonen, was sich auf die Möglichkeit auswirkte, Ergebnisse herunterzuladen. Die Seite ist lang und die Zeit für die Mitarbeiter ist knapp bemessen.	Kürzere Überweisungswege können hilfreich sein. Ein Schlüsselarbeiter zu bestimmten Zeiten kann notwendig sein.

Kasuistik	Name der Praxis	Stand der Entwicklung	Erfassungsbereich	Erforderliche Kenntnisse/Fähigkeiten	Wichtigste Vorteile	Auftretende Hindernisse	Gelernte Lektionen
AE	Bewertungen von Gesundheitseinrichtungen in der Gemeinschaft	Piloten	Lokales	Klinisch-technisch Klinische Führung	Rückmeldungen von Patienten, die sich stärker in ihre Versorgung und Entscheidungsfindung einbezogen fühlten. Das Ausfüllen aller Beurteilungsformulare auf dem Gerät ermöglicht den sofortigen Zugriff auf Weiterüberweisungen und verkürzt die Wartezeit. Nutzung von interaktiven Gesundheits-Apps, die auch die Patienten in ihre Bewertungen einbeziehen.	Angst vor der Technologie. Annahme, dass sie eine Barriere zwischen Patient und Arzt schaffen würde. Das Unternehmen, das die Lösungen und Plattformen entwickelt hat, ist nicht vor Ort, wenn es darum geht, Anpassungen an Verfahren und Formen vorzunehmen.	Stellen Sie sicher, dass Sie über die nötigen Kapazitäten verfügen, um den Prozess zu Ende zu führen. Stellen Sie sicher, dass die Schulung klinisch geleitet wird, um interaktive Gewährleistung von Peer-User-Treffen zum Ideenaustausch.
AF	STROKE CARE (E-Learning-Programm für die Schlaganfallversorgung)	Vorführer	Lokales	Akademisch-klinisch	Nicht detailliert.	Finanzen.	Schaukasten und Werbung.
AG	Patientenmaßnahme (Telemonitoring für Herzinsuffizienz- und COPD-Patienten)	Vollständig implementiert	Lokales	Einschlägige klinisch-technische Diplome/Abschlüsse	Es wird eine durchschnittliche Verbesserung des klinischen Zustands der Patienten beobachtet. Sie sind stabiler, wenn sie aus der Praxis entlassen werden.	Einführung der elektronischen Patientenakte, da das gesamte Personal daran gewöhnt war, mit Krankenakten auf Papier zu arbeiten. Das Pflegepersonal fand es schwierig, bei Telefongesprächen vollständig zu verstehen, was der Patient erlebte.	Durch die Veröffentlichung der Ergebnisse im Internet können andere Organisationen über die Vorteile dieser Praxis informiert werden.
AI	CareLink Network (Telemonitoring für Patienten mit implantierten Herzgeräten)	Vollständig implementiert	International	Klinisch-technisch	Frühzeitige Erkennung von Komplikationen und Herzrhythmusstörungen. Steigerung der Patientenzufriedenheit mit den Gesundheitsdienstleistungen.	Überwindung der alten Routine der Angehörigen der Gesundheitsberufe. Diese Probleme wurden durch die Organisation verschiedener Treffen überwunden, auf denen der potenzielle Nutzen und die Ergebnisse von Studien verbreitet wurden.	Aufklärung aller Beteiligten (Angehörige der Gesundheitsberufe und Patienten) über die Vorteile des Systems.
CX	EKG über Modem (ICT-Praxis unklar)	Piloten	Lokales	Klinisch-technisch	Niedrigere Sterblichkeitsraten.	Zurückhaltung des Personals.	
AO	Fortgeschrittene Cardiovascular Life Support (IKT-Praxis nicht klar, elearning)	Vollständig implementiert	International	Technische Diplome/Abschlüsse Klinische Leitung	Nicht detailliert.	Einige Angehörige der Gesundheitsberufe sind da ganz anderer Meinung.	Förderung der Einbeziehung und Befähigung von Fachleuten. Demonstration der Anwendung von guter klinischer Praxis, guter klinischer Pflege und evidenzbasierter Medizin.
CR	Diabetikerbetreuung (IKT-Praxis unklar, Schulungsprogramm)	Vollständig implementiert	National	Einschlägige Diplome/Abschlüsse	Der Patient erhält ein besseres Wissen über seinen Zustand. Langfristige, negative Folgen der Krankheit werden hinausgeschoben.	Genügend ausgebildete Krankenschwestern zu haben und genügend Zeit für andere Aufgaben zu haben.	Nicht detailliert.

Kasuistik	Name der Praxis	Stand der Entwicklung	Erfassungsbereich	Erforderliche Kenntnisse/Fähigkeiten	Wichtigste Vorteile	Auftretende Hindernisse	Gelernte Lektionen
AW	DISTANZ MONITORISIERUNG (Telemonitoring der Vitalparameter des Patienten)	Piloten	Lokales	Klinisch-technisch	Nicht detailliert.	Fehlende öffentliche Finanzierung.	Nicht detailliert.
AZ	Normale Geburt (ICT-Komponente ist unklar)	Vollständig implementiert	National	Akademisch Klinisch Technisch Klinische Leitung	Hohe Zufriedenheit der Bürger und Fachleute. Weniger instrumentelle Einbindungen und Kaiserschnittentbindungen. Geringere Morbiditätsraten (mütterlicherseits und neonatal).	Hindernisse haben eine berufskulturelle Grundlage und eine medizinische egozentrische Kultur.	Nicht detailliert.
BS	e-prescribing (elektronisches Verschreibungswesen)	Piloten	Lokales	Klinisch relevante Diplome/Abschlüsse Klinische Leitung	Es wird erwartet, dass es für die Patienten eine Erleichterung darstellt und den Ärzten Zeit spart.	Installation geeigneter Software und Prüfung der Konformität von IT-Systemen.	Nicht detailliert.
BV	nicht vorgesehen (Krankenakten des Krankenhauses)	Vollständig implementiert	Lokales	Akademisch Klinisch Technisch	Besseres Verhältnis zu den Fachleuten.	Nicht detailliert.	Nicht detailliert.
BY	Pulmonale Rehabilitation bei COPD-Patienten (ICT-Komponente implementiert)	Vollständig implementiert	Lokales	Akademisch Klinisch Technisch Einschlägige Diplome/Abschlüsse	Verbesserung der Symptomatik, der Lebensqualität und der Aktivitäten des täglichen Lebens. Einige Patienten optimierten die Anwendung ihrer Inhalationstherapie.	Zugang zur Ausrüstung.	Nicht detailliert.
BX	Fütterung (ICT-Komponente unklar)	Piloten	Lokales	Akademisch-klinisch	Nicht detailliert.	Nicht detailliert.	Nicht detailliert.
CA	Lebensqualität von ICD-Patienten während einer Fernüberwachung; eine Pilotstudie	Piloten	Lokales	Klinisch-technisch	Frühzeitige Erkennung von Komplikationen und Herzrhythmusstörungen. Steigerung der Zufriedenheit der Patienten mit den Gesundheitsdienstleistungen.	Nicht detailliert.	Nicht detailliert.
CE	Aufbau einer therapeutischen Beziehung mit dem Klienten (ICT-Komponente unklar)	Nicht detailliert.	International	Akademisch Klinisch Technisch	Nicht detailliert.	Die Haupthindernisse liegen in der Wirtschaftskrise.	Nicht detailliert.
CF	Eine aerobe Kultur aus einer Verletzung (ICT-Komponente unklar)	Vollständig implementiert	Regional	Einschlägige Klinisch-technische Diplome/Abschlüsse	Nicht detailliert.	Mangel an Zeit. Personalmangel.	Nicht detailliert.

Kasuistik	Name der Praxis	Stand der Entwicklung	Erfassungsbereich	Erforderliche Kenntnisse/Fähigkeiten	Wichtigste Vorteile	Erkannte Hindernisse	Gelernte Lektionen
CG	Twinkle-System (elektronische Gesundheitsakte)	Vollständig implementiert	Regional	Klinisch-technisch	Es gibt keine Verzögerungen bei der Versendung von Arztbriefen an Hausärzte und Patienten. Der Verwaltungsaufwand hat sich verringert. Alle Patientenkontakte werden in einem System protokolliert, was die Kontinuität der Versorgung gewährleistet.	Behebung von Fehlern in der Computerdatenbank. Es hat einige Zeit gedauert, bis das neue System alle Informationen aus der vorherigen Datenbank korrekt übertragen hat.	Engagement der lokalen IT-Abteilung und des multidisziplinären Teams erforderlich.
CI	nicht vorgesehen (Schulung für Kinder mit Diabetes)		Regional	Klinische	Nicht detailliert.	Verordnung. Die Finanzierung.	Legen Sie klare Regeln und Vorschriften fest.
CM	RAI-Bewertung in der ambulanten häuslichen Pflege	Vollständig implementiert	Regional	Klinisch-technisch	Nicht detailliert.	Schulung der Fachkräfte für das neue System. Zusammenarbeit mit allen Mitgliedern des Netzes (Ärzten, Apothekern).	Nicht detailliert.
CO	Mobile Wunde Analyzer (iPhone-Anwendung)	Vollständig implementiert	International	Klinische	Verbesserung der Ulkustherapie. Hilfe bei der Identifizierung und Messung des Ulkusgewebes. Automatisieren Sie die klinische Dokumentation. Verringerung der Verwaltung unwirksamer Produkte. Verkürzung der Pflegezeiten, Verkürzung der Krankenhausaufenthalte.	Einführung in das Informationssystem. Sie benötigen eine Internetverbindung und ein mobiles Gerät.	Nicht detailliert.
eu	Nicht vorgesehen (telefonische Nachuntersuchung für Patienten unter Chemotherapie)	Vollständig implementiert	Regional	Akademisch Klinisch Technisch Einschlägige Diplome/Abschlüsse	Die Patienten müssen weniger oft ins Krankenhaus. Bessere Therapietreue.	Zeit finden während des Arbeitstages.	Nicht detailliert.
CV	Elektronische Gesundheitsakte Pflegedokumentation	Vollständig implementiert	National	Klinische	Leichtere Nutzung des neuen elektronischen Patientendatensystems. Erhöht die Effizienz und die Koordination der Dienstleistungen zwischen den Abteilungen des Krankenhauses.	Erarbeitung einer gemeinsamen Vision und Praxis für die Dokumentation. Lücken und Redundanzen in der klinischen Praxis.	Die Zusammenarbeit zwischen Ärzten, Einrichtungen, Krankenhäusern, Behörden, technischen Teams und Systemanbietern ist ein Schlüsselfaktor für den Erfolg.
CY	IKT-Komponente (elektronische Dokumentation)	Vollständig implementiert	Regional	Akademisch Klinisch Technisch Klinische Leitung		Infrastrukturbedarf; Ausbildung des Personals.	Das Informationssystem sollte mit den verschiedenen Abteilungen des Krankenhauses kompatibel sein.
CZ	Nicht vorgesehen (telefonische Nachbetreuung für Palliativmedizin)	Vorführer	Lokales	Einschlägige Diplome/Abschlüsse	Verbesserte Lebensqualität.	Organisatorisch.	Nicht detailliert.

Kasuistik	Name der Praxis	Stand der Entwicklung	Erfassungsbereich	Erforderliche Kenntnisse/Fähigkeiten	Wichtigste Vorteile	Auftretende Hindernisse	Gelernte Lektionen
DJ	ASSI (Verbesserung der Nutzung kundenorientierter elektronischer Gesundheitsdienste)	Piloten	Regional	Klinische	Die Bürger können eine bessere Gesundheitsversorgung erhalten, z. B. neue Versorgungswege für vielseitige Patientengruppen.	Nicht detailliert.	Nicht detailliert.
DK	Internetgestützte Patientenaufklärung zur Stärkung der kognitiven Fähigkeiten (orthopädische Patienten)	Vollständig implementiert	Regional	Klinische	Das Pflegepersonal ist sich der Patientenaufklärung stärker bewusst. Die Patienten haben das Programm gerne genutzt.	Rechtliche Fragen bezüglich des Eigentums an dem Programm.	Arbeit in enger Verbindung mit Menschen aus der Praxis. Die Meinung der Patienten wird auf vielfältige Weise eingeholt.

Ein wichtiges Mittel zur Bekämpfung von Ungleichheiten ist der Einsatz fortgeschrittener Rollen innerhalb eines Ökosystems der integrierten Versorgung. Im Rahmen des ENS4Care-Projekts wurden neunzehn Beiträge zu fortgeschrittenen Rollen für Pflegekräfte eingereicht (ENS4Care, 2015). Die unter dem Titel "Advanced Roles" eingereichten Praktiken haben das Potenzial, Patienten und Bürger auf vielfältige Weise zu stärken. Dazu gehörte eine qualitativ bessere, sicherere und leichter zugängliche Gesundheitsversorgung. Die meisten Praktiken wiesen eindeutig auf das Potenzial hin, eine personenzentrierte und ganzheitliche Pflege zu fördern. Durch die Aufrechterhaltung der Kontinuität der Versorgung haben diese Praktiken außerdem das Potenzial, Patienten und Bürger in die Lage zu versetzen, sich aktiv in den Entscheidungsprozess einzubringen und daran teilzunehmen. Von den 19 Praxen mit fortgeschrittenen Aufgaben gaben die meisten eine verbesserte Qualität der Patientenversorgung als wichtigsten direkten Nutzen der Praxen an; fünf Praxen wiesen auf eine gesteigerte Effizienz durch die Verringerung von Doppelarbeit, verbesserte Kommunikation/Zusammenarbeit und zügige Überweisungsprozesse hin; und weitere vier Eingaben wiesen auf das Potenzial der Praxen hin, die Zahl der Krankenhauseinweisungen zu verringern, indem sie einen niederschwelligen Zugang zu Gesundheitserziehung und -beratung bieten.

Diese Praktiken haben das gemeinsame Anliegen, die Effizienz der Gesundheitsdienste zu verbessern und gleichzeitig die Qualität der Gesundheitsversorgung für Patienten und Bürger zu erhöhen. Beispiele für diese Praktiken sind telefonische Triage, Beratung oder Überweisungen, Fallmanagement in der Primärversorgung und spezialisierte Dienste für Menschen mit chronischen körperlichen und psychischen Erkrankungen wie COPD und Diabetes.

Auch wenn viele dieser Praktiken noch bewertet werden müssen, können sie doch erhebliche Vorteile für Patienten und Fachkräfte mit sich bringen. Insbesondere die Befähigung der Patienten liegt auf der Hand, da sie ermutigt und unterstützt werden, eine aktivere Rolle in ihrer Gesundheitsversorgung zu übernehmen, die es ihnen ermöglicht, ihre Krankheiten selbst zu verwalten. Die Patienten und Bürger dürften auch die unmittelbaren Nutznießer der potenziellen Qualitätsverbesserung des Gesundheitswesens sein, während die Zeitersparnis bedeutet, dass die Fachkräfte mehr Zeit für die direkte Pflege aufwenden können. Der wirtschaftliche Nutzen dieser Praktiken wird sich wahrscheinlich erst mittel- bis langfristig einstellen, da Qualität nur schwer zu quantifizieren ist und Kosten verursacht. Dennoch dürfte selbst eine geringe Verringerung der Krankenhauseinweisungen und der Klinik- oder Hausarztbesuche sowohl in finanzieller als auch in qualitativer Hinsicht von Bedeutung sein.

In Anbetracht der potenziellen Vorteile für die Patientenversorgung und die Arbeitsbelastung der Fachkräfte, die sich aus diesen Praktiken ergeben können, scheinen diese Lösungen lohnenswert. Es folgt eine zusammenfassende Tabelle:

Kasuistik	Name der Praxis	Stand der Entwicklung	Erfassungsbereich	Erforderliche Kenntnisse/Fähigkeiten	Wichtigste Vorteile	Erkannte Hindernisse	Gelernte Lektionen
N	Dendrite (Datenbank für Kreisdienste)	Vollständig implementiert	National	Klinisch, technisch, klinische Leitung	Durch die Überwachung des Klinikzugangs kann die Krankenschwester erkennen, wo Verbesserungen erforderlich sind.	Mangel an IT-Unterstützung vor Ort.	Eine zuverlässige IT-Abteilung ist unerlässlich.
T	FTI-Nursing Care (eine forschungs- und IT-gestützte Plattform zur Unterstützung der evidenzbasierten Pflege)	Vollständig implementiert	International	Klinische, technische, einschlägige Diplome/Abschlüsse	Die Informationen führten das Pflegepersonal systematisch durch den Pflegeprozess.	Finanzielle Mittel für das Projekt zu erhalten. Um dies zu erreichen, wurden Abonnements für die Nutzer eingeführt. Gründlich qualifizierte Erst- und Zweitautoren für die Analyse und Bewertung von Studien.	Für Krankenschwestern und Krankenpfleger mit einem Bachelor- oder Masterabschluss ist es einfacher, die vorhandene Forschung zu nutzen und in die Praxis umzusetzen. Unterstützung durch das Management, das Pflegepersonal braucht Zeit und Motivation und technische Ausstattung auf den einzelnen Stationen/Büros/etc.
W	Krankenschwester, aufsuchende Pflege (psychische Gesundheitspflege)	Piloten	Lokales	Einschlägige Diplome/Abschlüsse Krankenschwester/Krankenpfleger Stufe 4 und 5 (HBOV)	Nutzen Sie einige eHealth-Module zur Bewältigung von Depressionen, geringem Selbstwertgefühl und Alkoholmissbrauch. Das Ziel: Die Patienten können ihre Probleme besser bewältigen und endlich ihre Einstellung ändern.	Begrenzte IT-Kenntnisse und die Tatsache, dass es sich um eine neue Methodik handelt.	Es sollte mehr Beweise für die Krankenschwestern geben, um die Einführung dieser Technologie zu unterstützen.
AB	Skype-Interviews (in der Sozialfürsorge)	Piloten	Lokales	Technische, einschlägige Diplome/Abschlüsse	Effizienz; Zeitersparnis für die Sozialarbeiter.	Die Meinung der traditionellen Sozialarbeiter, dass ein intensives Gespräch mit den Klienten nur durch persönlichen Kontakt möglich ist.	Gute Einführung, Einarbeitung und Betreuung vor und während des Vorstellungsgesprächs.
AC	NHS24 (telefonische Unterstützung und Beratung)	Vollständig implementiert	National	Akademische, klinische, technische, einschlägige Diplome/Abschlüsse Klinische Leitung	Effiziente Überweisung, wenn Hausarztpraxen geschlossen sind. Die Patienten können sich selbst versorgen, anstatt einen Arzt einzuschalten. Beratungsstellen für Raucherentwöhnung, Alkoholprobleme und psychische Probleme unterstützen die Patienten.	Die Menschen sollen wissen, dass sich die Dienste ändern und was die telefonische Triage und Überweisung leisten kann und was nicht.	Mehr Informationen werden an die Öffentlichkeit weitergegeben.
AH	Nicht vorgesehen (Forschungsschwester)	Vollständig Implementiert	National	Akademische, klinische, technische, einschlägige Diplome/Abschlüsse Klinische Leitung beinhaltet: Die Einziehung eines neuen Medikaments, Möglichkeiten zur Einbeziehung von Familien als Forschungsteilnehmer.	Verbesserte Forschungsergebnisse und Gesundheitsergebnisse, wenn die Studie.	Einstellung der Fachleute, d. h. sie reagieren zunächst nicht auf Veränderungen. Einbindung von Ärzten aufgrund von Zeitmangel und Arbeitsbelastung. Einbindung des Pflegepersonals.	Offene Kommunikation. Wirksame Strategien für das Veränderungsmanagement. Mit dem Personal und nicht gegen das Personal arbeiten, d.h. flexibel mit Zeitplänen und Verpflichtungen umgehen.

Kasuistik	Name der Praxis	Stand der Entwicklung	Erfassungsbereich	Erforderliche Kenntnisse/Fähigkeiten	Wichtigste Vorteile	Hindernisse	Gelernte Lektionen
BE	North Down Virtual Ward (ANP für COPD, Diabetes, CHF)	Vollständig implementiert	Lokales	Akademische, klinische, technische, einschlägige Diplome/Abschlüsse Case Management Postgraduierten-Zertifikat und nichtmedizinische Verschreibung.	Rückgang der Zahl der Einweisungen in Personals und der Gemeinschaft, Klienten und Angehörige aufklären, auf frühe Anzeichen zu achten und frühzeitig Hilfe zu suchen. Zusammenarbeit mit Hausärzten - einige begrüßten den Dienst, während andere ihn als hausärztliche Arbeit empfinden.	Veränderung der Kultur innerhalb des Krankenhausanweisungen. Bessere Therapietreue. Wenn sich Patienten unwohl fühlen, wird sofort eingegriffen.	Die Kommunikation zwischen dem Schlüsselarbeiter und den Sozialarbeitern ist von entscheidender Bedeutung.
BH	Patientenbewertung (genaue Vorgehensweise unklar)	Vollständig implementiert	International	Akademisch, klinisch, technisch	Eine bessere Umgebung, ein besseres Team und eine bessere Betreuung.	Politiken.	Bessere Gesundheitsversorgung.
BN	Beratung (psychische Gesundheit und Süchte)	Vollständig implementiert	Regional	Klinisch, Klinische Leitung	Nicht detailliert.	Nicht detailliert.	Nicht detailliert.
BT	Digitale Kapazität (Forschungsprojekt)	Vorführer	National	Technisch	Ein Bild von der tatsächlichen digitalen Bereitschaft der Beschäftigten im Sozialwesen.	Nicht detailliert.	Nicht detailliert.
CQ	Qualitätsmanagement (elektronische Patientenakte)	Piloten	Lokales	Akademisch, Klinisch, Technisch, Klinische Leitung	Bessere Koordinierung im EPR, bessere Überwachung und weniger Wiederholungen. Die Datenbank liefert administrative und klinische Informationen und unterstützt die Praxis.	Mangelnder Wille der Fachleute, neue Methoden zu erlernen. Starrköpfige Haltung, Widerstand gegen Veränderungen. Überwindung durch eine Person, die für Hilfe kontaktiert werden kann, eine persönliche Unterstützung und Ausbildung, zentral gelegenes Ausbildungsmaterial und der Funktionsweise des technischen Gruppenausbildung.	Die Person(en), die eine umfassende Umsetzung eines EPR leitet (leiten), muss (müssen) viel Geduld und zwischenmenschliche Kommunikationsfähigkeiten haben. Wichtig sind fundierte Kenntnisse der Lehrmethoden und ein gutes Verständnis Systems. Für die Umsetzung einer EPR ist ein fundiertes klinisches Wissen und Verständnis von größer Bedeutung.
DB	Befähigung der Patienten (genaue Praxis unklar)	Piloten	Lokales	Klinisch, technisch, Ausbildung von Patienten	Den Patienten kann eine Betreuung zu Hause angeboten werden. Senkung der Kosten für die soziale Betreuung.	Infrastruktur. Die Finanzierung.	Nicht detailliert.

Kasuistik	Name der Praxis	Stand der Entwicklung	Erfassungsbereich	Erforderliche Kenntnisse/Fähigkeiten	Wichtigste Vorteile	Erkannte Hindernisse	Gelernte Lektionen
DC	Dokumentation der Pflegepraktiken	Vollständig implementiert	National	Akademisch, klinisch, technisch verbundenen	Bessere Planung der Pflege und der damit verbundenen Vorteile. Erstellung von Daten zur Unterstützung des Managements als Grundlage für die kontinuierliche Verbesserung der Qualitätsprogramme.	Infrastrukturen einschließlich der Anschaffung von Hardware. Geringste Kompetenzen des Personals bei der IKT-Nutzung.	Festlegung nationaler Strategien für Informationssysteme im Gesundheitswesen. Verwendung eines Systems, auf das jeder in einer gemeinsamen Sprache zugreifen kann. Einbindung aller Nutzer in die Umsetzung des Programms.
DE	Bildung (genaue Praxis unklar)	Vollständig Implementiert	Lokales		Nicht detailliert.	Die Finanzierung.	Nicht detailliert.
DG	Akuter Myokardinfarkt (erweiterte Lebenshilfe)	Vollständig Implementiert	National	Akademische, klinische, technische, einschlägige Diplome/Abschlüsse Klinische Leitung	Das portugiesische Volk verfügt über die nächstgelegene Ressource für die Rettung und Unterstützung der Bevölkerung.	Nicht detailliert.	Krankenschwestern und -pfleger sind eine wichtige Ressource für die Leitung der Rettungs- und Hilfsmaßnahmen für Menschen, die klinische Pflege benötigen.
DL	Akutpflegeteams (von Krankenschwestern geleitetes Gesundheitszentrum)	Vollständig implementiert	Regional	Akademische, klinische, technische, einschlägige Diplome/Abschlüsse Klinische Leitung. Klinisch, Klinische Leitung. Die ausgewählte Gesundheitstechnologie ist einfach zu bedienen und erfordert nur wenige IKT-Kenntnisse.	Die neue Aufteilung der klinischen Arbeit ist effektiv, und die Mitarbeiter mögen sie. Die Bürger erhalten schneller eine gezielte Betreuung.	Die Einstellung von Ärzten, die nicht in der Region leben (in der dieses System funktioniert).	Die guten Ergebnisse sind der Schlüssel zur Ausweitung des Akutversorgungsmodells.
DM	ePsychNurseNet (eLearning (CPD) für Psychiatriepfleger)	Vollständig Implementiert	International	Klinisch, technische, technische Fähigkeiten bei der Nutzung des Internets und des Moodle.	Verringerung der Behandlungsverfahren in psychiatrischen Krankenhäusern, die eine engere pflegerische Überwachung erfordern. Verringerung der Zahl der Patientenbeschwerden. Ausbau des eLearnings und Einsparung von Reisekosten in der Weiterbildung.	Unzureichende Technologiekenntnisse bei Pflegefachkräften und ihre negative Einstellung zum eLearning. Die Zeit, die der eLearning-Kurs in Anspruch nimmt und wann sie Zeit dafür finden.	Die kulturellen Aspekte müssen in den Kurs einbezogen werden. Lokale Fachleute müssen an der Entwicklung eines Kurses oder an der Änderung eines alten Kurses in einem neuen Land beteiligt werden.

Kasuistik	Name der Praxis	Stand der Entwicklung	Erfassungsbereich	Erforderliche Kenntnisse/Fähigkeiten	Wichtigste Vorteile	Erkannte Hindernisse	Gelernte Lektionen
DN	Case Manager in der Primärversorgung	Vorführer	National	Klinische, technische, einschlägige Diplome/Abschlüsse. Mindestens 5 Jahre Erfahrung Zusatzausbildung des angehenden Case Managers (Credit 30)	Die Rolle kann die kundenorientierten Dienste verstärken, die Betreuung von Kunden mit chronischen Erkrankungen unterstützen und koordinieren. Die Rolle kann dazu beitragen, eine angemessene Aufgabenverteilung zwischen Ärzten und Pflegekräften zu planen, um ihren Patienten selbst übernehmen können. Das Modell kann dem Kunden und dem Pflegeteam helfen, produktiver zu kommunizieren und dadurch bessere Ergebnisse zu erzielen, um die Inanspruchnahme von Notfall-, Krankenhaus- und Spezialdiensten zu verringern.	Das Haupthindernis waren die Informationssysteme, aus denen das Personal keine Informationen über Kunden abrufen darf, die es nicht betreut hat. Einige Ärzte akzeptieren das Modell nicht, multiprofessionelle Teamarbeit weiter zu entwickeln.	Nicht detailliert.
DO	eQuality-System (Projekt: Fortbildung für psychosoziale Fachkräfte)	Vorführer	Europäisch	Klinische, technische, psychiatrische Krankenhäusern, die eine enge pflegerische Überwachung erfordern.	Verringerung der Behandlungsverfahren in psychiatrischen Krankenhäusern, die eine enge pflegerische Überwachung erfordern. Verringerung der Zahl der Patientenbeschwerden. Steigerung des eLearnings und Einsparungen bei den Reisekosten für die Weiterbildung. Standardisierte Qualität der Evaluierung von Kursen im Bereich der psychischen Gesundheit.	Unzureichende Technologiekenntnisse bei Pflegefachkräften und ihre negative Einstellung zum eLearning. Die Zeit, die der eLearning-Kurs in Anspruch nimmt und wann sie Zeit dafür finden.	Die kulturellen Aspekte müssen in den Kurs einbezogen werden. Lokale Fachleute müssen an der Entwicklung eines Kurses oder der Änderung eines alten Kurses in einem neuen Land beteiligt werden.

Außerdem bezogen sich einundzwanzig Beiträge auf die integrierte Versorgung. In den Beiträgen wurden vor allem Beispiele für integrierte Versorgungspraktiken zwischen Krankenhäusern und Primär- und Gemeinschaftsdiensten vorgestellt. Diese Praktiken zielen darauf ab, die Kontinuität der Patientenversorgung zu verbessern, indem sie Barrieren zwischen den Einrichtungen abbauen und auf diese Weise einen reibungslosen Weg der Patienten durch das Gesundheitswesen gewährleisten. Beispiele für diese Praktiken sind Entlassungsplanung, Informationsaustausch und Systeme zur Steuerung des Patientenflusses.

Durch diese Praktiken können möglicherweise erhebliche Vorteile erzielt werden, auch wenn eine weitere Bewertung erforderlich ist. Die Befähigung der Patienten ist nichtsdestotrotz beträchtlich und wird indirekt durch die Verbesserung der Qualität und Effizienz der Gesundheitsversorgung, die sie erhalten, erreicht. Die vorgelegten Beispiele scheinen in der Praxis gut aufgenommen zu werden, vor allem von Fachleuten, die Verbesserungen in ihren Arbeitsabläufen sehen. Die tatsächlichen Kosten dieser Praktiken sind zwar schwer abzuschätzen, doch geht es in den meisten Fällen um die Optimierung der derzeitigen Arbeitsabläufe, so dass die finanziellen Auswirkungen auf das Gesundheitssystem relativ gering sind.

Insgesamt bergen die eingereichten Praxisbeispiele für die Integrierte Versorgung viel Potenzial für gemeinsames Lernen in diesem Bereich der Gesundheitsversorgung, in dem Pflegekräfte und Sozialarbeiter eine Schlüsselrolle spielen. Eine Zusammenfassung dieser Praktiken wird im Folgenden vorgestellt.

Kasuistik	Name der Praxis	Stand der Entwicklung	Erfassungsbereich	Erforderliche Kenntnisse/Fähigkeiten	Wichtigste Vorteile	Aufgetretene Hindernisse	Gelernte Lektionen
D	Digitales Informationstool für die Gesundheit der Bevölkerung (Pilotprojekt)	Piloten	Lokales	Akademisch, klinisch, technisch, klinische Leitung, die Anwendung erfordert Veränderungsmanagement und Führungsqualitäten.	Geringerer Bedarf an Papierdokumentation und Aufbewahrung von Gesundheitsakten der Krankenschwestern. Die Zeit, die durch die doppelte Erfassung von Informationen eingespart wird, kann für die Patientenversorgung aufgewendet werden. Effiziente Überweisungssysteme für die Primär- und Sekundärversorgung.	Bedarf an Schulungen mit geschätzter Zeit. Bei den Fragen des Veränderungsmanagements ging es hauptsächlich um die Angst vor der Integration von Technologien am Arbeitsplatz.	Die Notwendigkeit einer grundlegenden IKT-Infrastruktur und -Unterstützung, d. h. dass jede Pflegekraft Zugang zu einem Computer mit optimaler Download-Geschwindigkeit und einem Smartphone am Arbeitsplatz hat. Die Notwendigkeit einer angemessenen Schulung und unterstützender Leitlinien/Protokolle für die Fachkräfte, die die neuen Technologien nutzen werden. Unterstützung durch einen Projektleiter, der aus dem Pflegebereich kommt.
G	Nicht vorgesehen (Pflegeheimpraxis)	Vollständig implementiert	National	Klinische, relevante Diplome/Abschlüsse Klinische Leitung	Nicht detailliert.	Nicht detailliert.	Nicht detailliert.
M	NURSING METRICS (Indikatoren für die Qualität der Pflege)	Piloten	Regional	Akademische, klinische, technische, einschlägige Diplome/Abschlüsse Klinische Leitung	Schafft ein Bewusstsein für die Bedeutung einer qualitativ hochwertigen Pflege.	Ausbildung.	Entwicklung eines Instruments zur Erhebung von Ausgangsdaten vor der Umsetzung.
Y	Geistige Behinderung (Integration von Menschen mit geistiger Behinderung in die Gemeinschaft)	Vollständig implementiert	Lokales	Klinische, technische, einschlägige Diplome/Abschlüsse Klinische Leitung	Bessere Lebensqualität.	Widerstand des Personals gegen Veränderungen.	Nicht detailliert.
AD	TSA-Praxisleitfaden für Telebetreuung und Telemedizin	Vollständig implementiert	National	Klinische	Telecare und Telemedizin könnten die Sterblichkeitsrate um 45 %, die Zahl der Notfallmaßnahmen um 20 % und die Zahl der Aufnahmen in die Notaufnahme um 15 % senken. Der TSA Code of Practice unterstützt die Bereitstellung dieser Technologie mit garantierten Servicestandards.	Nicht detailliert.	Die Bedeutung des klinischen Engagements und der Akzeptanz der Nutzung technologiegestützter Dienste.
AQ	E-Überweisung für die Primärversorgung (Überweisungsprozesse)	Vorführer	Lokales	Akademische, klinische, technische, einschlägige Diplome/Abschlüsse Klinische Leitung	Nicht detailliert.	Nicht detailliert.	Nicht detailliert.

Kasuistik	Name der Praxis	Stand der Entwicklung	Erfassungsbereich	Erforderliche Kenntnisse/Fähigkeiten	Wichtigste Vorteile	Auftretende Hindernisse	Gelernte Lektionen
AY	Nicht vorgesehen (Diabetikerbetreuung)		Lokales	Akademisch, klinisch	Nicht detailliert.	Die Angst vor der Bedienung der neuen Geräte.	Nicht detailliert.
BB	Gemeinsame Informationen zwischen Einrichtungen der Primär- und Sekundärversorgung (The Hub)		Lokales	Akademisch, klinisch, technisch, klinische Führung, Computerkenntnisse, gute Managementfähigkeiten	Vereinfacht die Verwaltung von Patienten, die ins Krankenhaus eingeliefert werden. Die Mitarbeiter der Gemeinde wissen, dass ihr Patient ins Krankenhaus eingeliefert wurde und auf welcher Station er sich befindet. Verschafft dem Krankenhauspersonal einen Einblick in die derzeitige häusliche Pflege des Patienten. Informiert das Personal in der Gemeinde über die Entlassungsplanung der Patienten und darüber, welche Pflege sie während ihres Krankenhausaufenthalts erhalten haben.	Das Zeitmanagement ist ein Problem, da die Mitarbeiter jeden Morgen als erstes aufbrechen, um zu den Computer zugreifen müssen, um zu prüfen, ob eine Anfrage vom Hub vorliegt. Die Mitarbeiter müssen über Computerkenntnisse verfügen und Zugang zu Informationen über alle Personen in ihrem Arbeitsbereich haben.	Die Interaktion muss auf Gegenseitigkeit und der Respekt vor den Kollegen steht an erster Stelle. Wenn es nicht sowohl von primären als auch von sekundären Personal genutzt wird, ist die Einhaltung der Vorschriften schlecht.
BC	Openward - ePatient flow system (Pilotstudie)	Piloten	Lokales	Klinisch, technisch	Geringere Unterbrechungen für das Personal in den Krankenstationen. Unterstützung des Personals bei der Verfügbarkeit von Informationen bei der Versetzung. Verfolgung und Bestätigung auf einen Blick, ob und wann Risikobewertungen erforderlich oder abgeschlossen sind. Schnellere und bessere Verlegung von Patienten von einer Station zur anderen. Das Pflegepersonal kann die Bettenkapazität anderer Stationen auf einen Blick überprüfen. Verbesserung der Verwaltung und Verkürzung der Verwaltdauer. Elektronische Übergabe auf einen Blick verfügbar, hilfreich bei der Abdeckung von Pausen.	Prozess der Veränderung. Geringer Personalbestand.	Probleme immer protokollieren. Austausch bewährter Verfahren. Kommunikation auf allen Ebenen. Gemeinsame Identifizierung von Problemen und Problemlösung.
BD	E-Messung zwischen Gemeindeschwestern und Hausärzten	Vollständig implementiert	National	Klinische	Bessere häusliche Pflege. Vermeidung von unnötigen Krankenhauseinweisungen. Bessere Sicherheit für Medikamente.	Technisch. Finanzierung des EPR.	Bessere technische Unterstützung.

Kasuistik	Name der Praxis	Stand der Entwicklung	Erfassungsbereich	Erforderliche Kenntnisse/Fähigkeiten	Wichtigste Vorteile	Hindernisse	Gelernte Lektionen
BF	Nationales Netzwerk für Integrierte Pflegefortbildung/implementiert	Vollständig implementiert	Regional	Klinische, technische, einschlägige Diplome/Abschlüsse	Dies kommt den Patienten und ihren Familien zugute, da die Menschen eine kontinuierliche Pflege in größerer Nähe zu ihrem Wohnort erhalten.	Bei meinen Erfahrungen als Sozialarbeiter im Krankenhaus ging es vor allem um das Problem der Zeit, um an einer neuen und anderen Aufgabe zu arbeiten, während ich immer noch alle üblichen Arbeiten erledigen musste. Schließlich ist es mir gelungen, mich anzupassen und einen Sonderstatus zu erlangen, so dass ich fast Vollzeit für das Einfassungsteam arbeiten kann.	Nicht detailliert.
BG	Stationäre Schmerztherapie	Vollständig implementiert	Lokales	Akademisch, klinisch, technisch, einschlägige Diplome/Abschlüsse Klinische Leitung, Der leitende Spezialist hat einen Master-Abschluss sowie Kurse zur Verschreibung von Medikamenten (NMP).	Umfragen zur Mitarbeiter- und Patientenzufriedenheit haben gezeigt, dass sich der Dienst positiv auf die Patientenversorgung ausgewirkt hat. Die Dienststelle ist in einer hervorragenden Position, um Risikoproblemz zu erkennen und etwaige Probleme bei der Verwaltung zu melden.	Finanzielle Beschränkungen und Ressourcenbeschränkungen.	Nicht detailliert.
BI	"Tarini". Grundversorgungsklinik (genaue Praxis unklar)		Lokales	Akademische, klinische, technische, einschlägige Diplome/Abschlüsse Klinische Leitung	Nicht detailliert.	Geringe Motivation zur Veränderung und zur Übernahme von Verantwortung.	Arbeiten Sie an der Jugend und warten Sie auf langfristige Ergebnisse.
BJ	Private Familienpraxis Bukovlje (genaue Praxis unklar)	Vorführer	Lokales	Klinische, technische, einschlägige Diplome/Abschlüsse	Nicht detailliert.	Nicht detailliert.	Nicht detailliert.
BK	Krankenpflege und Hebammenwesen Metriken	Vollständig implementiert	Regional	Klinisch, die Benutzer benötigen klinische Kenntnisse, um die Metriken durchzuführen.	Geänderte Pflegestandards. Das Personal ist sich der zu erfüllenden Standards stärker bewusst. Die Patienten kennen die guten Standards.	Politiken und bestehende Praktiken. Gemeinsames Arbeiten an einem Ziel. Das Timing funktioniert nur, wenn die Akteure zu einem Zeitpunkt kommen, zu dem sie dazu bereit sind.	Multidisziplinärer Ansatz mit allen Akteuren, von den Budgetverantwortlichen über die Entscheidungsträger und Strategen bis hin zu den Kliniken.
BQ	NICU-Umgebung	Vorführer	Lokales	Akademisch, klinisch, technisch	Aktuelles Wissen, das richtige Medikament zur richtigen Zeit in der richtigen Dosis.	Wirtschaft und Infrastrukturen. Die richtige Ausrüstung und technologische Unterstützung müssen vorhanden sein.	Einführung in alle Mitarbeiter, wenn eine Innovation eingeführt wird. Weiterverfolgung während der Einführungsphase.

Kasuistik	Name der Praxis	Stand der Entwicklung	Erfassungsbereich	Erforderliche Kenntnisse/Fähigkeiten	Wichtigste Vorteile	Auftretende Hindernisse	Gelernte Lektionen
CW	Sie (genaue Praxis unklar)	Piloten	Lokales	Technisch	Nicht detailliert.	Infrastruktur.	Nicht detailliert.
DA	Scinico enfermeiro e medico (Auzug auf Patientendokumentation)	Vollständig implementiert	National	Technische und klinische Führung.	Vermeidet doppelte Tests.	Infrastrukturen, Regulierung und Zeitplan.	Nicht detailliert.
DD	Virtuelle Rehabilitation	Vollständig Implementiert	Europäisch	Klinisch, technisch	Ältere Menschen zeigen keine Widerstände und profitieren von der Erhaltung ihres Allgemeinzustands. Die Physiotherapeuten sind im Allgemeinen sehr positiv gestimmt und begrüßen das neue System, benötigen jedoch einige Zeit, um sich mit dem System vertraut zu machen.	Die Kinect-Kamera hat einige Einschränkungen. Es ist sehr wichtig zu wissen, wie sie funktioniert, um die Bürger anzuleiten und zu unterstützen, wenn sie Probleme mit dem System haben. Eine gründliche Einweisung löst einige dieser Probleme, und wir gehen davon aus, dass die neue Kinect-Kamera (die in diesem Herbst auf den Markt kommt) einige der Hürden überwunden hat.	Wir nehmen uns Zeit für unsere Vertriebspartner, um ihre speziellen Marktbedingungen zu erfüllen. Weisen Sie einen Superuser aus und schulen Sie ihn, damit er Kollegen und Bürger bei Fragen und Problemen unterstützen kann, stellen Sie dafür Zeit zur Verfügung und entscheiden Sie, wie die Hardware verteilt werden soll.
DF	Nicht vorgesehen (Qualitätsindikatoren/Check listen für die Pflege)	Vollständig Implementiert	Regional	Klinische Führung.	Gesundheitsförderung für eine gesunde Lebensweise; Verbesserung der Lebensqualität der Patienten. Bessere Therapietreue.	Wirtschaftliche Aspekte wie niedrige Löhne für Krankenschwestern und Krankenpfleger, fehlende Mittel für die Krankenhausversorgung, unzureichende sonstige Infrastrukturen und fehlende medizinische Ausrüstung.	Die Einführung der Akkreditierung von Krankenhausdienstleistungen war ein sehr wichtiger Schritt in unserem Krankenhaus.
DQ	Gemeinsame Platform für die Nutzung mehrerer eServices	Vollständig Implementiert	Regional	Klinische, Einschlägige Diplome/ Abschlüsse Klinische Leitung..	Nicht detailliert.	Am schwierigsten ist es, die Fachleute davon zu überzeugen, eServices zu nutzen, sie dazu zu bringen, eServices für die Bürger anzubieten. Einige kleinere Probleme bei der Benutzerfreundlichkeit der Software oder fehlende Integrationen in EHR (nicht alle Dienste sind vollständig integriert).	Die Unvollständigkeit von eServices irgendwie aushalten und trotzdem Prozesse reformieren und eServices nutzen. Unser Verständnis für die Möglichkeiten und die Entwicklung von eServices ständig zu verbessern.

Schließlich wurden siebzehn Beiträge zum Thema "Nurse ePrescribing" eingereicht. In den Beiträgen wurden hauptsächlich Beispiele für die Praxis der Verschreibungspraxis durch Krankenschwestern und die damit verbundene Datenbankinfrastruktur zur Unterstützung der Prüfung von Verschreibungen vorgestellt. Im Mittelpunkt dieser Praktiken stand das Anliegen, den Patienten den Zugang zu qualitativ hochwertigen und sicheren Verschreibungen zu ermöglichen und gleichzeitig Kosteneffizienz und Zeitersparnis für die Ärzte zu erreichen. Die Verschreibung durch Krankenschwestern und -pfleger, unterstützt durch IKT-Lösungen, bietet sowohl für Fachkräfte als auch für Patienten klare Vorteile. Beispiele hierfür sind die Verschreibung in von Krankenschwestern geleiteten Warfarin-Kliniken, in Gemeinden und Krankenhäusern sowie in nationalen Datenbanken, die eine transparente Berichterstattung über die Verschreibungspraxis ermöglichen.

Die Fachkräfte berichteten von erheblichen Vorteilen durch eine genauere und wirksamere Verschreibung, die durch eine ganzheitliche Beurteilung durch die Krankenschwester ermöglicht wird, was auch die Kontinuität der Versorgung fördert. Infolgedessen haben die Patienten einen besseren Zugang zu qualitativ hochwertigen Verschreibungen und sind besser über ihre Medikamente und mögliche Nebenwirkungen informiert. Die Berichterstattung über die Verschreibung durch Krankenschwestern über nationale Datensätze ermöglicht Transparenz, zeigt den Beitrag der verschreibenden Krankenschwestern und stärkt das Vertrauen der Patienten. Die Einführung in die tägliche Praxis scheint insgesamt positiv aufgenommen zu werden. Obwohl einige berichteten, dass die Erfassung von Daten über die Verschreibungspraxis in einer Datenbank zeitaufwändig sei, bezeichneten die meisten das IKT-System zur Unterstützung der Verschreibung durch Pflegekräfte als benutzerfreundlich und nützlich und verwiesen auf einschlägige nationale Bewertungen. Ein vollständig elektronisches System für die elektronische Verschreibung, auf das Krankenschwestern und -pfleger Zugriff haben, wurde in zwei Beiträgen genannt, die sich jedoch noch in der Pilotphase befinden. In den Beiträgen wurde nachdrücklich darauf hingewiesen, dass die weitere Einführung des elektronischen Verschreibens, insbesondere über tragbare Geräte, gewünscht wird und ein wesentlicher nächster Schritt ist.

Die Verlagerung der Verschreibung von Routine-, Generika- und nicht kontrollierten Medikamenten von Ärzten auf Krankenschwestern und -pfleger führt zu erheblichen Kosteneinsparungen und gewährleistet gleichzeitig eine qualitativ hochwertige, patientenorientierte und sichere Verschreibungspraxis. Die vorgelegten Beispiele für die Verschreibungspraxis deuten auf eine beträchtliche öffentliche Finanzierung hin, und es ist klar, dass die anfänglichen Kosten für die Einführung der elektronischen Verschreibungsfunktion hoch zu sein scheinen, da sie erhebliche Investitionen in die Infrastruktur erfordern. Die ersten Reaktionen scheinen jedoch positiv zu sein und sowohl von den Fachleuten als auch von den Patienten sehr gut aufgenommen zu werden, während Fragen der Privatsphäre der Patienten und der Anonymität der Daten ausdrücklich berücksichtigt und mit Zuversicht angegangen werden.

Insgesamt deuten die Verschreibungsbeispiele darauf hin, dass dies eine aufregende Zeit für die Verschreibungspraxis von Krankenschwestern in der EU ist. In dem Maße, in dem mehr Systeme eingerichtet werden, um eine breite Einführung des elektronischen Verschreibens zu ermöglichen, möglicherweise mit der Einführung tragbarer Lösungen, werden mehr Patienten und Bürger in der EU leichteren Zugang zu sicheren, qualitativ hochwertigen und personenzentrierten Verschreibungen haben.

Die Praktiken sind in der folgenden Tabelle zusammengefasst:

Kasuistik	Name der Praxis	Stand der Entwicklung	Erfassungsbereich	Erforderliche Kenntnisse/Fähigkeiten	Wichtigste Vorteile	Hindernisse	Gelernte Lektionen
0	Pädiatrische Krankenpflege (elektronische Dokumentation und Verschreibung)	Vollständig implementiert	National	Internetanschluss, Telefon, Elektronische Datenbank	Möglichkeit, Daten über einen zentralen Mainframe zu sammeln. Verringerung des Zeitaufwands für die Dokumentation und Wiederholung der Krankenschwestern. Verringerung der Papierkosten.	Es gab Verzögerungen bei der Einarbeitung des Personals in das System, aber das Ausbildungsteam für klinische Krankenschwestern hat den Krankenschwestern zusätzliche Unterstützung angeboten.	Nicht detailliert.
AJ	Verabreichung von Medikamenten (kein elektronisches Verschreibungssystem vorhanden)	Vollständig implementiert	Regional	Telefon, Telefon für den Fall, dass der Arzt kontaktiert werden muss, um ein Rezept umzuschreiben, wenn es unleserlich ist oder wenn die Dosis usw. falsch verordnet wurde.	Keine, da wir kein elektronisches System haben.	Nicht detailliert.	Nicht detailliert.
AK	Beurteilung vor einem chirurgischen Eingriff (telefonische Beurteilung; Verschreibung durch eine Krankenschwester; E-Prescribing-Komponente unklar)	Vollständig implementiert	Regional	Telefon, elektronische Datenbank	Die NP hat mehr Autonomie gegenüber dem Patienten. Die Gesundheitsergebnisse werden in verschiedenen Bereichen geprüft.	Das Hauptproblem bestand darin, dass ein Mitglied des Ausschusses für Arzneimittel und Therapien ausschied. Wir mussten auf ein neues Mitglied warten. Dies führte zu einer Verzögerung bei der Überprüfung unserer CPA, so dass keine Änderungen vorgenommen werden konnten.	Nicht detailliert.

Kasuistik	Name der Praxis	Stand der Entwicklung	Erfassungsbereich	Erforderliche Kenntnisse/Fähigkeiten	Wichtigste Vorteile	Auftretende Hindernisse	Gelernte Lektionen
AL	Arzneimittel für Krankenschwestern und Hebammen (System zur Erfassung von Verschreibungsdaten)	Vollständig implementiert	National	Internetanschluss, Elektronische Datenbank	Schnellerer Zugang zu Medikamenten für zugelassene Medikamente. Verbesserte Medikamentenannahme. Vermeidung von Verzögerungen bei der Entlassung von Patienten.	Beschränkung der Erstverschreibung auf zugelassene Medikamente. Für einige Medikamente gibt es nur begrenzte Anwendungsmöglichkeiten (Opioide), so dass die Krankenschwester/Hebamme diese Medikamente nicht verschreiben kann. Verzögerungen auf lokaler Ebene bei der Verschreibung der Listen von Medikamenten, die der RNP verschreiben darf, durch den lokalen Arzneimittel- und Therapieausschuss. Ein großes Problem ist die Verwendung von Off-Label-Medikamenten, insbesondere in Spezialgebieten (z. B. Kinder, Neugeborene), die die Fähigkeit der RNP zur Verschreibung für Kinder einschränkt.	Pilotstudien sind wichtig und sollten alle Bereiche der Praxis umfassen.
AM	Verschreibung durch Krankenschwestern (E-Prescribing-Komponente unklar)	Vollständig implementiert	Lokales	Internetanschluss, Elektronische Datenbank	Die Pflege wird verbessert und ausgebaut.	Politiken und Änderung der erbrachten Dienstleistungen.	Es werden Strategien entwickelt, die gemeinsam genutzt werden können.
AN	E-Prescribing durch Krankenschwestern (E-Prescribing-Komponente unklar)	Vollständig implementiert	National	Internetverbindung	Nicht detailliert.	Nicht detailliert.	Nicht detailliert.
AP	Verschreibung durch Krankenschwester/Hebamm e (Verordnungspraxis der Hebamme)	Vollständig implementiert	Lokales	Internetanschluss, Elektronische Datenbank, Schriftliche Verordnungen in einem persönlichen Rezeptblock	Rechtzeitige Erkennung und Behandlung von Krankheiten. Weniger Krankenhausaufenthalte als ambulante und stationäre Patienten. Dies wurde von allen sehr gut aufgenommen und ist nun gängige Praxis	Vorschriften - noch immer dürfen Hebammen einige Medikamente nicht verschreiben. Anfangs Probleme, alle an Bord zu holen. Es ist sehr zeitaufwändig, die Online-Informationen auf dem neuesten Stand zu halten.	Beziehen Sie alle Beteiligten von Anfang an mit ein. Vertreten Sie die Informationen frühzeitig und so weit wie möglich.
AU	PREVENZIONE DELLE CADUTE IN AMBITO OSPEDALIERO (ePrescribing nicht berichtet)	Piloten	Regional	Elektronische Datenbank	Nicht detailliert.	Nicht detailliert.	Nicht detailliert.

Kasuistik	Name der Praxis	Stand der Entwicklung	Erfassungsbereich	Erforderliche Kenntnisse/Fähigkeiten	Wichtigste Vorteile	Hindernisse	Gelernte Lektionen
AV	E-Prescribing durch Krankenschwestern	Piloten	National	Internetanschluss, Tablet, Elektronische Datenbank, Computer	Verbesserte Pflegequalität. Erzielung besserer Gesundheitsergebnisse.	Die Ärzte lehnten die neue berufliche Zuständigkeit für die Verschreibung von Arzneimitteln, die Krankenschwestern und -pflegern per Gesetz zusteht, strikt ab, was die Änderung von Gesetzen und Vorschriften sehr schwierig machte. Dank der Entschlossenheit des Berufsstandes, dieses Engagement weiterzuentwickeln, um die Qualität der Gesundheitsversorgung zu verbessern, wurden die Widerstände durch politische, berufsständische, mediale und rechtliche Maßnahmen überwunden, die Änderungen von Vorschriften und Gesetzen ermöglichten.	Die Einheit des Berufsstandes ist von zentraler Bedeutung, um genügend Kraft auszuüben und mit wissenschaftlichen Argumenten und politischen/medialen Strategien zu überzeugen.
BA	Von Krankenschwestern geleitete Warfarin-Klinik	Vollständig Implementiert	Lokales	Internetverbindung	Der Dienst ist effizienter und sicherer. Es gibt mehr Kontinuität in der Pflege. Da das Pflegepersonal die Warfarindosierung vornimmt, ist es einfacher, die INR im therapeutischen Bereich zu halten. Sie ermöglicht einen guten Einsatz des multidisziplinären Teams. Die Patienten sind sehr zufrieden, da sie mehr Zugang zum Pflegepersonal als zu den Ärzten haben.	Der Zeitpunkt war günstig, da in Irland die Verschreibung durch Krankenschwestern eingeführt wurde, so dass die Notwendigkeit und der Sinn einer von Krankenschwestern geleiteten Klinik bereits erkannt worden war.	Multidisziplinäre Teamarbeit ist der wichtigste Bestandteil. Gute Unterstützung durch Kollegen - beratende Geriater und Hämatologen sind unerlässlich. Auch ein guter Arzneimittel- und Therapieausschuss ist unerlässlich.
BL	nicht angegeben (elektronische Verschreibungen werden nicht gemeldet)	Vollständig Implementiert	Europäisch	Internetverbindung, Smart Phone	Nicht detailliert.	Nicht detailliert.	Nicht detailliert.

Kasuistik	Name der Praxis	Stand der Entwicklung	Erfassungsbereich	Erforderliche Kenntnisse/Fähigkeiten	Wichtigste Vorteile	Hindernisse	Gelernte Lektionen
BO	Datenerfassungssystem für die Verschreibung durch Krankenschwestern und Hebamme	Vollständig implementiert	National	Internetanschluss, Elektronische Datenbank	Da saubere Daten über die Anzahl der verschreibenden Krankenschwestern und die Art der von ihnen verschriebenen Medikamente zur Verfügung stehen, wurden die Mittel für die Ausbildung weiterer Krankenschwestern zu Verschreibern aufrechterhalten. Jede Krankenschwester und jeder Krankenpfleger ist in der Lage, ihre/seine eigene Praxis zu überprüfen und Diagramme für professionelle Auswertungen zu erstellen.	Es gab einige Pannen mit dem ursprünglichen System, und der Mindestdatensatz musste geändert werden, um neue Medikamente aufzunehmen. Es ist jedoch eine gute Praxis, alle von ihnen verschriebenen Medikamente in einem zentralen Depot zu erfassen, und jedes Land, das die Verschreibung durch Krankenschwestern einführt, würde von der Einführung eines ähnlichen Systems profitieren.	Sie wurde zur gleichen Zeit wie die Verschreibungsfunktion der Krankenschwester eingeführt, so dass sie als gemeinsame Initiative die Praxis veränderte.
BP	Verschreibung durch Krankenschwestern Minimaler Datensatz	Vollständig implementiert	National	Internetanschluss, Elektronische Datenbank	Es hat sich für die Patienten als äußerst vorteilhaft erwiesen, sowohl was die klinische Effizienz als auch den verbesserten Zugang zur Behandlung betrifft.	Zeit für die Einrichtung jedes Rezepts.	Das System erfasst im Wesentlichen grundlegende Daten, beispielsweise keine Dauer für jede Verschreibung oder eine Diagnose für den Patienten usw.
BR	Datenerfassungssystem für die Verschreibung durch Krankenschwestern und Hebamme	Vollständig implementiert	National	Internetverbindung	Benutzerfreundlichkeit. Unterstützung bei der Unternehmensplanung, Verfügbarkeit von Daten, Identifizierung von Trends bei der Verschreibung. Bietet einen strukturierten, standardisierten Ansatz für die Überwachung. Webbasierter Zugang. Bietet ein Instrument zur Demonstration des Umfangs der Praxis von Registered Nurse Prescribers. Sofortige Verfügbarkeit von standardisierten Berichten. Enthält ein robustes Sicherheitsmodell.	Zugang zu einem guten PC mit starker Internetverbindung. Das System erfordert eine Breitbandverbindung, die nicht in allen Teilen des Landes verfügbar war. Einige PCs mussten ersetzt werden, um die Systemanforderungen zu erfüllen.	Unterstützung auf Ebene des Gesundheitsministeriums ist erforderlich. Verfügbarkeit einer guten Internetverbindung. Ein webbasiertes System funktionierte sehr gut, da es lokale IT-Probleme überwand und keine lokalen IT-Inputs für die Entwicklung oder das Hochladen des Systems erforderte. Der Mindestdatensatz ist entscheidend. Anforderung für eine App oder ein Handheld-Gerät einbeziehen. Solide Ausbildung.
CC	Klinik für Frauengesundheit	Vollständig implementiert	National	Elektronische Datenbank	Rechtzeitiges Eingreifen für den Patienten. Bessere Pflegeleistungen. Verbesserte Gesundheitsergebnisse.	Einsetzung eines Ausschusses für Arzneimittel und Therapeutika im Krankenhaus. Festlegung einer entsprechenden Drogenpolitik.	Verbesserte Kommunikation zwischen Einrichtungen und Ländern.
CS	E-Prescribing	Piloten	Regional	Internetanschluss, Telefon, Elektronische Datenbank	Es wird erwartet, dass dies den Komfort für die Patienten erhöht und klinische Zeit spart.	Die IT-Unterstützungssysteme und die Integration mit Datenbanken müssen vor der Einführung des Systems stabil sein.	Nicht detailliert.

Kasuistik	Name der Praxis	Stand der Entwicklung	Erfassungsbereich	Erforderliche Kenntnisse/Fähigkeiten	Wichtigste Vorteile	Auftretende Hindernisse	Gelernte Lektionen
DR	E-Prescribing durch Krankenschwestern	Piloten	Lokales	Elektronische Datenbank	Aus der Sicht des Fachpersonals bietet das Modul eine vollständige, überprüfbare Aufzeichnung dessen, was dem Patienten verschrieben wurde. Dies bietet ein gewisses Maß an Sicherheit, da das Verordnungsmodul bei der Verschreibung von zwei oder mehr Medikamenten eine vollständige Liste der Wechselwirkungen enthält und den Arzt warnt, wenn in der Akte der Person eine Allergie vermerkt ist. Ein weiterer Sicherheitsaspekt ist die Tatsache, dass elektronische Schriften nur schwer zu manipulieren und zu verändern sind.	Die Anforderungen an die irische Verschreibungspflicht - einschließlich des Papiers für Privatpatienten oder Patienten mit Krankenversicherungskarte (die Anspruch auf kostenlose Rezepte haben); Zusammenarbeit mit den Apotheken und dem Ersatzungsdienst für die Grundversorgung, um dieses Problem zu lösen. Der benötigte Druckertyp ist ein Nadeldrucker, der anfangs schwer zu beschaffen war.	Sobald klar ist, was auf dem Rezept benötigt wird, ist die Zusammenarbeit mit dem IKT- und Softwareanbieter einfach, um herauszufinden, was Teil der Praxis sein muss.

Zusammenfassend lässt sich sagen, dass innovative, qualitativ hochwertige, sichere und kosteneffiziente nationale Gesundheitssysteme davon abhängen, dass politische Entscheidungsträger und Interessengruppen hochwertige elektronische Gesundheitsdienste entwickeln und umsetzen. Die gesammelten Innovationen im Bereich der Telemedizin und Telepflege, die in und von Mitarbeitern an vorderster Front eingesetzt werden, dienten zur Erstellung einer Reihe von Leitlinien, die sich auf einen gesunden Lebensstil und Prävention, frühzeitige Intervention und klinische Praxis in der integrierten Versorgung, die Entwicklung von Fähigkeiten für fortgeschrittene Rollen und die elektronische Verschreibung von Krankenschwestern konzentrieren.

Es gibt Anhaltspunkte dafür, wie die Rolle der Krankenpflege bei der Umgestaltung der Gesundheitssysteme gestärkt werden kann. Mit dem richtigen Wissen, den richtigen Fähigkeiten und den richtigen Möglichkeiten sind Krankenschwestern und Krankenpfleger in einer einzigartigen Position, um als Gesundheitscoach zu fungieren und durch die Unterstützung einer gesunden Lebensweise zur Prävention nicht übertragbarer Krankheiten beizutragen. Im Einklang mit der Europäischen Innovationspartnerschaft für aktives und gesundes Altern lag ein Schwerpunkt der Arbeit auf der Stärkung der integrierten Versorgung als System, als effizienter Weg zur Integration von Primär- und Sekundärversorgung sowie von Gesundheits- und Sozialfürsorge.

Darüber hinaus ist eine der grundlegenden Säulen zur Förderung einer qualitativ hochwertigen Gesundheitsversorgung ein gut ausgebildetes, engagiertes und qualifiziertes Personal. Insbesondere die Förderung fortgeschrittener Aufgaben für Pflegekräfte steigert nachweislich die Qualität, Sicherheit und Kosteneffizienz der Gesundheitsversorgung. Diese Funktionen haben einen enormen Einfluss auf die Steuerung und das Management der Gesundheitsversorgung, sie verbessern die Effizienz, die Patientenversorgung und die Gesundheitsergebnisse und tragen letztlich zur Nachhaltigkeit der Gesundheitssysteme bei.

Die Verschreibung durch Krankenschwestern ist ein Bereich der beruflichen Entwicklung, der in den letzten Jahren große Fortschritte gemacht hat und in mehreren Mitgliedstaaten (Vereinigtes Königreich, Irland, Finnland, Schweden, Spanien usw.) vollständig umgesetzt wird. Es gibt Hinweise darauf, dass diese Umsetzung sicher und klinisch angemessen ist (University of Southampton, 2011) und dass die Verschreibung durch Pflegekräfte die Patientenversorgung verbessert, indem sie den rechtzeitigen Zugang zu Arzneimitteln und Behandlungen gewährleistet und die Flexibilität für die Patienten erhöht. Bei der pflegerischen Verschreibung geht es in erster Linie darum, etwas für Patienten und Dienstleistungsnutzer zu bewirken. Es geht darum, die beruflichen Kapazitäten zu verbessern und neue Fähigkeiten zu entwickeln, die zu einer stärker auf die Patienten ausgerichteten Versorgung und damit zu besseren Ergebnissen führen. Auf die Einführung des Konzepts folgt in der Regel auch die Verfügbarkeit von eHealth-Plattformen, auf denen die Verschreibungen von Krankenschwestern online verwaltet werden und die die Kommunikation mit den Gemeinden, Apotheken, Sozialdiensten und Krankenhäusern ermöglichen.

Diese EU-Leitlinien, die im Rahmen des ENS4Care-Projekts entwickelt wurden, leisten einen Beitrag zur Strategie Europa 2020 und insbesondere zur Leitinitiative Digitale Agenda für Europa, in der die Europäische Kommission eine Strategie für intelligentes, nachhaltiges und integratives Wachstum vorlegt, um eine auf Wissen und Innovation basierende Wirtschaft zu entwickeln. Krankenschwestern und Krankenpfleger haben zu dieser Leitinitiative beigetragen, in der eHealth-Dienste in der Pflege als Mittel zur Förderung der Qualität der Pflege und eines unabhängigen Lebens, insbesondere für ältere Menschen und Menschen mit Langzeiterkrankungen, hervorgehoben werden. Auf der Grundlage dieser Erkenntnisse müssen die Pflegekräfte Teil der politischen Entscheidungsfindung und der Politik rund um die Digitalisierung bleiben. Pflegekräfte können eine entscheidende Rolle bei der Bewältigung neuer Herausforderungen im Gesundheitswesen mit innovativen Lösungen an vorderster Front spielen und die Forderung nach einer effizienteren, zugänglicheren, qualitativ hochwertigen und erschwinglichen Gesundheitsversorgung vorantreiben.

Daher hat Horizont 2020 zu Recht seine Türen für die Gender-Forschung geöffnet. Dies kommt zur rechten Zeit, denn Krankenschwestern und -pfleger setzen sich seit Jahren dafür ein, Leitlinien und Instrumente geschlechtersensibler zu gestalten. Dies ist wichtig, um der Politik und der Technologieentwicklung ein menschliches Gesicht zu geben und über das hinauszugehen, was wir bereits wissen und verstehen. Geschlecht und Einsatz bestimmen den Erfolg. Es macht keinen Sinn, Leitlinien zu entwickeln, die für die Bücherregale bestimmt sind! Leitlinien sind für die Praxis gemacht, um Qualität und Sicherheit zu verbessern und die Gesundheitssysteme kosteneffizienter zu machen.

2.5.   Coaching Öffentliche Gesundheit

Die öffentliche Gesundheit im Allgemeinen und die Rolle der Krankenschwestern und Krankenpfleger in der öffentlichen Gesundheit im Besonderen ist ein wichtiger Schwerpunktbereich. Aufgrund ihrer Ausbildung sind Krankenschwestern und Krankenpfleger bestens dafür gerüstet, die öffentliche Gesundheit zu fördern und mit anderen Fachkräften des Gesundheits- und Sozialwesens zusammenzuarbeiten, um Patienten und Bürger dabei zu unterstützen, ihre Gesundheitsziele zu erreichen, was zu einer gesünderen Bevölkerung führt. Die öffentliche Gesundheit hat viele Gesichter, viele Schwierigkeiten, aber auch viele Lösungen.

Die antimikrobielle Resistenz (AMR) ist ein Beispiel für ein gesundheitspolitisches Thema, das auf der politischen Agenda vieler internationaler und europäischer Institutionen ganz oben steht, obwohl konkrete Verbesserungen an vorderster Front noch ausstehen. Politische Erklärungen und Rhetorik betonen die Verantwortung aller", auch wenn ein substanzielles Engagement der Interessengruppen in der von der französischen Regierung geleiteten Gemeinsamen Aktion zur Antibiotikaresistenz eindeutig fehlt. Dies ist ein klarer Trend in der Kommission, GD Sante, die Interessenvertreter aus den Gemeinsamen Aktionen zu entfernen und ein Vakuum zu hinterlassen.

Doch lassen Sie uns die Antibiotikaresistenz als konkretes politisches Beispiel näher betrachten. Die Europäische Kommission schätzt, dass antibiotikaresistente Bakterien allein in der EU mit dem Tod von 25 000 Menschen in Verbindung gebracht werden, während die zusätzlichen Gesundheitskosten und Produktivitätsverluste im Zusammenhang mit AMR die EU jedes Jahr mindestens 1,5 Milliarden Euro kosten. Das ECDC arbeitet weiter an der Sensibilisierung und der Erstellung von Leitlinien, um der AMR-Krise entgegenzuwirken, aber immer mehr antibiotikaresistente Keime sind in Altenheimen und auf Intensivstationen verbreitet, was zu einer noch höheren Arbeitsbelastung für Pflegekräfte führt. Krankenschwestern und Krankenpfleger sind jedoch in einer einzigartigen Position, um im Rahmen des öffentlichen Gesundheitswesens einen Beitrag zur Infektionsprävention, zum Antibiotika-Stewardship und zum Coaching zu leisten und so die Antibiotikaresistenz zu bekämpfen. Krankenschwestern und -pfleger an vorderster Front haben einen engeren und häufigeren Kontakt zu Gemeindemitgliedern, Patienten, Pflegern und informellen Pflegekräften. Krankenschwestern und Krankenpfleger werden häufig mit der Rolle des Pflegekoordinators (Case-Manager) betraut - als Vermittler zwischen den verschiedenen Fachkräften des Gesundheits- und Sozialwesens, die für die Patienten zuständig sind, und den Patienten selbst oder ihrem sozialen Umfeld (informelle Pflegekräfte, Sozialarbeiter, Familie usw.). Aufgrund dieser Rolle haben die Krankenschwestern und Krankenpfleger oft einen besseren Überblick über alle Behandlungen des Patienten, was in der Altenpflege besonders wichtig ist, da den Patienten oft viele verschiedene Medikamente verschrieben werden.

Die kommenden EU-Ratspräsidentschaften und die Staats- und Regierungschefs der G7/G20 sollten den Wert des Beitrags der Krankenschwestern und -pfleger zur Bekämpfung der AMR anerkennen. Obwohl die GD Sante und das ECDC die Ansichten der Krankenschwestern und Krankenpfleger bei der Gestaltung der EU-Politik berücksichtigen, gibt es im Europäischen Gesundheitsprogramm, das von den nationalen Regierungen festgelegt und unterstützt wird, keinerlei Verbindung zu "Investitionen in Krankenschwestern und Krankenpfleger - Investitionen in Ergebnisse". Im Rahmen dieses Programms könnten Krankenschwestern eine wichtige Rolle bei der Information und Motivation der Öffentlichkeit sowie bei der Prävention und dem Management von Infektionen spielen. Da Krankenschwestern und -pfleger einen engeren und häufigeren Kontakt zu Patienten und Bürgern haben und die Rolle des Pflegekoordinators (Fallmanagers) übernehmen, sind sie in einer idealen Position, um Programme zur Verringerung der Antibiotikaresistenz und zum Antibiotic Stewardship zu leiten. Krankenschwestern und Krankenpfleger, insbesondere Fachkräfte für Infektionskontrolle, leiten und verwalten viele Programme zur Qualitätsverbesserung und Patientensicherheit in den EU-Mitgliedstaaten, darunter auch solche, die sich mit Antibiotikaresistenz und Infektionsprävention befassen. Die Führungsrolle des Pflegepersonals und sein Beitrag zu multidisziplinären Teams tragen sowohl zur Verbesserung der Pflege als auch zur Verringerung schlechter Ergebnisse bei.

Viele Agenturen, wie RAND Europe und das ECDC, um nur einige zu nennen, wurden von der Generaldirektion Gesundheit und Lebensmittelsicherheit (GD SANTE) der Europäischen Kommission gebeten, eine Bewertung ihres AMR-Aktionsplans vorzunehmen; diese ergab einige verbesserungswürdige Bereiche, wie die Umsetzung nationaler Aktionspläne und eine verbesserte Zusammenarbeit mit weiteren Beiträgen zu internationalen Bemühungen zur Bekämpfung von AMR.

Obwohl die Organisation für wirtschaftliche Zusammenarbeit und Entwicklung (OECD) vor kurzem ein neues Buch über "Trends of Risk Communication Policies and Practices" veröffentlicht hat, scheinen konkrete Veränderungen wie die Verringerung der Infektionsraten eine "Mission impossible" zu sein. Obwohl Rand darauf hinweist, dass Umweltfragen im Zusammenhang mit Antibiotikaresistenzen in den Aktionsplänen nicht angemessen behandelt werden und dass die Kommunikation mit den Interessengruppen und der breiten Öffentlichkeit über die Bemühungen der EU zur Bekämpfung von Antibiotikaresistenzen verbessert werden sollte, gibt es kein politisches oder finanzielles Signal, um schnelle Erfolge zu erzielen, indem Krankenpfleger aufgefordert werden, Initiativen an vorderster Front zu leiten.

Um wirklich etwas zu ändern, sollte der Schwerpunkt auf der Bekämpfung des übermäßigen Gebrauchs und der übermäßigen Verschreibung von Antibiotika liegen. Programme und Regierungen sollten sich also auf den Verordner, den Abgeber und den Endverbraucher konzentrieren. Es gibt zwar eine Bürgerbewegung, die darauf abzielt, dass Patienten mehr Verantwortung übernehmen, indem sie ihrem Hausarzt sagen, er solle nicht unnötigerweise Antibiotika verschreiben, aber das fühlt sich an, als stünde die Welt auf dem Kopf. Wir nennen es "Patienten-Empowerment", aber ein Hausarzt sollte wissen, wann er Antibiotika verschreiben sollte und wann nicht. Hier kommt die Verschreibung durch Krankenschwestern in die fachliche und politische Debatte, wobei der Schwerpunkt auf der Abstimmung der Medikation liegt, d. h. darauf, den unnötigen Einsatz von Antibiotika zu vermeiden, um die Antibiotikaresistenz zu verringern, insbesondere in der Altenpflege.

Trotz der vom ECDC entwickelten Datenbanken zur Antibiotikaresistenz, des Europäischen Netzes zur Überwachung der Antibiotikaresistenz (EARS-Net), des Europäischen Netzes zur Überwachung des Antibiotikaverbrauchs (ESAC-Net) und der interaktiven Datenbank zur Erhebung der Prävalenz von Infektionskrankheiten (HAI-Net PPS) bleibt die Herausforderung dieselbe, auch nach zahlreichen Ratspräsidentschaften und Schlussfolgerungen des Rates. Auch wenn die Förderung des "One-Health-Ansatzes" positiv aufgenommen wird und den im April 2015 veröffentlichten WHO-Bericht ergänzt, der eine Analyse der laufenden Initiativen zur Bekämpfung der Antibiotikaresistenz nach Regionen und weltweit enthält, scheint die Verringerung der Antibiotikaresistenzrate immer noch eine unmögliche Aufgabe zu sein.

Es ist daher nach wie vor schwer zu verstehen, warum 3 Millionen Krankenschwestern und Krankenpfleger, die in verschiedenen Risikobereichen tätig sind, von Politikern und Entscheidungsträgern ignoriert werden. Krankenschwestern könnten durch die Verbreitung bewährter Praktiken im Zusammenhang mit der Verschreibung durch Krankenschwestern und durch den Abgleich der Medikation einen wichtigen Beitrag leisten. Allerdings scheint es in der GD Sante keine politische Bereitschaft zu geben, Lösungen zu übernehmen, die von Krankenschwestern und -pflegern an vorderster Front angeführt werden. So wäre es beispielsweise ein lohnenswertes Unterfangen, das EFN-Netzwerk, dem 36 nationale Krankenpflegeverbände angehören, im Rahmen einer gemeinsamen Aktion zu nutzen, um Lösungen zu sammeln, die von Krankenschwestern und Krankenpflegern in der gesamten EU eingesetzt werden, und diese unter besonderer Berücksichtigung von Innovationen zu erweitern. Insbesondere elektronische Gesundheitsdienste tragen zur Bekämpfung der Antibiotikaresistenz an vorderster Front bei, z. B. durch den Einsatz von Avataren zur Abstimmung der Medikation in der Altenpflege. Krankenschwestern leisten einen großen Beitrag zur Entwicklung von Algorithmen der künstlichen Intelligenz, insbesondere im Bereich der öffentlichen Gesundheit. In diesem Zusammenhang sollte das EU-Gesundheitsprogramm Krankenpflegern bessere Möglichkeiten bieten, sich in der Praxis weiterzuentwickeln.

Doch welche Rolle spielt die Industrie, wenn es um den Abgleich von Medikamenten geht? Der kürzlich erstellte "Fahrplan der Industrie für Fortschritte bei der Bekämpfung der antimikrobiellen Resistenz" (September 2016) gibt einen ersten Einblick, obwohl klar ist, dass die Hauptpriorität der Industrie die Zugänglichkeit zu Arzneimitteln ist. Obwohl die Industrie in der Roadmap zu kollektivem Handeln aufruft, um einen nachhaltigen und vorhersehbaren Markt für Antibiotika, Impfstoffe und Diagnostika zu schaffen, und zu koordiniertem Handeln, um die Prävention von Infektionen, Hygiene, Stewardship und Schutzmaßnahmen zu verbessern, sieht die Industrie die Zusammenarbeit zwischen den Interessengruppen als wesentlich an, um den Fortschritt zu maximieren. Als Unterzeichner der Erklärung von Davos hat sich die Industrie verpflichtet, AMR zu reduzieren. Leider wird die Abstimmung der Medikation als solche nicht erwähnt, obwohl sich die Industrie "dafür einsetzt, dass Antibiotika nur bei Patienten eingesetzt werden, die sie benötigen", und anerkennt, dass dies konzertierte Anstrengungen vieler Interessengruppen erfordert. Vielleicht müssen neue Geschäftsmodelle entwickelt werden, bei denen die Industrie die Rolle der Krankenschwestern bei der Abstimmung der Medikation bei der Verschreibung durch Krankenschwestern anerkennt. Natürlich wird die Industrie die Regierungen dabei unterstützen, die Angehörigen der Gesundheitsberufe und die Patienten über den Wert und die Bedeutung eines angemessenen Antibiotikaeinsatzes aufzuklären und damit das Antibiotic Stewardship zu ergänzen. Ich gehe nach wie vor davon aus, dass Krankenschwestern und Krankenpfleger, Apotheker und Ärzte mit Bachelor-/Masterabschluss wissen sollten, wann sie Antibiotika verschreiben sollten und wann nicht. Das Verständnis von Resistenztrends ist ein Grundwissen, und die Fortbildung spielt eine entscheidende Rolle bei der Entwicklung dieses Wissens.

Als Best-Practice-Beispiel im Rahmen des ENS4care-Projekts wird das spanische ePrescribing-System für Krankenschwestern und -pfleger vom spanischen Generalrat der Krankenschwestern und -pfleger unterstützt und wurde vom Rat über die Managementplattform für gute Pflegepraktiken entwickelt. Über 125.000 Krankenschwestern und -pfleger nutzen die mobile Technologie für das elektronische Krankenblatt. Eine zentralisierte Datenbank erleichtert den Datenaustausch zwischen den Nutzern. Zu den Schlüsselfaktoren, die dem Konzept zugrunde liegen, gehört die Verbindung des elektronischen Verschreibungssystems mit einem formalen Speicher für Krankenpflegesprachen, um das elektronische Verschreiben in verschiedenen Umgebungen zu erleichtern. Die ursprünglich bereitgestellten Mittel belaufen sich auf insgesamt 195,2 Millionen Euro. Die Aufteilung der Mittel ist wie folgt: 55 Millionen Euro (von der Industrie bereitgestellt), 4,6 Millionen Euro von der Gesundheitsbehörde und 93,6 Millionen Euro von den einzelnen Regionen, die sich an dem Programm beteiligen möchten. Dieses Beispiel zeigt, dass sich Investitionen in die Krankenpflege auszahlen. Der spanische Generalrat für Krankenpflege hat als zuständige Behörde und Regulierungsstelle für den Pflegeberuf in Spanien diese digitale Plattform entwickelt, um zur Verwirklichung des Mottos der Organisation beizutragen: "Schutz der Gesundheit der Menschen und Gewährleistung der Patientensicherheit durch eine ethische, autonome und kompetente Berufsausübung".

Dieses Instrument bietet Pflegefachkräften einen Fundus an Informationen, der eine angemessene Verwaltung des Pflegewissens ermöglicht und gleichzeitig die klinische Praxis mit Sicherheitsgarantien sowohl für die Fachkräfte als auch für die Nutzer erleichtert. Das Wissensmanagement basiert auf der Einbeziehung leistungsstarker Datenbanken, die eine ständige Aktualisierung des Wissens ermöglichen und gleichzeitig die Arbeitsmethodik und die Gesundheitsergebnisse für die Bürger verbessern. Die Plattform "für das Management guter Pflegepraxis" trägt insbesondere zur Erfüllung der Richtlinie 2013/55/EU des EU-Parlaments und des Rates vom 20. November 2013 zur Änderung der Richtlinie 2005/36/EG über die Anerkennung von Berufsqualifikationen und der Verordnung (EU) Nr. 1024/2012 über die Verwaltungszusammenarbeit mit Hilfe des Informationssystems des Binnenmarktes bei. Diese Richtlinie legt im neuen Absatz des Art. 31: "Die Ausbildungsnachweise für Krankenschwestern und Krankenpfleger für die allgemeine Pflege müssen bescheinigen, dass die betreffende Berufsangehörige mindestens die folgenden Kompetenzen anwenden kann: Befähigung zur selbständigen Diagnose der erforderlichen Pflege unter Anwendung der einschlägigen theoretischen und klinischen Kenntnisse. Die Plattform für das "Management guter Pflegepraktiken" gibt somit eine klare Antwort auf diese Richtlinie, da sie die Formulierung zur Pflegediagnose enthält, die es den Pflegefachkräften ermöglicht, den Pflegebedarf der Bürger so zu pflegen, zu diagnostizieren. Auf diese Weise erhält der Bürger eine Pflege, die auf einer wissenschaftlichen Methode und somit auf bewertbaren und ergebnisorientierten Nachweisen beruht. Dieses Instrument bietet auch Schlüsselelemente, die zur Erreichung eines der Ziele des Richtlinienvorschlags 2011/24/EU des Europäischen Parlaments und des Rates vom 9. März 2011 über die Ausübung der Patientenrechte in der grenzüberschreitenden Gesundheitsversorgung beitragen: "Überwachen, dass die einschlägigen Qualitäts-, Sicherheits- und Effizienzanforderungen in der grenzüberschreitenden Gesundheitsversorgung gewährleistet sind. Daher bietet die Plattform "für das Management guter Pflegepraktiken" standardisierte Pflegeleitlinien, Protokolle und Verfahren, die eine qualitativ hochwertige, evidenzbasierte Pflege und eine echte Vision für ihre Anwendung in der klinischen Praxis ermöglichen.

Darüber hinaus gewährleistet das Verschreibungsinstrument für Krankenschwestern und -pfleger eine angemessene pharmakologische und therapeutische Versorgung, da es leistungsstarke Arzneimitteldatenbanken enthält, die ein wesentliches Element sowohl für die Kontrolle und das Follow-up pharmakologischer Behandlungen als auch für die Gewährleistung der Verschreibung durch Krankenschwestern und -pfleger mit hohem Sicherheitsniveau darstellen. Auf diese Weise wird den

Bestimmungen der Durchführungsrichtlinie 2012/52/EU der Kommission vom 20. Dezember 2012 entsprochen, die Maßnahmen zur Erleichterung der Anerkennung von in einem anderen Mitgliedstaat ausgestellten Verschreibungsformularen vorsieht, da die von den amtlichen Arzneimittelämtern bereitgestellten Informationen über Arzneimittel über die Plattform ausgetauscht werden können. Hervorzuheben ist, dass diese Plattform Sicherheitselemente für die pharmakologische und therapeutische Überwachung bereitstellt, die eine Antwort auf die Bestimmungen der Richtlinie 2010/84/EU des Europäischen Parlaments und des Rates vom 15. Dezember 2010 zur Änderung der Richtlinie 2001/83/EG in Bezug auf die Pharmakovigilanz darstellen, mit der ein europäischer Kodex für Humanarzneimittel geschaffen wurde, der in seinen Erwägungsgründen daran erinnert, dass "Pharmakovigilanzvorschriften erforderlich sind, um die öffentliche Gesundheit zu schützen und Nebenwirkungen von in der Europäischen Union vermarkteten Arzneimitteln zu ermitteln und zu bewerten. In diesem Kontext wird die AMR angegangen, da der Abgleich der Medikation über die Plattform erfolgt. Die Plattform ist ein Instrument, das darauf abzielt, gute Pflegepraktiken zu verwalten, die sowohl das Wissen der Pflegekräfte zur Gewährleistung einer sicheren klinischen Praxis als auch die pharmakologische Überwachung und Verschreibung durch Pflegefachkräfte umfassen, um die europäischen Vorschriften besser zu erfüllen. Man kann also sagen, dass Innovation die wichtigste Triebkraft für die Bewältigung gesellschaftlicher Herausforderungen ist, zu denen auch die Antibiotikaresistenz gehört, und dass sie für nachhaltige Entwicklung und Wirtschaftswachstum unerlässlich ist. Die G7 und die G20 sollten diese eingeführten, umgesetzten und kosteneffizienten Innovationen aufgreifen und weiter verbreiten.

Im Rahmen dieser Entwicklungen wird eHealth zu einem zentralen Faktor für Qualität und Sicherheit. Moderne Technologien bieten große Chancen für die Förderung der öffentlichen Gesundheit durch Gesundheitsförderung und Krankheitsprävention. eHealth-Technologien bieten Krankenschwestern und Krankenpflegern die Möglichkeit, technologische Innovationen durch den Einsatz ihres Fachwissens zu verbessern und einen Mehrwert zu schaffen. Technologische Innovationen können zu neuen und veränderten Rollen für Krankenschwestern und Krankenpfleger führen, z. B. als Gesundheitscoaches, und sollten ein wesentlicher Bestandteil jedes Kompetenzrahmens für die berufliche Erstausbildung und Weiterbildung sein. Daher ist es interessant, sich mit dem virtuellen Coaching zu befassen, um das persönliche Coaching zu unterstützen.

Soziale Determinanten und persönliches Verhalten sind Schlüsselelemente, die die Gesundheit der Menschen beeinflussen. Untersuchungen der Weltbank und der WHO zeigen, dass Pflegemaßnahmen das Verhalten von Menschen und Patienten beeinflussen können. Gefährdete Gruppen benötigen spezifische Maßnahmen, und die Intervention von Krankenschwestern und Krankenpflegern im Allgemeinen und von Public-Health-Krankenschwestern und -pflegern im Besonderen hat sich als sehr nützlich erwiesen, um die Gesundheitskompetenz der Allgemeinbevölkerung sowie bestimmter Patientengruppen und gefährdeter Personen zu verbessern. Die sozialen Determinanten der Gesundheit (SDH) sind die Bedingungen, unter denen Menschen geboren werden, aufwachsen, arbeiten, leben und altern, sowie das breitere Spektrum von Kräften und Systemen, die die Bedingungen des täglichen Lebens prägen. Zu diesen Kräften und Systemen gehören Wirtschaftspolitik und -systeme, die Entwicklung von Agenden, soziale Normen, Sozialpolitik und politische Systeme. Nach Angaben der Weltbank ist Armut eine der Hauptursachen für Gesundheitsstörungen und ein Hindernis für den Zugang zur Gesundheitsversorgung, wenn diese benötigt wird. Dieser Zusammenhang ist finanzieller Art: Die Armen können es sich nicht leisten, die Dinge zu kaufen, die für eine gute Gesundheit erforderlich sind, einschließlich ausreichender Mengen an qualitativ hochwertigen Lebensmitteln und medizinischer Versorgung. Der Zusammenhang hängt aber auch mit anderen Faktoren zusammen, z. B. dem Mangel an Informationen über geeignete gesundheitsfördernde Praktiken oder der fehlenden Stimme, die erforderlich ist, damit die Sozialdienste für sie arbeiten.

In Gesundheit 2020, dem politischen Rahmen für Gesundheit und Wohlbefinden in der Europäischen Region der WHO, wird hervorgehoben, dass Krankenschwestern und Krankenpfleger eine zentrale und zunehmend wichtige Rolle bei den Bemühungen der Gesellschaft spielen, die gesundheitlichen Herausforderungen unserer Zeit zu bewältigen, die Kontinuität der Versorgung zu gewährleisten und auf die Rechte der Menschen und die sich verändernden gesundheitlichen Bedürfnisse einzugehen. Als Gesundheitsfachkräfte an vorderster Front stehen sie in engem Kontakt mit vielen Menschen und sollten daher in den Grundsätzen und der Praxis der öffentlichen Gesundheit kompetent sein, damit sie jede Gelegenheit nutzen können, um Einfluss auf die gesundheitlichen Ergebnisse, die sozialen Determinanten der Gesundheit und die für einen Wandel erforderlichen politischen Maßnahmen zu nehmen.

Krankenschwestern und -pfleger spielen eine Schlüsselrolle bei der Stärkung von Einzelpersonen und Familien sowie bei der Förderung der Gesundheitskompetenz und der Änderung des Gesundheitsverhaltens im gesamten Lebensverlauf. Darüber hinaus haben sich ihre Dienste als kosteneffektiv und/oder kostensparend erwiesen. Krankenpflegedienste im öffentlichen Gesundheitswesen haben in allen Ländern eine bemerkenswerte Wirkung auf die Förderung normaler Geburten, einen gesunden Start ins Leben, die Entwicklung von Kindern sowie die Gesundheit und das Wohlbefinden von Familien gezeigt. Wie die WHO gezeigt hat, ist es durch die Förderung der Gesundheitskompetenz möglich, die Menschen in die Lage zu versetzen, fundierte Entscheidungen zu treffen, und ein günstiges Umfeld für gesundheitliche Entscheidungen zu schaffen. Dies sind entscheidende Strategien, um übertragbare und nicht übertragbare Krankheiten jetzt und auf längere Sicht zu bekämpfen. Um eine gute Gesundheit durch einen lebenslangen Ansatz zu unterstützen, können Krankenschwestern und Krankenpfleger bei der Einführung neuer Gesundheitsförderungsstrategien in der primären Gesundheitsversorgung, bei gemeindenahen und häuslichen Diensten eine führende Rolle spielen. Krankenschwestern und Krankenpfleger sind auch wichtige Akteure bei der Unterstützung des gesunden Alterns und der unabhängigen Lebensführung, indem sie den Pflegebedarf ermitteln, Pflegeberatung anbieten und neue Formen von Dienstleistungen für ältere Menschen bereitstellen, die Unabhängigkeit und Wohlbefinden fördern. Da die meisten EU-Bürger soziale Medien nutzen, kann eine Verhaltensänderung durch die Beteiligung der Gemeinschaft an Online-Plattformen erreicht werden, um das Niveau der Gesundheitsinformationen zu erhöhen, die Durchführung von Maßnahmen im Bereich der öffentlichen Gesundheit zu ermöglichen und so die Indikatoren für das Wohlbefinden zu verbessern.

Gesundheitspflegerinnen und -pfleger befassen sich daher mit der Entwicklung und dem Einsatz virtueller Coaching-Ökosysteme - diese Tools (z. B. Serious Gaming und Avatare) können persönliche Probleme in jedem Moment angehen, in dem der Einzelne um Unterstützung bittet und sein Verhalten ändern möchte, ergänzt zu dem Coaching, das durch den persönlichen Kontakt mit der Gesundheitspflegerin oder dem Gesundheitspfleger erfolgt. Der virtuelle Coach bietet Verhaltenscoaching in nahezu Echtzeit, das ganz persönlich ist und die Person zu neuen Verhaltensweisen anregt, die ihre negativen Gewohnheiten durchbrechen und ihre Verhaltensflexibilität erweitern.

Das virtuelle Public-Health-Coaching kann Menschen dazu anregen und motivieren, ihre Lebensweise in Echtzeit und im wirklichen Leben rasch zu ändern. Die veränderbaren Risikofaktoren Der virtuelle Coach und der Public-Health-Coach können gemeinsam auf die Verhaltensweisen und veränderbaren Risikofaktoren abzielen, die nachweislich direkte oder indirekte Auswirkungen auf die Parameter chronischer Krankheiten haben, indem sie: 1. Verringerung des Tabakkonsums; 2. Verbesserung der Ernährung und gesunder Essgewohnheiten; 3. Verringerung des Alkoholkonsums; 4. Erhöhung des körperlichen Aktivitätsniveaus; 5. Verringerung der sozialen Isolation; 6. effektivere Beeinflussung der kognitiven und zentralen exekutiven Funktionen der Menschen; und 7. Entwicklung gesünderer Schlafmuster.

Die fortschrittliche Rolle der Krankenschwestern und -pfleger im öffentlichen Gesundheitswesen, die virtuelle Coaching-Technologien nutzen, wird für die Prävention wichtiger gesellschaftlicher Krankheiten entscheidend sein. Wir müssen uns auf die Prävention konzentrieren und dürfen uns nicht darauf beschränken, eine ganze Bevölkerung zu untersuchen. Virtuelles Coaching kann zur Gesundheitsförderung beitragen, und zwar sowohl für gesunde Menschen als auch für Menschen, die Risikofaktoren aufweisen, oder für Menschen, die bereits chronisch krank sind. Je nach Zielgruppe trägt die virtuelle Gesundheitsförderung und -beratung durch Krankenschwestern und -pfleger dazu bei, Krankheiten bei Gesunden vorzubeugen, Menschen mit Risikofaktoren frühzeitig zu erkennen und Menschen, die mit einer chronischen, nicht übertragbaren (z. B. Diabetes) oder übertragbaren (z. B. Hepatitis C oder HIV) Krankheit leben, durch Selbstmanagement eine bessere Lebensqualität zu ermöglichen. Advance Practice Nurses können einen wichtigen Beitrag zur Entwicklung und Unterstützung virtueller Coaches leisten.

Das integrierte virtuelle Coaching-Ökosystem ermutigt die Menschen, ihr tatsächliches Verhalten in kleinen Schritten über ihr Telefon oder ein anderes tragbares Gateway zu ändern, und unterstützt sie dabei, indem es einen sozialen Kontext für Veränderungen schafft. Die Änderungen der tatsächlichen Verhaltensweisen werden als Hebel zur Verbesserung der Gesundheitskompetenz, der Autonomie, der Fähigkeit zur Selbstfürsorge oder der Widerstandsfähigkeit und der Lebensqualität genutzt. Das virtuelle Coaching-Ökosystem muss in das Gesundheitspersonal integriert werden, damit es als Ergänzung zu den normalen Versorgungsplänen zur Verfügung steht und zusätzliche Daten über klinisch relevante

Ergebnisse aus der Echtzeitüberwachung klinischer Indikatoren über krankheits-/pflegespezifische Wearables liefern kann. Veränderungen bei den gesundheitsbezogenen Verhaltensrisiken müssen genutzt werden, um den Erfolg des virtuellen Coachings zu messen.

Pflegekräfte sollten daher von Politikern und Entscheidungsträgern, die in die Gesundheitsförderung/Primärprävention investieren, unterstützt werden und die Kompetenzen der Pflegekräfte nutzen, einschließlich ihrer Kompetenzen bei der Entwicklung von virtuellen Coaching-Tools. Die Raucherentwöhnung beispielsweise wird nur möglich sein, wenn mehrere Faktoren, die das negative Verhalten beeinflussen, gleichzeitig gecoacht werden können. Persönliches Coaching ist wichtig, aber die Unterstützung durch einen virtuellen Coach kann zu schnelleren Ergebnissen führen und die Erfolgswahrscheinlichkeit erhöhen. Interprofessionelle ePlattformen und Patientenverwaltungssysteme sind der Schlüssel für eine effiziente Zusammenarbeit zwischen Sektoren und Disziplinen und von grundlegender Bedeutung für effektive nationale Gesundheitssysteme. Auf der Grundlage eines ganzheitlichen Konzepts für die öffentliche Gesundheit und die Gesundheitsfürsorge spielen Krankenschwestern und Krankenpfleger eine zentrale Rolle bei der Verwaltung von Systemen, Zuständen und Krankheiten, um Fortschritte zu erzielen. Die für die Integration von Sektoren und den erfolgreichen Einsatz von virtuellem Coaching erforderlichen Fähigkeiten müssen noch entwickelt werden, vorzugsweise unter Beteiligung von KMU. Die Schaffung eines Win-Win-Geschäftsmodells auf der Grundlage der EU-Werte und -Grundsätze, zu denen sich der Pflegeberuf verpflichtet hat, ermöglicht einen ganzheitlichen Ansatz, der die Pflegekräfte bei ihrer täglichen Arbeit unterstützen kann. Bei der Entwicklung virtueller Coaching-Methoden müssen jedoch geschlechtsspezifische und gesundheitliche Ungleichheiten als Querschnittsthemen berücksichtigt werden. Die Algorithmen müssen geschlechtersensibel sein, ebenso wie die künstliche Intelligenz. Dies wird eine große Herausforderung sein, aber der Pflegeberuf zählt auf die Industrie, KMU und Start-ups, um das Unternehmertum geschlechtersensibel zu gestalten. Krankenschwestern und -pfleger sind der Ansicht, dass virtuelles Coaching dazu beiträgt, die Gesundheitskompetenz, die Autonomie und die Widerstandsfähigkeit der gesamten Bevölkerung zu erhöhen, um eine fundierte Entscheidungsfindung zu erleichtern. So erhalten die öffentliche Gesundheit und die Primärversorgung ihren verdienten Platz in der Debatte über den "Wert der Gesundheitssysteme".

Da die öffentliche Gesundheit ein sehr breit gefächertes Thema ist, bei dem Antibiotikaresistenz und Medikamentenabstimmung nur ein Teil davon sind, ist die Förderung einer gesunden Lebensweise ein sehr wichtiger Aspekt der öffentlichen Gesundheit. Krankenschwestern und Krankenpfleger sind Fachleute, die sehr nah an der Arbeit und dem Leben der Patienten und der Menschen im Allgemeinen sind. Sie leisten 24/24 Stunden Pflege, 7/7 Tage, 365 Tage im Jahr. Natürlich sind alle Berufe, die mit dem Funktionieren des Gesundheits- und Sozialfürsorgesystems in Verbindung stehen, von entscheidender Bedeutung, und dieses System könnte ohne sie nicht funktionieren. Die Fachkräfte des Gesundheits- und Sozialwesens sind ein Team und können nicht getrennt voneinander arbeiten; deshalb ist die richtige Zusammensetzung der Arbeitskräfte im Gesundheits- und Sozialwesen von entscheidender Bedeutung. Es ist wichtig, die Verbindung zwischen den Fachkräften des Gesundheits- und Sozialwesens und der öffentlichen Gesundheit zu stärken und sich von einer engen Fokussierung auf Krankenhäuser, Notfall- und Intensivpflege zu lösen. Die öffentliche Gesundheit kann nur dann als integraler Bestandteil des Ökosystems der Gesundheits- und Sozialfürsorge betrachtet werden, wenn alle Fachkräfte des Gesundheits- und Sozialwesens zum selben Ziel beitragen. In diesem Sinne wird jeder Angehörige der Gesundheitsberufe "automatisch" zu einem Public-Health-Fachmann, auch wenn seine Aufgaben nicht auf diesen Bereich beschränkt sind. Dies stützt das Argument, dass keine neuen Public-Health-Berufe geschaffen werden sollten, sondern stattdessen in die bestehenden Berufe investiert werden sollte, um die Public-Health-Dimension zu stärken.

Die EU hat über ihre Generaldirektion Gesundheit und Lebensmittelsicherheit (GD SANTE) das Thema Arbeitskräfte aus einer begrenzten Perspektive angegangen; dazu gehören die Verbesserung der Personalplanung und -prognose im Gesundheitswesen (vergleichbare Daten), der künftige Qualifikationsbedarf, die Verbesserung der kontinuierlichen beruflichen Weiterbildung/des lebenslangen Lernens, die Verbesserung der Einstellung und Bindung von Fachkräften im Gesundheitswesen und die Bekämpfung der negativen Auswirkungen der Migration auf die Gesundheits- und Sozialfürsorgesysteme. Dieser Bereich der politischen Forschung ist wertvoll und sollte weiter ausgebaut werden; es handelt sich um bekannte Prioritäten, die die aktuellen Probleme in den meisten EU-Mitgliedstaaten aufzeigen und gleichzeitig versuchen, Lösungen zu finden. Gleichzeitig ist jedoch ein

Umdenken von der theoretischen Forschung hin zu praktischen und konkreten Lösungen dringend erforderlich. Viele Expertengruppen und Arbeitsgruppen werden organisiert und finanziert, aber es fehlt an einer koordinierten Umsetzung und Ausweitung bewährter Verfahren. Leider zählt nur die Anzahl der Regionen (EIP, 2016), nicht aber die Art und Weise, wie diese Regionen die integrierte Versorgung gemeinsam ausbauen. Den Regierungen in der WHO und der GD Sante fehlt der Ehrgeiz, die Zusammensetzung des Personals zu stärken, um Qualität und Sicherheit zu fördern; stattdessen haben Kürzungen dazu geführt, dass Fachkräfte entlassen und durch billigere Arbeitskräfte ersetzt wurden. In diesem Sinne wird auch die öffentliche Gesundheit überflüssig gemacht! Die Probleme und ein Teil der Lösungen dafür sind jedem bekannt, der im Bereich der Gesundheits- und Sozialfürsorge tätig ist. Die Bevölkerung altert und die Behandlungen werden immer komplizierter und erfordern Spezialwissen. Es besteht die Notwendigkeit, die Pflege in die Gemeinschaft zurückzuholen und die Integration der Gesundheits- und Sozialfürsorgesysteme fortzusetzen, die von den Mitarbeitern an vorderster Front betrieben wird. Dies ermöglicht effizientere Ausgaben, einen Abbau unnötiger Bürokratie und ein ergebnisorientiertes Ökosystem, das Qualität und Sicherheit gewährleistet. Dies wiederum kann zu einem wertorientierten Gesundheits- und Sozialfürsorgesystem führen, in dem Daten und Cloud-Systeme das Pflegepersonal unterstützen, anstatt es von der direkten Patientenversorgung abzuziehen.

Die Gesundheits- und Sozialfürsorge beruht auf Teamarbeit, und wie in jedem guten Team müssen die richtigen Akteure anwesend sein und führen. Mit anderen Worten: Es ist notwendig, das beste System der Gesundheits- und Sozialfürsorge (integrierte, kontinuierliche Versorgung) zu ermitteln und dementsprechend die geeigneten qualifizierten und motivierten Arbeitskräfte auszuwählen, um das wertebasierte Ökosystem zu betreiben, in dem die öffentliche Gesundheit eine zentrale Rolle spielt. Dies setzt auch ein gründliches Verständnis der Fähigkeiten, Kompetenzen und des Wissensstandes der einzelnen Fachkräfte voraus. Alle Fachkräfte wollen in ihrer Arbeit gefordert werden und auf dem Niveau arbeiten, für das sie ausgebildet sind. Viele Krankenschwestern und Krankenpfleger verfügen über ein fortgeschrittenes Studium und können die Versorgung von Patienten und Bevölkerungsgruppen leiten und koordinieren. In Fällen, in denen Krankenschwestern als erste Anlaufstelle für einen Bürger eingesetzt wurden oder die gesamte Patientenbetreuung übernehmen, wurden in vielerlei Hinsicht ermutigende Ergebnisse festgestellt. Es ist wichtig, sich von den traditionellen, an bestimmte Finanzierungsmechanismen (z. B. DRG) gebundenen Arbeitsweisen zu lösen und die erzielten Ergebnisse, einschließlich der Wertschätzung und Zufriedenheit der Patienten und des Personals, neu zu bewerten.

Zusammenfassend lässt sich sagen, dass die öffentliche Gesundheit ein Thema von entscheidender Bedeutung für das Wohlergehen unserer Gesellschaft und das Funktionieren des Gesundheits- und Sozialfürsorgesystems ist. Während es in der Verantwortung des Einzelnen liegt, seine eigenen gesundheitlichen Entscheidungen zu treffen, sind die öffentliche Gesundheit und die Gesundheits- und Sozialfürsorge eine staatliche Aufgabe und wichtig, um sicherzustellen, dass gesunde Entscheidungen unterstützt und erleichtert werden. Daher müssen sich künftige Gesundheitsstrategien auf die Förderung des Gesundheitswesens und der Sozialfürsorge als Ganzes konzentrieren und gleichzeitig die derzeitige Kluft im Gesundheitszustand zwischen den Mitgliedstaaten und innerhalb der Mitgliedstaaten durch die Unterstützung von mehr Personal an der Frontlinie verringern. Ohne motivierte, hoch qualifizierte Mitarbeiter an vorderster Front kann sich nichts ändern. Krankenschwestern und -pfleger spielen dabei eine entscheidende Rolle, und dieses System kann nur dann richtig funktionieren, wenn die entsprechend ausgebildeten Menschen am richtigen Ort sind und sich um die richtigen Themen kümmern. Die Zusammensetzung des Personals in der Gemeinschaft ist von größter Bedeutung, ebenso wie die angemessene Ausbildung der Krankenschwestern und Krankenpfleger im Einklang mit den europäischen Rechtsvorschriften (Acquis) und anderen Berufsgruppen. Damit all dies in die richtigen Bahnen gelenkt wird, muss der Schwerpunkt auf die Umsetzungsforschung und die Ausweitung der integrierten Pflege unter der Leitung von Krankenschwestern und -pflegern an vorderster Front gelegt werden.

2.6. Aufbau widerstandsfähiger Ökosysteme im Gesundheits- und Sozialwesen

Die fortgeschrittene Praxis ist ein neuer Weg, um eine belastbare und kosteneffiziente Gesundheits- und Sozialfürsorge bereitzustellen, indem der Zugang der Patienten zu erfahrenen Fachkräften im Gesundheitswesen verbessert wird. Ein Advanced Nurse Practitioner ist befugt, auf einer fortgeschrittenen Ebene der Krankenpflege und Gesundheitsversorgung zu praktizieren, einschließlich öffentlicher Gesundheit und Prävention.

In den Industrieländern gibt es eine rasche Entwicklung fortgeschrittener Aufgaben für Pflegekräfte als Reaktion auf den wachsenden und sich verändernden Gesundheitsversorgungsbedarf der Bevölkerung, der mit begrenzten Budgets bewältigt werden muss (DiCenso et al., 2010). Fortgeschrittene Aufgaben sind eine Möglichkeit, den Zugang zur Pflege zu verbessern, die Kosten für die Leistungserbringer einzudämmen und die Rekrutierungs- und Bindungsraten von Pflegekräften durch verbesserte Karriereaussichten zu verbessern (Buchan et al., 2013). Auch für die Patienten ergeben sich eindeutige Vorteile, da eine qualitativ hochwertige Gesundheits- und Sozialfürsorge auf gut ausgebildete, engagierte und qualifizierte Arbeitskräfte angewiesen ist. Insbesondere die Förderung fortgeschrittener Aufgaben für Pflegekräfte kann die Qualität, Sicherheit und Kosteneffizienz der Gesundheitsversorgung verbessern (Delamaire & Lafortune, 2010). Diese Rollen haben einen enormen Einfluss auf die Steuerung und das Management des Gesundheits- und Sozialfürsorgesystems und tragen nachweislich zu mehr Effizienz, besserer Patientenversorgung und besseren Ergebnissen für die Patienten bei, was letztlich zur Nachhaltigkeit des Gesundheits- und Sozialfürsorgesystems beiträgt. So ist beispielsweise die Verschreibung durch Krankenschwestern und -pfleger ein sich entwickelnder Bereich der fortgeschrittenen beruflichen Entwicklung, der die beruflichen Kapazitäten und die Entwicklung neuer Fähigkeiten fördern soll, die zu Dienstleistungen führen, die stärker auf den Patienten ausgerichtet sind und bessere Ergebnisse liefern.

In diesem Zusammenhang ist insbesondere Artikel 31 der Richtlinie 55 über die Kompetenzen von Krankenschwestern und Krankenpflegern der Schlüssel zu einer organisierten und kollektiven Stärkung des Pflegepersonals, die nachweislich zu besseren Ergebnissen führt (Aiken et al., 2014). Um klare und kohärente Entwicklungen in diesem Bereich zu gewährleisten, haben die Europäischen Krankenschwestern und Krankenpfleger (European Nurses, EFN) die Entwicklung der EFN-Matrix geleitet, die den Rahmen für Gespräche über die drei Pflegekategorien absteckt und Definitionen, Kompetenzen und Qualifikationen zwischen der allgemeinen Pflegekraft, der Fachkrankenschwester und der Pflegekraft für fortgeschrittene Praktiken klärt.

Die konsequente Umsetzung der Bildungsanforderungen der Richtlinie ist von entscheidender Bedeutung, um die Unterschiede in der Qualität und Sicherheit der Gesundheitsversorgung in der EU zu nivellieren. Zu diesem Zweck wurde der EFN-Kompetenzrahmen in Zusammenarbeit mit führenden Experten im Bildungsbereich entwickelt. Er analysiert die wichtigsten Pflegekompetenzen, die von einer Krankenschwester in der EU erwartet werden, und übersetzt sie in einen benutzerfreundlichen Leitfaden mit Deskriptoren für das, was erreicht werden soll, die notwendige Ausbildung, die in den Lehrplänen abgedeckt werden muss, und eine Liste potenzieller Lernergebnisse, die den Erwerb dieser Kompetenzen belegen würden.

Eine parallele Initiative umfasste die Entwicklung von Leitlinien für fortgeschrittene Praxisrollen (ENS4Care, 2015), wobei man sich bewusst war, dass Veränderungen in der Ausbildung von Veränderungen in der Praxis, Organisation und Politik begleitet werden müssen. Dieser Leitfaden bietet einen evidenzbasierten Weg zum Einsatz von eHealth-Diensten für die Einführung und Entwicklung von fortgeschrittenen Rollen. Er zeigt die wichtigsten Schritte auf, die unternommen werden müssen, und nennt die wichtigsten zu berücksichtigenden Aspekte. Vor allem aber werden die wichtigsten Kontext- und Prozessfaktoren hervorgehoben, die den Prozess sowohl behindern als auch fördern können.

Der polnische Fall kann veranschaulichen, wie Krankenschwestern und Krankenpfleger mit geeigneten Qualifikationen für die Gestaltung eines belastbaren Gesundheits- und Sozialfürsorgesystems benötigt werden. Zwischen 2005 und 2015 haben mehr als 40.000 Krankenschwestern und -pfleger in Polen mit Hilfe von EU-Mitteln (ca. 170.000.000 PLN) ihr Ausbildungsniveau verbessert und fortgeschrittene Fähigkeiten entwickelt, um die Pflege in Zusammenarbeit mit anderen Gesundheitsfachkräften wie Ärzten und unabhängig als Pflegefachkräfte zu leisten. Im Bereich der gemeindenahen Pflege arbeiten Krankenschwestern und -pfleger vielerorts unabhängig und erfüllen damit Artikel 31 der europäischen Richtlinie 55. Jede Familienkrankenschwester betreut 2750 Klienten in verschiedenen Einrichtungen und jede Krankenschwester für öffentliche Gesundheit und Schule 880 Schüler. In den letzten 15 Jahren gab das Gesundheitsministerium über 80 Millionen PLN für die Weiterbildung von Krankenschwestern aus.

In Polen gibt es Krankenschwestern und Krankenpfleger mit hohen Qualifikationen, die jedoch nicht in der Lage sind, als eigenständige Partner mit dem "Gesundheitsteam" zusammenzuarbeiten. Seit 1999 erlebt Polen kontinuierliche Veränderungen in der Gesundheitsversorgung, und heute ist es an der Zeit, die Kompetenzen der Krankenschwestern und Krankenpfleger für die Entwicklung der öffentlichen

Gesundheitspolitik zu nutzen. Die Aufwertung der Rolle der Krankenschwestern und Krankenpfleger in Polen ist daher der Schlüssel zur Entwicklung kosteneffizienter und qualitativ hochwertiger Dienstleistungen im gesamten Gesundheits- und Sozialwesen, einschließlich des öffentlichen Gesundheitssektors. Advanced Nurse Practitioners in der Primärversorgung bieten eine Pflege, die derjenigen von Ärzten gleichwertig ist, was sich positiv auf die Patientenzufriedenheit und das Empowerment auswirkt.

Ein weiteres Beispiel sind die Schulkrankenschwestern, die Maßnahmen zum Schutz und zur Förderung der Gesundheit vorantreiben und sich für die Gesundheit aller Schüler einsetzen, insbesondere für kranke und behinderte Schüler. Die Schulkrankenschwester koordiniert die Maßnahmen, die zur Förderung der Gesundheit der Schüler durchgeführt werden. Die Krankenschwester arbeitet bei der Pflege mit den Mitgliedern des interdisziplinären Teams zusammen. Die eigenständigen Maßnahmen dieser Krankenschwestern werden seit etwa achtzehn Jahren durchgeführt (dies bezieht sich auf den Zeitraum der Einzelverträge mit dem Nationalen Gesundheitsfonds) und sind nachweislich erfolgreich. Eine Schulkrankenschwester arbeitet autonom, trifft alle Entscheidungen selbständig und ohne Unterstützung von Ärzten, übernimmt die volle Verantwortung für den Pflegeplan, kümmert sich um die Gesundheit der Jugendlichen und unterstützt die Rolle der Mütter in der neuen Umgebung.

Im Laufe der Jahre hat die Zahl der Schulkinder mit gesundheitlichen Problemen zugenommen. Auch die Zahl der Verletzungen hat erheblich zugenommen. Es gibt immer mehr Haltungsschäden, Sehstörungen und Asthma bronchiale, Kinder mit Zerebralparese, Diabetes, Epilepsie, Verhaltensstörungen und ADHS sowie Schüler, die eine Überdosis an Schmerzmitteln einnehmen und mit Drogen in Kontakt kommen. Aus diesem Grund ist die ständige Aktualisierung des Wissens der Krankenschwestern und die Verbesserung der beruflichen Qualifikationen so wichtig (Zajac, 2016).

Abschließend lässt sich sagen, dass die Pflegeberufe bereits einen Beitrag zur EU-Wachstumsagenda geleistet haben und dies auch weiterhin tun werden, indem sie innovative Lösungen für die gesellschaftlichen Herausforderungen entwickeln, mit denen wir alle konfrontiert sind. Regierungen und politische Entscheidungsträger müssen sich die Innovationen in der Pflege zu eigen machen, um widerstandsfähige Ökosysteme für den Gesundheits- und Sozialpflegesektor aufzubauen. Die Autonomie des Pflegepersonals, wie sie in der Richtlinie 55 festgelegt ist, ist der Eckpfeiler auf dem Weg zu widerstandsfähigen Systemen und befähigt Frauen, den Wandel anzuführen. Diese Entwicklungen sind dringend erforderlich, da der Bedarf der EU-Bürger an Gesundheits- und Sozialfürsorge zunimmt und sich verändert und bessere Wege für die Organisation und Bereitstellung von Gesundheits- und Sozialfürsorge verlangt. Vor dem Hintergrund knapper werdender Mittel für die Gesundheits- und Sozialfürsorge und steigender Anforderungen an eine qualitativ hochwertige und sichere Pflege sind fortschrittliche Aufgaben für Krankenschwestern und Krankenpfleger der Schlüssel zu einer optimalen Nutzung der Ressourcen und zur Verbesserung der Ergebnisse.

Kapitel 3

3. Gestaltung der Gesetzgebung der Europäischen Union

In diesem Kapitel wird aufgezeigt, wie Krankenschwestern und -pfleger den politischen Prozess in Bezug auf politische Themen, die Krankenschwestern und Pflegedienste betreffen und sich auf diese auswirken, beeinflusst haben. Pflegende haben die Agenda vorangetrieben und sich für das eingesetzt, was andere, Beamte und Politiker, von der politischen Agenda streichen wollten. Die Lobbyarbeit ist somit zu einem integralen Bestandteil der Einflussnahme von Pflegekräften auf den politischen Entscheidungsprozess und seine Ergebnisse geworden; sie ermöglicht die Einbeziehung von Interessengruppen und setzt sich für diese ein (siehe WHO-Erklärung von Tallin). Es lassen sich mehrere Beispiele für wirksame Lobbyarbeit anführen, um die Bürger vom Wert der europäischen Dimension zu überzeugen. Es geht nicht nur um den Euro, die Erleichterung des Handels und des Reisens, die Vermeidung von Wechselkursen und den Verlust von viel Geld. Nein, nein - es geht bei der EU auch um Ihre Sicherheit und die Qualität der Pflege, die Sie erhalten, wenn Sie das Gesundheits- und Sozialsystem in Anspruch nehmen. Es geht um Ihre beruflichen Qualifikationen, wenn Sie außerhalb des Landes, in dem Sie studiert haben, einen Job suchen. Es geht um den Berufsausweis, den Sie erhalten, um die Anerkennung Ihrer Qualifikationen in einem weniger bürokratischen System zu ermöglichen, in dem die zuständigen Behörden Sie nicht mehr von A nach B und von B nach Z schicken können. Die einzelne Krankenschwester oder der einzelne Krankenpfleger hat alles selbst in der Hand, denn das von der Europäischen Kommission entwickelte IMI-System hilft Ihnen, weiterzukommen. Die EU hat also etwas für Sie getan - in diesem Fall 70 000 Krankenschwestern, die in den letzten 10 Jahren von einem Mitgliedstaat in einen anderen umgezogen sind! Ist das kein zusätzlicher Nutzen?

Und dann kommen wir zum EU-Beitritt und zur Erweiterung. Die einen meinen: 'Stopp', wir sind mit der Erweiterung der EU schon zu weit gegangen; und die anderen sagen: 'Weiter so', die EU muss die Türkei auf jeden Fall aufnehmen. Man kann nur für Demokratie und Menschenrechte eintreten, wenn man mit denen spricht, die nicht wirklich wissen, was das bedeutet. Eine EU der zwei Geschwindigkeiten hat keine Zukunft, denn auch die Solidarität hat keine zwei Geschwindigkeiten.

Darüber hinaus ist es wichtig, dass sich die Krankenschwestern und Krankenpfleger mit dem Europäischen Semester befassen, in dem bewährte Verfahren, von Krankenschwestern und

Krankenpflegern geleitete Innovationen, die ihre Kosteneffizienz unter Beweis stellen, erwähnt werden können, um das eigene Land und andere zu inspirieren. Frontline Dementia Care ist ein gutes Beispiel. Auf EU-Ebene haben die Krankenschwestern und -pfleger auf einen Standpunkt gedrängt, der bis nach Davos vorgedrungen ist, aber politische Erklärungen, Schlussfolgerungen des Rates und gemeinsame Maßnahmen (ausschließlich für die Regierungen) sind nicht der einzige Weg, das Problem zu lösen. Die Verlagerung der Pflege zurück in die Gemeinschaft ist eine Strategie, die die Probleme lösen wird, wenn wir eine Übermedikalisierung vermeiden können. Die Medizin ist zu einer Industrie geworden, die Pflege sollte es nicht sein! Das wertorientierte Gesundheits- und Sozialfürsorgesystem, das von der Industrie angeführt wird (die für die Studien bezahlt), führt daher zu einer erneuten Medikalisierung des gesamten Prozesses, was höchst bedauerlich ist. Stattdessen sollte der Wert von Gesundheitssystemen in der Lebensqualität liegen und nicht in den zusätzlichen Lebensjahren, die die Qualität beeinträchtigen. Pflegekräfte sind daher gut positioniert, um das wertorientierte Gesundheitssystem voranzutreiben. Die Lobbyarbeit der Krankenschwestern und Krankenpfleger, unterstützt durch die Pflegeforschung, ist daher von entscheidender Bedeutung für die Gestaltung eines europäischen Ökosystems für eine wertorientierte Gesundheits- und Sozialfürsorge.

3.1. Gegenseitige Anerkennung von Berufsqualifikationen

Mit den Römischen Verträgen von 1957 wurde der Grundsatz der Freizügigkeit eingeführt, der als Katalysator für viele nachfolgende Entwicklungen im Gesundheits- und Bildungswesen diente. Die Regierungen, die die Römischen Verträge unterzeichneten, hatten vorausgesehen, dass ohne die gegenseitige Anerkennung von Qualifikationen die Freizügigkeit in der EU für die Fachkräfte von geringem Nutzen sein würde, da sie nach ihrer Ankunft in einem anderen Mitgliedstaat nicht mehr arbeiten könnten. Die Antwort findet sich in Artikel 57 der Römischen Verträge, in dem es heißt, dass der Rat Rechtsvorschriften für die gegenseitige Anerkennung der Befähigungsnachweise ausarbeitet, wobei die Freizügigkeit für die medizinischen und verwandten Gesundheitsberufe von der Koordinierung der Bedingungen für ihre Ausübung in den verschiedenen Mitgliedstaaten abhängt.

Es wurde immer wieder die Frage gestellt, warum für die sieben sektoralen Berufe - Hebammen, Krankenschwestern und Krankenpfleger, die für die allgemeine Pflege verantwortlich sind, Ärzte, Zahnärzte, Apotheker, Tierärzte und Architekten - eine Sonderregelung gilt, während alle anderen reglementierten Berufe in den Genuss der allgemeinen Regelung kommen. Außerhalb dieser sieben Sektoren sehen die Richtlinien über die allgemeine Regelung vor, dass eine Person, die in einem Mitgliedstaat als Berufsangehöriger anerkannt ist, auch in einem anderen Mitgliedstaat als solcher anerkannt sein muss, um einen reglementierten Beruf ausüben zu können. In den Richtlinien sind keine Standards für die allgemeine und berufliche Bildung festgelegt, sondern die Qualifikationen des Einzelnen werden von Fall zu Fall von der zuständigen Behörde bewertet, die per Gesetz für die Anwendung der Richtlinie über die allgemeine Regelung im Aufnahmestaat benannt wurde.

Verwirrend ist, dass nicht alle Krankenschwestern und Krankenpfleger unter die Sonderregelung fallen. Während "Krankenschwestern und Krankenpfleger in der allgemeinen Pflege" unter die Sonderregelung fallen, fallen spezialisierte Krankenschwestern und Krankenpfleger sowie Advanced Nurse Practitioners unter die Richtlinien über die allgemeine Regelung, so dass es dem Aufnahmemitgliedstaat obliegt, ihre Qualifikation anzuerkennen, wenn sie innerhalb Europas umziehen wollen. Die sektorale Richtlinie hingegen legt die Mindeststandards für Art, Inhalt und Dauer von Aus- und Weiterbildungsprogrammen fest, die zu einer Qualifikation führen, die automatisch von allen Mitgliedstaaten für sieben spezifische Berufe anerkannt wird. Der Kampf um die Festlegung dieser Mindeststandards ist ein wichtiger Teil der Geschichte der europäischen Krankenpflegebewegung und ein bedeutender Meilenstein für die Krankenpflege, ebenso wie die Entwicklung der Zusammenarbeit innerhalb des EFN, die es der Krankenpflege ermöglichte, eine bedeutende Rolle bei ihrer Schaffung zu spielen.

Viele andere Berufe begannen jedoch zunehmend zu hinterfragen, warum Krankenschwestern und Krankenpfleger anders behandelt wurden; vor allem, als Zahlen belegten, dass es nicht so einfach war, sich in der EU auf der Grundlage der gegenseitigen Anerkennung von Berufsqualifikationen zu bewegen. Da die sektorale Richtlinie eine mögliche Anomalie darstellte, kündigte die Europäische Kommission im Mai 2001 ihre Absicht an, die Möglichkeit zu prüfen, die sektorale Richtlinie und die Richtlinie über die allgemeine Regelung in einen konsolidierten Rahmen zu integrieren, einschließlich der Abschaffung des Beirats für die Ausbildung von Krankenschwestern und Krankenpflegern.

Wieder einmal müssten die Krankenschwestern und Krankenpfleger dafür kämpfen, die Definition der

Krankenschwester zu verteidigen. Die Gefahr, dass die europäische Krankenpflegerichtlinie abgeschafft wird, ist durch die fortschreitende Förderung des europäischen Binnenmarktes gestiegen. Im Jahr 2002 schaffte die Europäische Kommission die Beratenden Ausschüsse ab und versuchte, die sieben sektoralen Berufe unter die allgemeine Richtlinie zu stellen, was bedeutete, dass der Einflussbereich der Gesundheitsberufe eingeschränkt wurde. Das EFN brachte seine Besorgnis im Europäischen Parlament im Jahr 2002 zum Ausdruck, noch vor dem Gesetzgebungsverfahren zur Harmonisierung, das bis 2005 lief. Nach drei Jahren aktiver Lobbyarbeit auf nationaler und europäischer Ebene wurde schließlich im Jahr 2005 eine neue "Richtlinie 36" verabschiedet, die die bestehenden Vorschriften und Verfahren vereinfachte und konsolidierte und damit die europäische Krankenpflegerichtlinie sicherstellte. Von den Mitgliedstaaten wurde erwartet, dass sie diese Richtlinie bis Oktober 2007 umsetzen und dass die Umsetzung bis 2012 bewertet wird.

In diese neue Richtlinie wurde die bestehende sektorale Richtlinie - die Richtlinie 89/48/EWG über eine allgemeine Regelung zur Anerkennung der Hochschuldiplome und die Richtlinie 92/51/EWG über eine zweite allgemeine Regelung zur Anerkennung beruflicher Befähigungsnachweise in Ergänzung zur Richtlinie 89/48/EWG - aufgenommen, wobei jedoch eine klare rechtliche Trennung zwischen der sektoralen und der allgemeinen Regelung beibehalten wurde. Darüber hinaus bot die neue Richtlinie einen besseren Schutz des öffentlichen Interesses und der öffentlichen Gesundheit bei der freien Erbringung von Dienstleistungen, während die Rechtssicherheit für den direkten Beitrag der Berufe im Rahmen des Konsultationsmechanismus gewahrt blieb. Obwohl die beratenden Ausschüsse nicht mehr existierten, war der Beitrag der sieben sektoralen Berufe in der Richtlinie rechtlich abgesichert, obwohl die Kommission ihn nie nutzte. Die historische Bedeutung der Europäischen Krankenpflegerichtlinie ist den Krankenschwestern und Krankenpflegern klar, da sie sich enorm positiv auf die Entwicklung des Krankenpflegeberufs und in der Folge auf die Qualität und Sicherheit der Erbringung von Gesundheitsdienstleistungen in der EU auswirkte.

Das Bild ist nicht perfekt - es wurden Vertragsverletzungsverfahren gegen ältere Mitgliedstaaten eingeleitet, da diese versuchen, die in der Richtlinie festgelegten Mindeststandards zu umgehen. Die Schwierigkeit, diese Standards zu erfüllen, hat auch dazu geführt, dass Druck ausgeübt wird, sie zu senken: Verkürzung der Mindestdauer der Ausbildung oder Verringerung der Qualität der Ausbildung, um die Kosten zu senken. Qualitativ hochwertige Pflege rettet jedoch Leben - eine aktuelle Studie von Aiken et al. (2014) hat gezeigt, dass eine leichte Erhöhung des Anteils der Krankenschwestern mit einem Bachelor-Abschluss in Krankenpflege um 10 % das Sterberisiko der Patienten um 5 % senkt. Darüber hinaus weisen Krankenhäuser mit einem geringen Personalbestand an Pflegekräften tendenziell eine höhere Rate an schlechten Patientenergebnissen auf. Das bedeutet, dass das Bildungssystem die benötigte Anzahl an Pflegekräften bereitstellen und gleichzeitig einen hohen Qualitätsstandard aufrechterhalten muss. Die Richtlinie über die gegenseitige Anerkennung von Berufsqualifikationen fördert nicht nur die Freizügigkeit, sondern schützt auch die Qualität und Sicherheit der erbrachten Pflege, sofern die Mitgliedstaaten ihre Bestimmungen umsetzen.

Die Modernisierung der Richtlinie 36 durch die Kommission zielte im Rahmen der Einführung der Binnenmarktakte darauf ab, im Einklang mit den ehrgeizigen Flaggschiffstrategien der EU neue hochqualifizierte Arbeitsplätze im Gesundheitssektor zu schaffen. Was dies für die Kommission genau bedeutete, war bedeutsam, da das Konzept des teilweisen Zugangs zu den Gesundheitsberufen auf die politische Tagesordnung kam, neben dem Bestreben der Kommission, die Verweise auf die Qualifikationsniveaus zu streichen (Art. 11). Einfach ausgedrückt: weniger Regeln, um sich in der EU frei bewegen zu können. Ein teilweiser Zugang würde ein Zweiklassensystem zwischen den Gesundheitsberufen schaffen, ein System der Ungleichheit für die Patienten, die Pflege erhalten, fördern und den Patienten in die Situation versetzen, zwischen einer "praktischen Krankenschwester" und einer "theoretischen Krankenschwester" wählen zu müssen. Dieses Modell ist für kein Gesundheitssystem geeignet. Was wir brauchen, ist eine hochqualifizierte Pflegekraft. Diese Pflegekraft sollte von verschiedenen Berufsgruppen unterstützt werden, aber für den Patienten und den Verbraucher muss klar sein, wer eine Pflegekraft ist und wer nicht. Das Gleiche gilt für den Arzt und den Pharmazeuten. Daher bleibt die Herausforderung für das zweite Jahrzehnt des 21. Jahrhunderts bestehen: Wie können die Richtlinie und der Pflegeberuf gestärkt und gleichzeitig vor kurzsichtigen wirtschaftlichen Sparmaßnahmen geschützt werden, die darauf abzielen, die Kosten auf Kosten der Gesundheit der EU-Bürger zu senken.

Die Frist für die Umsetzung der Richtlinie 2013/55/EU in nationales Recht endete am 18. Januar 2016.

Bis Ende 2016 hatten viele Mitgliedstaaten die Richtlinie noch nicht in nationales Recht umgesetzt und sind weit davon entfernt, Artikel 31 in die Lehrpläne für die Krankenpflege zu übertragen. Die Europäische Kommission wird eine Bewertung der neuen/geänderten nationalen Rechtsvorschriften vornehmen und Vertragsverletzungsverfahren planen, damit die Regierungen für die Nichteinhaltung des Besitzstands zur Rechenschaft gezogen werden können. In diesem Zusammenhang ist es wichtig, die (Nicht-)Einhaltung der Richtlinie anhand eines Online-Fragebogens zu messen, der eine Reihe von rechtlichen/beruflichen Fragen enthält. Die Fragen umfassen allgemeine Informationen über die Krankenpflegeausbildung (Studiendauer, ECTS usw.) und qualitative Fragen zu den einzelnen Studienprogrammen der einzelnen Schulen. Die Zielgruppe des Fragebogens sind alle Krankenpflegeschulen in der EU, um sicherzustellen, dass alle Krankenpflegeschüler, die auf den Markt kommen, die EU-Rechtsvorschriften erfüllen und somit von der gegenseitigen Anerkennung profitieren. Daher ist es sehr wichtig, eine Allianz mit der Studentenorganisation ENSA und dem Netzwerk der Regulierungsbehörden für den Pflegebereich zu bilden, um die Umsetzung von Artikel 31 der Richtlinie in jedem Lehrplan zu vereinbaren und dafür zu werben. Der EFN-Kompetenzrahmen ist daher hilfreich, um die Umsetzung auf lokaler Ebene voranzutreiben und die Ergebnisse der Einhaltung zu messen. Die gesammelten Daten werden in der EFN-Lobbyarbeit gegenüber der Europäischen Kommission verwendet und helfen, Probleme der korrekten rechtlichen Umsetzung aus einem anderen Blickwinkel, nämlich dem der beruflichen Perspektive, zu identifizieren.

Ebenso wichtig ist die Ausarbeitung eines delegierten Rechtsakts zur Aktualisierung von Anhang V der Richtlinie. Es ist von entscheidender Bedeutung, dass alle Krankenpflegeschulen die in Artikel 31 genannten Kompetenzen auf die gleiche Weise auslegen. Dies wird das Vertrauen zwischen den zuständigen Behörden stärken, die die Anträge auf gegenseitige Anerkennung von Berufsqualifikationen (MRPQ) unterzeichnen, und hat große Auswirkungen auf Initiativen wie den Europäischen Berufsausweis. Es ist von entscheidender Bedeutung, dass die Ausbildung von Krankenschwestern und Krankenpflegern, die sich innerhalb der EU bewegen wollen, auf der Grundlage der MRPQ mit Artikel 31 und Anhang V der Richtlinie übereinstimmt. Die EFN-Mitglieder haben drei Jahre lang an der Entwicklung des EFN-Kompetenzrahmens gearbeitet, um den Krankenpflegeschulen einen Leitfaden für die Umsetzung der acht in Artikel 31 der Richtlinie 2013/55/EU aufgeführten Kompetenzen zu bieten. Der delegierte Rechtsakt zielt darauf ab, Artikel 31 und den EFN-Kompetenzrahmen miteinander zu verbinden.

Um einen delegierten Rechtsakt zu Artikel 31 zu erhalten, ist es wichtig, Allianzen mit den anderen sechs sektoralen Berufen zu bilden, die alle ihre jeweiligen Anhänge aktualisieren wollen, um dieses Thema auf der Tagesordnung der Europäischen Kommission nach oben zu bringen. Noch wichtiger ist der Aufbau von Allianzen mit dem Netzwerk der Regulierungsbehörden für den Pflegebereich. Mit Unterstützung des spanischen Generalrats für Krankenpflege diskutierte das Netzwerk der Regulierungsbehörden den EFN-Entwurf für einen delegierten Rechtsakt und legte einen Vorschlag vor, der nur sehr geringe Änderungen am EFN-Vorschlag enthielt. Sowohl das EFN als auch das Netzwerk der Regulierungsbehörden für den Pflegebereich sind nun in der Lage, sich gemeinsam für einen delegierten Rechtsakt einzusetzen. Auf der Grundlage dieser Einigung ist es wichtig, die Unterstützung der nationalen Koordinatoren zu finden. Es ist wichtig, dass die EFN-Mitglieder bei ihrem eigenen nationalen Koordinator Lobbyarbeit betreiben, da sie sich bei der Kommission für einen delegierten Rechtsakt einsetzen müssen. Wenn die Kommission keine Anfragen erhält, wird sie nicht proaktiv handeln! Aus diesem Grund hat das EFN einen Briefentwurf vorbereitet, den jedes EFN-Mitglied an seinen nationalen Koordinator schicken kann, um die nationalen Koordinatoren des DIR55 aufzufordern, die Kommission zu drängen, den delegierten Rechtsakt im Jahr 2017 zu verabschieden. Damit sollte der Prozess der Vorbereitung eines delegierten Rechtsakts auf Seiten der Behörden beschleunigt werden, da die im EFN vertretene Pflegegemeinschaft sich bereits über den notwendigen Inhalt einig war.

3.2. EU-Beitritt ermöglicht EU-Reform

Mit der Richtlinie über die gegenseitige Anerkennung von Berufsqualifikationen (Richtlinie 55) wurde das Niveau der Krankenpflegeausbildung in allen Mitgliedstaaten angehoben. Ihr Anwendungsbereich geht jedoch darüber hinaus und spielt eine Schlüsselrolle bei der Verbesserung der Standards in den Kandidatenländern für die EU-Mitgliedschaft. Die Richtlinie hat entscheidend dazu beigetragen, das Niveau der Krankenpflege in ganz Europa anzuheben, und die Krankenschwestern und -pfleger haben die Gelegenheit genutzt, ihr Fachwissen und ihre Erfahrungen weiterzugeben, um den

Beitrittskandidaten bei der Anpassung ihrer Pflegestandards zu helfen, damit sie die Kriterien des Acquis Communautaire erfüllen. Auch wenn der EU-Beitritt heute weniger sexy ist, ist es von entscheidender Bedeutung, dass die laufenden EU-Beitrittsverhandlungen von der Krankenpflegegemeinschaft aufmerksam verfolgt werden.

Einer der ersten Schritte auf dem Weg zum EU-Beitritt besteht darin, dass die politischen Entscheidungsträger im Detail prüfen, wie das EU-Regelwerk, der so genannte "Acquis Communautaire", in nationales Recht umgesetzt wird. Der 'Acquis Communautaire' umfasst mehr als 90.000 Seiten EU-Recht und ist in über dreißig Kapitel unterteilt, die die großen Bereiche widerspiegeln, für die die EU zuständig ist. Jedes Kapitel wird auf seine Vereinbarkeit mit dem nationalen Recht geprüft und bildet die Grundlage für Verhandlungen zwischen den nationalen Regierungen und der Europäischen Kommission. Beide Institutionen können sich auf Wunsch von externen Experten zu einem bestimmten Rechtsakt beraten lassen. In dieser Eigenschaft haben Krankenpflegeexperten den Kapazitätsaufbau für die Krankenpflege in den Bewerberländern proaktiv unterstützt, während die Kommission Krankenpflegeexperten aus dem nationalen Ministerium, hauptsächlich dem Gesundheits- oder Bildungsministerium, ausgewählt hat, um ihnen bei der Analyse des Stands der Technik des Krankenpflegeberufs in dem Bewerberland zu helfen.

Es zeigt sich jedoch, dass die EU ihre Mechanismen für die Einhaltung der Vorschriften verbessern und die Führungskräfte in der Krankenpflege beim Aufbau von Kapazitäten vor dem EU-Beitritt unterstützen sollte. Wenn der Beitritt erfolgt, aber die Einhaltung der Vorschriften nicht erfolgt, ist es für die Verantwortlichen in der Krankenpflege zu spät, um den Berufsstand mit Hilfe von EU-Mitteln zu stärken. Diese Investitionen sind dringend erforderlich, da die meisten mittel- und osteuropäischen Länder das Erbe eines sowjetisch geprägten Gesundheitssystems antreten mussten, das auf dem krankenhauszentrierten sowjetischen Semaschko-Modell basierte, in dem die Regierung die Entlohnung des Gesundheitspersonals so sehr vernachlässigte, dass sie paradoxerweise die Pflegeberufe zwang, zusätzliche Jobs oder Schichten anzunehmen, nur um zu überleben. Darüber hinaus ist der Zustand der Krankenpflegeberufe in den Ländern des ehemaligen kommunistischen Regimes aufgrund alter Mentalitäten recht schwierig. Das kommunistische Regime degradierte den Krankenpflegeberuf, indem es die Krankenpflegeausbildung von der höheren auf die sekundäre Ebene verlagerte. Die Krankenpflegeausbildung war daher auf einem sehr niedrigen Niveau und führte zu medizinischen Assistenten, die keine Eigenverantwortung trugen. Infolgedessen wurden Krankenschwestern und Krankenpfleger im Allgemeinen nur als "Vollstrecker der ärztlichen Anordnungen" oder als "Handlanger der Ärzte" angesehen. Der Begriff "Krankenschwester" bekam einen schlechten Beigeschmack. Die Krankenschwestern selbst lebten im "Überlebensmodus", wurden von Ärzten beherrscht und arbeiteten, um der Armut in einem System der Angst und Kontrolle zu entkommen. Trotzdem hielten die Krankenschwestern an ihren Werten und Grundsätzen fest, gingen über ihre individuellen Grenzen hinaus und lernten so viel wie möglich, um ihren Beruf weiterzuentwickeln.

Die Unterstützung der Beitrittskandidaten bei der Einhaltung der europäischen Krankenpflegerichtlinie wurde für die meisten leitenden Pflegekräfte zu einer zentralen Herausforderung im Rahmen der EU-Beitrittspolitik. Die Krankenpflegeexperten haben sich mit den Beitrittskandidaten im Rahmen der so genannten TAIEX-Peer-Review-Missionen auseinandergesetzt, was dazu beigetragen hat, Wissen über Pflegestandards auszutauschen. TAIEX ist das Instrument, das von verschiedenen Interessengruppen, darunter auch Krankenschwestern, für alle Arten von technischer Unterstützung im Zusammenhang mit den Vorbereitungen für die Anwendung des "Acquis Communautaire" genutzt wird. Die TAIEX-Veranstaltungen, ob Seminare, Workshops, Peer-Reviews oder andere Hilfestellungen, verkörpern den Erweiterungsprozess.

Führungspersönlichkeiten aus dem Pflegebereich beantragten recht früh im EU-Beitrittsprozess die Durchführung von TAIEX-Seminaren zum Kapazitätsaufbau, die von der Europäischen Kommission finanziert wurden und die proaktiv die wichtigsten Akteure des Gesundheitswesens zusammenbrachten, um ihre Fähigkeit zu entwickeln, zu verstehen, was auf dem Spiel steht und wie die europäische Pflegerichtlinie am besten in ein nationales Pflegegesetz umgesetzt werden kann. Diese Seminare waren von zentraler Bedeutung für den Erfahrungsaustausch mit internationalen Kollegen aus dem Pflegebereich im Hinblick auf eine EU-Gesetzgebungsdimension und halfen bei der Ermittlung konkreter Bereiche für weitere Maßnahmen. Diese Seminare bringen verschiedene staatliche und nicht-staatliche Interessengruppen an einen Tisch, um Empfehlungen zu erarbeiten, die dann der nationalen Regierung und der Europäischen Kommission vorgelegt werden.

Die Robustheit der EU-Einhaltungsmechanismen und die Führungsrolle der Pflegekräfte, die für die Festlegung der Agenda und die Politikgestaltung erforderlich sind, bedürfen jedoch größerer Aufmerksamkeit. Insbesondere drei politische Mechanismen haben sich als zu schwach erwiesen, um die Einhaltung des Acquis zu erreichen: 1) die umfassenden Überwachungsberichte der Kommission, 2) die TAIEX-Peer-Review-Berichte und 3) die TAIEX-Seminare zum Aufbau von Kapazitäten. Diese drei politischen Mechanismen sind nicht robust genug, um erfolgreiche gesetzgeberische Ergebnisse zu erzielen. Ein Vergleich der rumänischen und kroatischen Beitrittsgeschichte zeigt jedoch, dass die TAIEX-Seminare zum Kapazitätsaufbau die Führungsebene der Krankenpflege in die Lage versetzten, den Prozess zu beeinflussen und die Krankenpflege als Beruf in einem medizinisch dominierten politischen und klinischen Umfeld zu fördern. Dennoch wurden die Empfehlungen der TAIEX-Peer-Review und des Kapazitätsaufbaus nur teilweise in die umfassenden Monitoring-Berichte der Kommission integriert, die innerhalb der europäischen Institutionen diskutiert wurden. Daher kann man argumentieren, dass die Mechanismen zur Einhaltung der Vorschriften nicht genügend Zugkraft haben, um durch das Engagement der Regierungen und der Interessengruppen von der Billigung der Rechtsvorschriften zur Umsetzung zu gelangen.

Kommen wir zunächst zu den Umfassenden Monitoring-Berichten der Kommission. Die jährlichen Umfassenden Monitoring-Berichte der Kommission sind ein wichtiges Instrument, das es den politischen Entscheidungsträgern im Rat und im Europäischen Parlament ermöglicht, die Fortschritte der Bewerberländer im Hinblick auf den EU-Beitritt zu bewerten. Im Falle Rumäniens hieß es beispielsweise in einem Satz des Umfassenden Monitoring-Berichts von 2002, dass "keine Fortschritte bei der gegenseitigen Anerkennung der sektoralen Berufe erzielt wurden"; dies war politisch eindringlich genug, um der rumänischen Regierung die Folgen der Nichteinhaltung der Richtlinie bewusst zu machen. Folglich stimmten die europäischen Institutionen nach der Hälfte des EU-Beitrittsprozesses (Juni 2004) zu, eine Schutzklausel für Rumänien festzulegen, da die TAIEX-Peer-Review-Berichte von 2002 und 2004 Hinweise auf Schlüsselbereiche lieferten, die einer weiteren Stärkung bedürfen, um die vollständige Einhaltung der Richtlinie zu erreichen. Dadurch wurde der politische Druck erhöht, indem der EU-Beitritt um ein Jahr verschoben wurde, falls die rumänische Regierung ihre politischen und wirtschaftlichen Ziele nicht erreichen würde. Darüber hinaus stellte der Umfassende Monitoring-Bericht von 2004 fest, dass Rumänien zwar stabile Institutionen geschaffen hat, die Demokratie und Rechtsstaatlichkeit garantieren, dass die öffentliche Verwaltung aber immer noch von schwerfälligen Verfahren, mangelnder Professionalität, unangemessener Entlohnung und schlechtem Personalmanagement geprägt ist". Zwei Monate nach der Annahme des Umfassenden Monitoring-Berichts 2004 durch die europäischen Politiker wurden jedoch alle Kapitel des Besitzstands vorläufig abgeschlossen - was bedeutet, dass Kapitel 3 und die Richtlinie in nationales Recht umgesetzt wurden. Dies ist das Hauptproblem: Kapitel werden geschlossen, ohne dass es einen Nachweis für die Umsetzung und Durchführung gibt; dadurch wird der Prozess sehr theoretisch. Ironischerweise kam der Umfassende Monitoring-Bericht im September 2006 zu dem Schluss, dass "Rumänien wird in der Lage sein, die mit der EU-Mitgliedschaft verbundenen Rechte und Pflichten am 1. Januar 2007 zu übernehmen" (Europäische Kommission, 2006), obwohl das Europäische Parlament und die Europäische Kommission die rumänische Regierung 2013 gezwungen haben, Überbrückungskurse für Krankenschwestern und -pfleger einzurichten, um die Ausnahmeregelung - rechtlich gesehen - in der Richtlinie aufzuheben. Die Frist für die Erreichung dieses Ziels ist Januar 2018.

Die Geschichte des kroatischen EU-Beitritts ist ähnlich: Die Politik verschließt die Augen vor dringend notwendigen Veränderungen. In Kroatien wurde in einem Fünfjahreszeitraum, in dem die Kommission über die Fortschritte beim EU-Beitritt berichtete, auf die fehlende Harmonisierung der Vorschriften für reglementierte Berufe hingewiesen, um die gegenseitige Anerkennung von Qualifikationen und Diplomen zwischen den Mitgliedstaaten zu gewährleisten. Im Bericht von 2005 wurde erwähnt, dass die kroatische Regierung innerhalb der Agentur für Wissenschaft und Hochschulbildung ein Zentrum für akademische Mobilität und die Anerkennung von Hochschulabschlüssen eingerichtet hat. Dies schien sich hauptsächlich auf die akademische Anerkennung zu beziehen und hatte nur begrenzte Auswirkungen auf die Anerkennung von Berufsqualifikationen. In den Monitoring-Berichten der Kommission an den Rat und das Europäische Parlament aus den Jahren 2006 und 2007 wurde festgestellt, dass keine Fortschritte bei der gegenseitigen Anerkennung von Berufsqualifikationen zu verzeichnen waren. Die kroatischen Rechtsvorschriften unterschieden nicht zwischen der Anerkennung akademischer und beruflicher Qualifikationen, was darauf schließen lässt, dass die Richtlinie nicht umgesetzt wurde. Im Bericht der

Kommission von 2008 wird hervorgehoben, dass die Mindestanforderungen an die Ausbildung aller medizinischen Berufe - Ärzte, Zahnärzte, Hebammen, Krankenschwestern und -pfleger, Apotheker - immer noch nicht mit dem Besitzstand übereinstimmen. Im Monitoring-Bericht der Kommission von 2009 wurden einige Fortschritte bei der gegenseitigen Anerkennung von Berufsqualifikationen erwähnt, so dass Kapitel 3 des Acquis am 21. Dezember 2009 vorläufig abgeschlossen wurde. Alle Kapitel des Besitzstandes wurden im Dezember 2010 vorläufig abgeschlossen, obwohl bekannt war, dass eine zweite Peer Review erforderlich war, um die Fortschritte zu messen (Juni 2012). Die kroatische Regierung unterzeichnete 2011 den Beitrittsvertrag, was bedeutete, dass die Kommission zugestimmt hatte, dass die Richtlinie als Teil von Kapitel 3 des Acquis in ein neues kroatisches Krankenpflegegesetz umgesetzt worden war.

Es ist wichtig, über diese beiden jüngsten Fälle nachzudenken und daraus zu lernen. Der Beitrittsprozess und die Mechanismen müssen robuster werden, während die Politiker für ihren "einfachen" Ansatz, der nicht der Qualität und Sicherheit im Gesundheitswesen dient, zur Verantwortung gezogen werden müssen.

Der zweite Mechanismus, den es in beiden Fällen zu untersuchen gilt, ist die Verwendung der TAIEX-Peer-Review-Berichte, um Druck auf die Regierungen auszuüben, damit diese etwas Konkretes unternehmen, um die Einhaltung der Vorschriften zu erreichen. Sowohl der rumänische als auch der kroatische Fall zeigten, dass die TAIEX-Peer-Reviews zwar Bereiche aufzeigten, die weiterer Aufmerksamkeit bedurften, ihre Empfehlungen aber keine wichtige Informationsquelle für die umfassenden Überwachungsberichte der Kommission waren, auf deren Grundlage die politischen Entscheidungsträger der EU fundierte Entscheidungen treffen; dies stellt ihre Funktion und Wirkung eindeutig in Frage. Kapitel 3 des Besitzstandes wurde vorläufig abgeschlossen, obwohl es keine Anzeichen dafür gab, dass die TAIEX-Empfehlungen in angemessener Weise berücksichtigt wurden.

Die größte Herausforderung besteht darin, dass die TAIEX-Peer-Review-Berichte als Verhandlungsinstrument zwischen der Regierung und der Kommission behandelt wurden, ohne dass die Interessengruppen, insbesondere die Führungsebene der Krankenpflege, bei der Erarbeitung von Lösungen für die TAIEX-Empfehlungen einbezogen wurden. Die in den TAIEX-Peer-Review-Berichten formulierten Schwachstellen in der Pflegeausbildung wurden nicht angegangen, da die Regierungen nicht bereit waren, das gesamte Pflegepersonal auf EU-Standard zu bringen. Obwohl die TAIEX-Empfehlungen einen politischen Einfluss auf die Verhandlungen haben könnten, wirkte sich die mangelnde Bereitschaft der Regierungen, einen Rückstand gegenüber den EU-Standards für die Krankenpflegeausbildung einzugestehen, negativ auf die Entwicklung des Pflegeberufs aus. Infolgedessen werden Krankenpfleger in Rumänien und Kroatien immer noch als medizinische Assistenten bezeichnet und haben daher Probleme beim Zugang zur Freizügigkeit in der EU (Maciejewski, 2012). Diese Probleme blieben ungelöst, da die rumänische und die kroatische Regierung den gemeinschaftlichen Besitzstand als potenziellen Ausweg für Krankenschwestern und Krankenpfleger sahen, die von besseren Arbeitsbedingungen in anderen EU-Mitgliedstaaten angelockt wurden. Beide Regierungen vereinbarten mit der Kommission, dass sie ab dem Zeitpunkt des EU-Beitritts einen neuen Lehrplan für die Krankenpflegeausbildung auf Hochschulebene einführen würden, der der Richtlinie entspricht. Damit wurde die gesamte Krankenpflegebelegschaft nicht in Übereinstimmung mit der Richtlinie gebracht, und es war eine verpasste Gelegenheit für einen überwiegend weiblichen Berufsstand, seine Fähigkeiten und Kompetenzen weiterzuentwickeln sowie seine Fähigkeit zu fördern, sich innerhalb der EU zu bewegen.

Schließlich wurden in den Empfehlungen der TAIEX-Peer-Review auch die Verantwortlichkeiten und Zuständigkeiten zwischen der Aufsichtsbehörde für das Pflegepersonal, der Gewerkschaft, der Berufsorganisation für das Pflegepersonal und der staatlichen Oberschwester im Gesundheitsministerium angesprochen. Diese sind nach wie vor ungelöst, was zu Verwirrung und Konflikten führt, obwohl die Ausarbeitung neuer politischer Strategien eine Möglichkeit gewesen wäre, diese Herausforderungen anzugehen. Die regimespezifischen Kontextbedingungen erfordern jedoch eine Form der Führungsrolle der Krankenpflege, die das Bündnis zwischen staatlichen und nichtstaatlichen Akteuren der Krankenpflege auf verschiedenen Regierungsebenen stärkt und zu einem auf Konsens basierenden politischen Ergebnis führt. Daher müssen sich die Netzwerkkonstellationen für pflegerische Führung die gleichzeitige Stärkung verschiedener pflegerischer Positionen beinhalten, die sich jeweils für ein gemeinsames Agenda Setting für Veränderungen vor dem EU-Beitritt einsetzen.

Daher ist es wichtig, dass die Leitung der Krankenpflege vor dem EU-Beitritt EU-Mittel für TAIEX-

Seminare zum Kapazitätsaufbau einsetzt, um die wichtigsten Akteure zusammenzubringen und zu versuchen, mit einer Stimme zu sprechen. Die TAIEX-Seminare zum Kapazitätsaufbau zielen darauf ab, die in den Peer-Review-Berichten aufgezeigten Schwachstellen zu beheben. Die Unterstützung erfolgt durch Experteneinsätze, Workshops oder Seminare und Studienbesuche. Die Hauptzielgruppen sind Beamte, die in öffentlichen Verwaltungen auf nationaler Ebene arbeiten; die Justiz und die Strafverfolgungsbehörden; Parlamente und Beamte, die in Parlamenten und Legislaturäten arbeiten; Berufs- und Wirtschaftsverbände sowie Vertreter von Gewerkschaften und Arbeitgeberverbänden können an TAIEX-Seminaren teilnehmen, wenn die Maßnahme von einer öffentlichen Einrichtung geleitet wird. Die TAIEX-Seminare zum Kapazitätsaufbau sollen ein besseres Verständnis dafür vermitteln, wie die Richtlinie in nationales Recht umgesetzt werden kann und wie die in den TAIEX-Peer-Review-Berichten genannten Herausforderungen zu bewältigen sind.

Im Gegensatz zu Rumänien nutzten die kroatischen Pflegeverantwortlichen die TAIEX-Peer-Reviews, um einen strukturierten und vereinbarten Fahrplan für die künftige technische Unterstützung zu erstellen und EU-Beitrittsmittel für die Bewältigung einiger der wichtigsten ermittelten Herausforderungen bereitzustellen. Der kroatische Berufsverband organisierte drei TAIEX-Seminare zum Kapazitätsaufbau mit dem Ziel, konkurrierende und widersprüchliche Interessengruppen aus dem Pflegebereich zusammenzubringen und mit den politischen Entscheidungsträgern (hauptsächlich Ärzten und Juristen), die über den Acquis verhandeln, einen Konsens in Bezug auf Ansichten und Meinungen zu erzielen. Der kroatische Fall lieferte detaillierte empirische Belege für die positiven Auswirkungen, die Mechanismen zum Kapazitätsaufbau auf das Engagement staatlicher und nichtstaatlicher Interessengruppen auf verschiedenen Regierungsebenen - subnational, national und supranational - haben können, um Veränderungen zu erreichen. Dieses Engagement auf mehreren Ebenen ist eine entscheidende Komponente für Pflegekräfte, um den politischen Prozess gleichzeitig auf verschiedenen Ebenen zu beeinflussen (Fagan, 2010; Klüver, 2009). Die Beantragung von EU-Mitteln für die Krankenpflege bedeutete jedoch, dass man zugab, dass es ein Problem gab, das gelöst werden musste. Obwohl nur die Regierung EU-Mittel für den Kapazitätsaufbau beantragen kann, unterstützte die kroatische Regierung die Leitung der Krankenpflege bei der Organisation von vier Seminaren zum Kapazitätsaufbau, während die rumänische Regierung die Relevanz der Behebung von Mängeln nicht sah. Das Versäumnis, die Unterstützung der EU zu beantragen, scheint eine große verpasste Gelegenheit gewesen zu sein, die relevanten Interessengruppen zusammenzubringen, um eine neue nationale Pflegegesetzgebung im Einklang mit der europäischen Richtlinie zu entwerfen. Die Regierungen haben nur langsam gehandelt und das Ausmaß der Herausforderung, die die Einhaltung der Richtlinie mit sich bringt, nicht erkannt, so dass sie den Grad der Angleichung zwischen den bestehenden Bestimmungen und dem, wie ein reformiertes Paket von gesetzlichen Maßnahmen zur Entwicklung der Pflegeausbildung aussehen könnte, überschätzten.

Darüber hinaus kann argumentiert werden, dass sich die Leitung der Krankenpflege im Zusammenhang mit dem EU-Beitritt auf das Verhalten und die Fähigkeiten stützte, die während des vordemokratischen Regimes entwickelt und erworben wurden. Dies schuf wenig Möglichkeiten für die Führungsebene der Krankenpflege, auf die umfassenden Überwachungsberichte Einfluss zu nehmen, und sie nutzte nicht die Gelegenheit, EU-Mittel für Seminare zum Kapazitätsaufbau zu beantragen, um die in den TAIEX-Peer-Reviews festgestellten Schwächen zu beheben. Es gab keinen Präzedenzfall für diese Art von politischer Intervention, was darauf hindeutete, dass die Gesamtkapazität der Pflegeberufe zur Beeinflussung des politischen Prozesses (und damit der gesetzgeberischen und beruflichen Ergebnisse) durch die Unfähigkeit der Pflegeleitung, eine einheitliche und koordinierte Position in Bezug auf die Beeinflussung der politischen Agenda einzunehmen, erheblich geschwächt wurde. Im Gegensatz dazu ließen die widersprüchlichen Agenden der Führungskräfte in der Krankenpflege den Politikern, die ihre eigene Agenda verfolgten, einen gewissen Spielraum, und die Verantwortung für die Akzeptanz der legislativen und beruflichen Ergebnisse lag in den Händen von Beamten, hauptsächlich Ärzten und Juristen. Das Scheitern war also eine Folge der schwachen Verbindungen zwischen den Pflegeorganisationen, ihrer begrenzten Erfahrung mit der Arbeit im politischen Umfeld des EU-Beitritts und der unzureichenden politischen Führung der leitenden Pflegekräfte bei der Formulierung klarer gemeinsamer Agenden für die Entwicklung der Pflegeausbildung im Einklang mit der Richtlinie, solange das politische Fenster des EU-Beitritts offen war. Diese Beispiele machen deutlich, dass, wenn die Krankenpflegegemeinschaft nicht in der Lage ist, mit einer einheitlichen Stimme zu sprechen, die Politiker sie noch mehr spalten werden und folglich den Prozess bestimmen. Was die beruflichen Ergebnisse betrifft, so hinderten die unterschiedlichen Interessen und Befugnisse der Führungsriege der Krankenpflege die Verantwortlichen in der Krankenpflege daran, den EU-Beitritt als Chance zu nutzen, um die Krankenpflege von einer sanitären Vision wegzubringen und die Arbeitsbedingungen im medizinisch dominierten sowjetischen Semaschko-Modell der Gesundheitsversorgung in den meisten osteuropäischen Ländern zu verbessern. Es wird daher argumentiert, dass der EU-Beitritt nicht die Möglichkeit bot, die Verantwortlichkeiten und Zuständigkeiten zwischen der Aufsichtsbehörde für den Pflegebereich, der Gewerkschaft, der Berufsorganisation der Krankenpflege und der staatlichen Oberschwester im Gesundheitsministerium zu klären und festzulegen. Dies führte zu Verwirrung über ihre Rollen und ihre politische Macht, was zu erheblichen Konflikten zwischen diesen vier Führungspersönlichkeiten der Krankenpflege in jedem Land führte. Die unterschiedlichen Auffassungen und Interessen der Führungskräfte in der Krankenpflege in Bezug auf die Entwicklung der Krankenpflegeausbildung und des Berufsstandes führten dazu, dass die Verhandlungen über die Einhaltung der Vorschriften hauptsächlich in den Händen von Interessenvertretern lagen. Diese hatten Vorrang vor dem Engagement der Stakeholder und schlossen nichtstaatliche Stakeholder (Zivilgesellschaft) vom politischen Prozess des EU-Beitritts aus.

Darüber hinaus kann argumentiert werden, dass das Machtgefälle und die Rivalität zwischen den Ministerien die Lobbyarbeit der Pflegekräfte geschwächt hat und dazu beiträgt, zu erklären, warum die Führung der Pflegekräfte nicht in der Lage ist, aus dem politischen Fenster des EU-Beitritts Kapital zu schlagen. Das Fehlen eines effektiven Ansatzes zur Einbindung der Interessengruppen, um die politische Agenda festzulegen und neue Politiken in Übereinstimmung mit dem Acquis zu entwerfen, führte zu einer geringeren Akzeptanz für die Gestaltung der legislativen Politik. Dies hemmte die professionelle Entwicklung nach europäischen Standards. So wird der EU-Beitritt zu einer verpassten Gelegenheit für Krankenschwestern und Krankenpfleger, ihre Fähigkeiten und Kompetenzen weiterzuentwickeln und damit ihre Fähigkeit zu fördern, sich innerhalb der EU auf der Grundlage der gegenseitigen Anerkennung von Berufsqualifikationen zu bewegen. Man kann also sagen, dass der EU-Beitritt kein Ziel, sondern eher ein Ausgangspunkt für die Stärkung der Führungsrolle der Pflegekräfte in den osteuropäischen Ländern ist. Eine echte Schande!

Es lässt sich schlussfolgern, dass das Scheitern der Führungsebene in der Krankenpflege bei der Erzielung erfolgreicher gesetzlicher und beruflicher Ergebnisse auf nationaler Ebene im Hinblick auf die Einhaltung der EU-Standards für die Krankenpflegeausbildung mit folgenden Faktoren zusammenhängt: (i) dem überkommenen politischen Kontext des früheren kommunistischen Regimes; (ii) der Schwäche des Kommissionsmechanismus zur Erreichung der Einhaltung der Standards; und (iii) der mangelnden Einigkeit innerhalb der Führungsebene in der Krankenpflege - Berufsverband, Regulierungsbehörde für die Krankenpflege, Krankenpflegegewerkschaft, leitende Krankenschwester - bei der Festlegung einer gemeinsamen beruflichen Agenda und bei der Auseinandersetzung mit dem EU-Beitritt.

Die Erweiterung ist jedoch von der Prioritätenliste der EU gestrichen worden, und es ist mehr als wahrscheinlich, dass die Union schrumpfen wird, bevor sie wieder wächst. Die westlichen Balkanländer sind jedoch nach wie vor Anwärter auf einen EU-Beitritt, und es wurde eine neue Strategie entwickelt, mit der sie wieder auf die unmittelbare Tagesordnung Brüssels gesetzt werden sollen. Die Aussicht, dass ein europäisches Land in naher Zukunft der EU beitritt, ist praktisch nicht vorhanden. Das hat die westlichen Balkanländer jedoch nicht davon abgehalten, an die Tür des Blocks zu klopfen, indem sie sich unabhängig davon auf den Beitritt vorbereiten und so EU-Mittel für den Aufbau von Kapazitäten einsetzen. Das Ziel, Albanien, Bosnien und Herzegowina (BiH), Kosovo, die ehemalige jugoslawische Republik Mazedonien (FYROM), Montenegro und Serbien der EU beizutreten, steht jedoch noch vor einer Reihe erheblicher Hürden.

3.3. Anerkannt werden durch das Europäische Semester

Europa 2020 ist die Zehnjahresstrategie der Europäischen Union für Beschäftigung und Wachstum. Sie wurde 2010 ins Leben gerufen, um die Voraussetzungen für intelligentes, nachhaltiges und integratives Wachstum zu schaffen. Es wurden fünf Kernziele vereinbart, die die EU bis Ende 2020 erreichen soll. Diese betreffen die Bereiche Beschäftigung, Forschung und Entwicklung, Klima/Energie, Bildung, soziale Eingliederung und Armutsbekämpfung. Die Fortschritte bei der Verwirklichung der Europa-2020-Ziele werden im Rahmen des Europäischen Semesters, dem jährlichen Zyklus der wirtschafts- und haushaltspolitischen Koordinierung der EU, überwacht. Es ist wichtig zu betonen, dass das Europäische Semester in seinem Kern ein wirtschaftliches Instrument ist, aber es empfiehlt immer mehr Maßnahmen im Zusammenhang mit dem Gesundheitsökosystem, wahrscheinlich um dessen

Nachhaltigkeit zu beschleunigen.

Der Prozess des Europäischen Semesters beginnt mit der Veröffentlichung des Jahreswachstumsberichts durch die Kommission, in dem die wirtschaftlichen Prioritäten der Mitgliedstaaten festgelegt werden. Danach, etwa im April, übermitteln die Mitgliedstaaten der Kommission ihre aktualisierten Stabilitätsprogramme, in denen sie ihre Haushaltspolitik darlegen, und ihre nationalen Reformprogramme, in denen sie ihre Strukturreformen erläutern. Diese Programme werden von der Kommission geprüft, die dann im Mai/Juni ihre Vorschläge für länderspezifische Empfehlungen (CSRs) vorlegt. Diese politischen Empfehlungen werden im Rat zwischen den Mitgliedstaaten erörtert. Die Staats- und Regierungschefs der EU billigen sie im Juni, bevor die Finanzminister sie im Juli im Rat annehmen. Die länderspezifischen Empfehlungen decken ein breites Spektrum von Politikbereichen ab und bieten jedem Empfänger-Mitgliedstaat spezifische, maßgeschneiderte Leitlinien für die Erreichung solider öffentlicher Finanzen und für die Durchführung von Strukturreformen zur Erreichung eines intelligenten, nachhaltigen Wachstums, einschließlich Hinweisen auf das Ökosystem Gesundheit.

Das Europäische Semester ist ein Instrument, um allgemeine Bereiche auf die Tagesordnung zu setzen (u. a. Gesundheit, integrierte Pflege usw.) und nicht, um sehr spezifische Reformen anzugehen. Aufgrund dieses Ansatzes und dieser Struktur sollte das Europäische Semester als eine Gelegenheit für Führungskräfte aus dem Pflegebereich gesehen werden, der Regierung, vor allem den ernannten nationalen Beauftragten für das Europäische Semester, mitzuteilen, welche guten und bereits umgesetzten Initiativen und Innovationen entwickelt wurden, um auf die gesellschaftlichen Herausforderungen zu reagieren. Meistens sind diese Beauftragten, die Vertreter der Kommission auf nationaler Ebene, nicht in Kontakt mit dem, was an der Front geschieht, insbesondere im Gesundheitswesen. Daher ist es sehr wichtig zu wissen, wer die Beauftragten des Europäischen Semesters sind, wie gut sie die Gesundheitssysteme aus wirtschaftlicher Sicht und nicht nur aus der Perspektive der Kostenreduzierung verstehen, und ihnen die Innovationen zu zeigen, die vor Ort eingeführt wurden, um eine qualitativ hochwertige und sichere Versorgung der Bürger zu gewährleisten. Die Innovationen der Krankenschwestern und -pfleger in den verschiedenen Ländern aufzuzeigen und dafür zu sorgen, dass der Semesterbeauftragte sie in seinem Bericht an die Kommission aufgreift, kann dazu beitragen, Ergebnisse zu verankern und nicht Prozesse und Dienstleistungen zu standardisieren - das nennt man Politikgestaltung von unten nach oben! Das Europäische Semester ist also ein politisches Lobbythema, das Krankenschwestern und Krankenpfleger kennen sollten, damit sich länderspezifische Empfehlungen auf die Inklusion konzentrieren, einschließlich

Empfehlungen zu den nationalen Gesundheitssystemen, die die von den Krankenschwestern erzielten Ergebnisse aufgreifen. Daher ist es wichtig, dass die nationalen Kontaktstellen für das Europäische Semester Informationen aus erster Hand von den Krankenschwestern und -pflegern erhalten, und zwar in organisierter Form.

In diesem Zusammenhang wird eine einheitliche Stimme zu einigen Schlüsselthemen dazu beitragen, dass die nationalen Berichte über die Reform des Gesundheitssystems die Ansichten, Initiativen und Innovationen der Krankenpflege aufgreifen. Der Beitrag des Pflegepersonals zum Europäischen Semester ist von entscheidender Bedeutung, um voranzukommen und ein nachhaltiges Ökosystem der Gesundheits- und Sozialfürsorge zu schaffen. Dazu gehören evidenzbasierte Pflegepraktiken für kosteneffizierte Reformen, die Einführung integrierter Pflegemodelle, die durch eine optimale Zusammensetzung des Personals unterstützt werden, die Stärkung des Personals in der kommunalen Pflege und im öffentlichen Gesundheitswesen und eine insgesamt weniger medizinisch orientierte Leistungserbringung. Hightech und kostspielige medizinische Entwicklungen sollten nicht die Last für ein ganzheitlicheres Ökosystem sein, in dem mehr Bürger von den Ergebnissen profitieren. In diesem politischen Kontext der EU sollten die Ansichten der Krankenpflege und die Evidenzbasis in die Länderberichte einfließen, um die Diskussion über wertorientierte Gesundheitssysteme zu lenken, anstatt krankheitsorientierter und störender Modelle, die die Qualität und Sicherheit für Patienten und Fachkräfte gefährden. Von Patienten und Fachkräften entwickelte Strategien sind besser als von Beamten, die hoch oben in den Wolken schweben und keinen Kontakt zur Pflege vor Ort haben. Daher ist es wichtig, den nationalen und europäischen politischen Entscheidungsträgern bei der Erstellung der Länderberichte des Europäischen Semesters und der länderspezifischen Empfehlungen zu raten, die Bedeutung von Investitionen in die Gesundheit anzuerkennen, und zwar durch eine effizientere Zuweisung von Finanzmitteln für die Gesundheits- und Sozialfürsorge, bessere Arbeitsbedingungen für die Beschäftigten an vorderster Front und aufbauend auf den bestehenden integrierten Pflegeökosystemen in der gesamten EU. Die Förderung der Bedeutung eines gut ausgebildeten Pflegepersonals, einschließlich der Schaffung fortgeschrittener Funktionen, wird Teil der Lösung sein, zumal 94 % des Pflegepersonals Frauen sind. Bei der Lobbyarbeit für diese "Semester"-Beauftragten ist es wichtig, die Erfahrungen und Ergebnisse der Krankenschwestern und -pfleger aufzugreifen, die heute im Schatten der Ärzteschaft stehen.

Ein gutes Beispiel sind die bestehenden bewährten Verfahren im Zusammenhang mit der "integrierten Versorgung" und der "Innovation in der Primär- und Gemeinschaftsversorgung". In der gesamten EU gibt es eine Reihe bewährter Verfahren in den Bereichen interprofessionelle Koordinierung, chronische Erkrankungen, Schmerzbehandlung, Einsatz von elektronischen Gesundheitsdiensten und elektronischen Patientenakten. Bei diesen Beispielen wird als gemeinsames Thema die Entwicklung komplementärer Dienste und Rollen sowie die Förderung der Zusammenarbeit und des kooperativen Geistes zwischen den Angehörigen der Gesundheitsberufe im Hinblick auf eine bessere Patientenerfahrung genannt. In einigen Ländern - z. B. in Belgien und Portugal - wurden solche Entwicklungen durch die nationale Politik unterstützt. In Belgien beispielsweise gibt es seit 1987 einen regionalen Erlass, der einen interprofessionellen Ansatz für die häusliche Pflege organisiert und finanziert, der die Koordination von Hausarzt, häuslicher Krankenschwester, Apotheker, Physiotherapeut und Sozialarbeiter ermöglicht. In Portugal wurde die Rolle der Familienkrankenschwester als diejenige Fachkraft entwickelt, die in einem multidisziplinären Team für die umfassende Pflege von Familien in allen Lebensphasen und in allen Gemeinschaftskontexten verantwortlich ist.

In vielen Ländern wurde der Erfolg durch die Entwicklung der Rolle der Krankenschwestern und -pfleger begünstigt, die eine aktivere Führungsrolle bei der Erbringung der Primärversorgung übernommen haben - z. B. in Dänemark, Finnland, Portugal und im Vereinigten Königreich. In Dänemark beispielsweise wird den am stärksten gefährdeten chronisch kranken Patienten die Unterstützung einer speziell ausgebildeten Krankenschwester in ihrer Gemeinde angeboten, die sie mit aktiver und individueller Unterstützung bei der Bewältigung ihrer Krankheit durch das Gesundheitssystem führen kann. Über einen Zeitraum von 6-9 Monaten haben chronisch Kranke die Möglichkeit, sich telefonisch von einer speziell ausgebildeten Krankenschwester unterstützen zu lassen, die sie persönlich berät; die Krankenschwester arbeitet auch eng mit dem Arzt des Patienten zusammen. In ähnlicher Weise werden in Finnland neue Rollen für Krankenschwestern entwickelt, um bestimmte Patientengruppen mit akuten Gesundheitsproblemen und nicht übertragbaren Krankheiten (NCD) von der ärztlichen auf die pflegerische Betreuung zu verlagern. Krankenschwestern und Krankenpfleger konsultieren innerhalb des interprofessionellen Teams oder arbeiten in Gesundheitszentren und Notfallstationen mit Ärzten zusammen. Darüber hinaus wird die Rolle der Krankenschwester als Fallmanagerin erweitert und umfasst nun auch die Koordinierung der Pflege und der Ressourcen sowie die Verwaltung der Fallzahlen. Bestimmte Zuständigkeiten werden zwischen Krankenschwestern und Ärzten neu aufgeteilt, und die Verschreibung von Medikamenten durch Krankenschwestern erfolgt gemäß den gesetzlichen Bestimmungen. Im Vereinigten Königreich beispielsweise beginnen einige Krankenschwestern und -pfleger, die in der Primärversorgung tätig sind, wichtige Führungspositionen zu übernehmen, z. B. als "Nurse Partners" in Hausarztpraxen, wobei mehrere Praxen inzwischen von Krankenschwestern und -pflegern geleitet werden.

Darüber hinaus werden in vielen Ländern Pilotprojekte durchgeführt, die sich mit spezifischen Themen und Pflegebedürfnissen befassen - z. B. in Deutschland, Griechenland und Norwegen. In Deutschland bezieht sich ein Beispiel auf die Einführung einer neuen Rolle von Familien-Gesundheitspflegerinnen in der Primärversorgung, wobei der Schwerpunkt auf der Unterstützung und Beratung von Familien liegt, die ein älteres gebrechliches Familienmitglied pflegen. In Griechenland führen Krankenschwestern ein Pilotprojekt zur Anwendung und Entwicklung von 12 Protokollen für Pflegediagnosen/Pflegepläne durch, die sich mit Gesundheitsproblemen befassen, die spezifisch für die primäre Gesundheitsversorgung sind, sowie 36 Protokolle, die sich auf die häusliche Pflege beziehen. In Norwegen wurden im Rahmen einer Initiative zur Bewältigung des steigenden Anteils chronisch Kranker alle Gemeinden aufgefordert, eine zusätzliche Primärversorgung einzurichten, die als "kommunale Notfallbetten" bekannt ist. Einige dieser Betten sind mit kommunalen Krankenhäusern vergleichbar, andere umfassen ein oder zwei Betten in einem Pflegeheim, die von Krankenschwestern betreut werden.

Mehrere Beispiele werden im Bereich der elektronischen Gesundheitsdienste umgesetzt, z. B. in Belgien, Finnland und Norwegen. In Belgien findet der Austausch von Patientenakten und -daten im Rahmen der elektronischen Gesundheitsdienste seit 2012 statt. Dies geschieht über ein elektronisches Netzwerk zwischen Krankenhausärzten/-diensten und Hausärzten/-patienten. Die gleiche elektronische Austauschstruktur wird derzeit für Pflege- und Physiotherapiedaten aufgebaut und könnte ab 2016 wirksam werden. Ein weiteres Beispiel aus Norwegen ist ein Projekt, das sich auf die Entwicklung von Standard-Pflegeplänen für Pflegeheime und häusliche Pflege auf der Grundlage von ICNP konzentriert, die in eine elektronische Gesundheitsakte integriert werden sollen. Beispiele für den Einsatz von Telemonitoring-Geräten gibt es auch in Finnland, wo in einigen Fällen Krankenschwestern in von Krankenpflegern geleiteten Gesundheitsstationen arbeiten, die von Ärzten, die in größeren Gesundheitsstationen arbeiten, durch elektronische Beratung unterstützt werden, und in Portugal, wo es mehrere Projekte gibt, die die Teleüberwachung von Patienten in ambulanten Umgebungen fördern. Diese Praktiken, die in das Europäische Semester einfließen, werden dazu beitragen, das Upscaling von Diensten innerhalb der Gesundheits- und Sozialökosysteme zu rationalisieren und eine Reihe von Themen zu identifizieren, die für die Gestaltung von Bottom-up-Politiken wichtig sind, darunter: wie Informations- und Kommunikationstechnologie (IKT) in Gemeinschaftseinrichtungen genutzt wird; welche Kompetenzen die Angehörigen der Gesundheitsberufe benötigen, um IKT erfolgreich zu nutzen; wie IKT ihre Rollen und Verantwortlichkeiten beeinflusst/verändert; Entwicklung der Pflegeplanung, Nutzung von ICNP (Snowmed); Entwicklung fortgeschrittener Rollen für Pflegekräfte; interprofessionelles Arbeiten und Bildung. Aufbauend auf diesen allgemeinen Themen, die im Rahmen des Europäischen Semesters zu Indikatoren für den "Fortschritt im Ökosystem der Gesundheits- und Sozialfürsorge" werden sollten, wird die Entwicklung von Rollen für Krankenschwestern und Krankenpfleger in der Primär- und Gemeinschaftspflege innerhalb eines interprofessionellen Teams und mit Unterstützung von eHealth-Lösungen zu einem wichtigen Bereich für künftige EU-Forschung und Innovation.

Die Verlagerung der Pflege von den Krankenhäusern auf die Primär- und Gemeindepflege ist ein wesentlicher Bestandteil vieler nationaler und EU-Gesundheitspolitiken, um eine bessere und stärker auf den Patienten ausgerichtete Pflege zu gewährleisten. Krankenschwestern und -pfleger, die in der Primär- und Gemeindepflege arbeiten, sind in vielen Ländern die wichtigsten Fachkräfte, die an der Verwaltung und Koordinierung der komplexen Pflege für einzelne Patienten beteiligt sind. Ihre Erfahrungen und Fähigkeiten sind für den Erfolg einer solchen Politik von entscheidender Bedeutung, doch ist auf EU-Ebene wenig darüber bekannt, was ihre Arbeit beinhaltet, wie sich ihre Aufgaben und Verantwortlichkeiten von Land zu Land unterscheiden und welche Kompetenzen und Bedürfnisse sie haben. Entscheidend ist, dass wenig darüber bekannt ist, wie viele es in der EU gibt, wie ihr demografisches, persönliches und berufliches Profil aussieht und wie sie die Qualität und Sicherheit der Pflege in der Gemeinde und der Primärversorgung in der EU einschätzen. Die Kenntnis dieser Fragen würde es ermöglichen, ihre Bedürfnisse bei der Patientenversorgung, der Koordinierung von Versorgungspfaden innerhalb eines interprofessionellen Teams und der kosteneffizienten Nutzung verfügbarer eHealth-Lösungen zu verstehen. Der Mechanismus des Europäischen Semesters ist daher ein ideales Instrument, um die Fortschrittsindikatoren für das gesundheitliche und soziale Ökosystem zu erfassen. Es besteht keine Notwendigkeit, "das Schlechte" zu bewerten, sondern es ist wichtiger, "das Gute" zu entdecken, um die Versorgung in der gesamten EU sicher und qualitativ hochwertig zu gestalten.

3.4.   Demenzpflege an vorderster Front

Die EU hat eine Gemeinsame Aktion, die von Schottland (VK) geleitet wird, aber sie schließt die Zivilgesellschaft und sogar paneuropäische Berufsverbände als Partner aus, es sei denn, eine EU-Regierung oder eine zuständige Behörde ernennt sie. Es sieht fast so aus wie das System der Sowjetunion, bei dem man große Bruder aus der Hand frisst". Dieser Ansatz ist seltsam, da die Regierungen in den Schlussfolgerungen des Rates und in den Erklärungen der WHO von "Einbeziehung" und "Beteiligung der Betroffenen" sprechen, während die Realität ganz anders aussieht. In Zeiten der Sparmaßnahmen wollen die Regierungen das in die EU investierte Geld zurückerhalten.

Inhaltlich konzentriert sich die Gemeinsame Aktion der EU zur Demenzbekämpfung (2015-18) auf die Bereiche Diagnose und Unterstützung nach der Diagnose (unter der Leitung der Universität Lyon und des französischen Gesundheitsministeriums), Krise und Pflegekoordination (unter der Leitung der Niederlande und Italiens), häusliche Pflege (unter der Leitung Norwegens) und demenzfreundliche Gemeinden (unter der Leitung des Vereinigten Königreichs). Jeder Arbeitsbereich wird von anderen Mitgliedstaaten unterstützt, z. B. von Bulgarien, Luxemburg, Kroatien, Norwegen, Finnland, Polen, Griechenland, Spanien und Italien. Der Schwerpunkt liegt auf der "Ermittlung und Erprobung evidenzbasierter Beispiele für bewährte Verfahren in Schlüsselaspekten der Diagnose und der Unterstützung nach der Diagnose". Die Krisen- und Pflegekoordination unter der Leitung des niederländischen Ministeriums für Gesundheit, Wohlfahrt und Sport und des italienischen Nationalen Gesundheitsinstituts, unterstützt von Bulgarien, Frankreich, Schottland und dem Vereinigten Königreich, zielt darauf ab, das Niveau der Pflegekoordination in Richtung einer zentralen Anlaufstelle zu verbessern und eine angemessene Pflege in Krisensituationen zu bieten, einschließlich der Anwendung verbesserter wissenschaftlicher Methoden. Norwegen, das die Arbeitsgruppe zur stationären Pflege anführt, wird Verbesserungen für Menschen anstreben, die derzeit in stationären Einrichtungen oder Pflegeheimen leben. Indem wir uns auf die Bereitstellung spezialisierter Dienstleistungen für Menschen mit Demenz konzentrieren, gehen wir davon aus, dass Demenz eine spezialisierte Pflege voraussetzt, was nicht der Fall sein sollte.

Stattdessen sollte sich die Gemeinsame Aktion besser auf Errungenschaften an vorderster Front konzentrieren, auf Innovationen an vorderster Front, die als Überlebensstrategie entwickelt wurden, nachdem die Finanz- und Wirtschaftskrise 2008 den Gesundheits- und Sozialpflegesektor sehr hart getroffen hatte. Es ist jedoch vielversprechend zu sehen, dass Bulgarien und Griechenland das Vereinigte Königreich bei der Gemeinsamen Aktion unterstützen, die darauf abzielt, Menschen mit Demenz in die Lage zu versetzen, weiterhin aktiv an der Gesellschaft teilzunehmen und so lange wie möglich unabhängig zu bleiben, indem Stigmatisierung, Isolation und Ängste durch eine stärkere Sensibilisierung und ein besseres Verständnis der Gemeinschaft verringert werden. Als ich vor kurzem Bulgarien und Griechenland besuchte, konnte ich mich nicht an Wohnheime für ältere Menschen mit Demenz erinnern, in denen normale Menschen mit normalen Renten leben. Ich erinnere mich nur an Familien, die ältere Menschen mit Demenz zu Hause behalten, weil ein Umzug in ein Pflegeheim aus finanziellen Gründen nicht möglich oder zu teuer ist. Wie können diese Familien besser unterstützt werden, Tag und Nacht? Demenzpflege ist 24 Stunden am Tag, 7 Tage am Tag, 365 Tage im Jahr!

Angesichts der Tatsache, dass weltweit schätzungsweise 44 Millionen Menschen mit Demenz leben (die Zahl wird sich bis 2030 verdoppeln und bis 2050 verdreifachen) und in der EU mehr als 7 Millionen Menschen mit einer Demenzerkrankung leben, von denen 5 Millionen Frauen sind, ist es politisch gesehen nicht hinnehmbar, dass Demenz hauptsächlich aus medizinischer Sicht (G7 und G20) geschwächt bleibt. Demenz wird als Krankheit wahrgenommen, und als solche sind die Lösungen medizinisch getrieben, anstatt einen ganzheitlicheren Ansatz zu verfolgen. Die Industrie ist natürlich nicht hilfreich, um diesen Paradigmenwechsel zu ermöglichen. Daher unterschätzen die kursierenden Finanzzahlen das Ausmaß des Problems beträchtlich, denn Demenz wird in der EU nach wie vor nicht nur zu wenig diagnostiziert, sondern die Pflegekoordination ist immer noch sehr medizinisch ausgerichtet, und die Politik ist nicht geeignet, die häusliche Pflege anstelle der privaten, teuren Heimpflege zu fördern. In Anbetracht der zunehmenden und erheblichen Auswirkungen von Demenz auf die EU-Bürger und die Gesellschaft ist ein koordinierter und umfassender Ansatz auf EU-Ebene dringend erforderlich, bei dem alle relevanten Akteure - einschließlich der Zivilgesellschaft, der politischen Entscheidungsträger, der Industrie und der Wissenschaft - zusammenarbeiten, um die Belastung durch Demenz zu bewältigen und einschlägige Maßnahmen und Wege zu fördern, die die Sicherheit und Lebensqualität von Menschen mit Demenz, ihren Familien und Betreuern erhöhen. Die Gemeinsame Maßnahme folgt dieser Perspektive überhaupt nicht. Die Koordinierung auf europäischer Ebene ist von entscheidender Bedeutung, wenn die EU diese Herausforderung gemeinsam bewältigen will.

Pflegende befinden sich in der einzigartigen und privilegierten Lage, direkten Zugang zu den täglichen Pflegebedürfnissen von Menschen mit Demenz zu haben, und spielen eine Schlüsselrolle sowohl bei der Behandlung als auch bei der Prävention dieser Erkrankung. Pflegende sind am besten in der Lage, dafür zu sorgen, dass sich Praxis, Wissen und Forschung in Reaktion auf und in Verbindung mit den Bedürfnissen der Menschen entwickeln und dass dies in die tägliche Praxis des Gesundheits- und Sozialsystems umgesetzt wird, das nachhaltig sein sollte. Eine Übermedikalisierung der Demenz ist nicht nachhaltig.

Um das Ökosystem nachhaltig zu erhalten, kann jedoch ein großer Beitrag in Schlüsselbereichen wie der Pflegekoordinierung, der Qualität der Pflege in Krankenhäusern und anderen stationären Einrichtungen sowie der Umsetzung und Bewertung bewährter Verfahren auf lokaler Ebene geleistet werden, wo es darauf ankommt, was die Pflege- und Lebensqualität für Menschen mit Demenz sowie ihre Familien und Betreuer verbessert wird. Um diese angemessene Pflege für Menschen mit Demenz und ihre pflegenden Angehörigen leisten zu können, bedarf es jedoch verschiedener Prioritäten, Strategien und Strukturen sowie der Anerkennung der Rolle der Pflegekräfte bei der Pflege von Menschen mit Demenz. Es bedarf der Koordinierung und Zusammenarbeit zwischen allen relevanten Akteuren des Gesundheits- und

Sozialwesens und der Politik, um eine aussagekräftige und konkrete strategische Prioritätenliste zur Bewältigung der Demenzproblematik auf EU-Ebene zu erstellen und umzusetzen. Demenz auf dem politischen Tisch zu halten ist eine Sache; Veränderungen an der Front zu ermöglichen und die Qualität der Ergebnisse zu verbessern ist eine andere Herausforderung, bei der die Berufsverbände die Führung übernehmen sollten. Dann können wir ganzheitlich über "wertorientierte Gesundheitssysteme und die Messung von Ergebnissen" diskutieren, und zwar nicht so, wie es die Industrie (Medizinprodukte und Pharmazeutika) sieht, sondern so, wie es das Personal an der Basis sieht.

Der Schlüssel zu Fortschritten liegt in der Entwicklung von Strategien, die Demenz ganzheitlich angehen und sich auf Prävention, Risikobewertung und Risikominderung sowie auf die Bereitstellung einer hochwertigen Pflege für Menschen mit Demenz und ihre Familien konzentrieren. Diese Fortschritte sind nur möglich, wenn wir uns auf die umfangreichen Erkenntnisse stützen, die darauf hindeuten, dass das Risiko, an Demenz zu erkranken, durch einen gesünderen Lebensstil verringert werden kann. Die Prävention muss also an erster Stelle stehen, auch wenn wir wissen, dass die Pflege ein wichtiger Bestandteil der Gleichung ist. Die Anerkennung und Einbeziehung von Pflegekräften an vorderster Front in die Entwicklung und Umsetzung von Demenzstrategien und -politiken auf EU- und lokaler Ebene unter bestmöglicher Nutzung des kollektiven Wissens und der Erfahrung des Pflegeberufs in der Betreuung von Menschen mit Demenz, ihren Angehörigen und Betreuern klingt für mich logisch, aber wahrscheinlich nicht für die Beamten in der Kommission und den nationalen Regierungen.

Die Anerkennung der fortschrittlichen Rolle und Aktivitäten von Krankenschwestern und -pflegern in der Prävention und Gesundheitsförderung ist ein kleiner Teil der interprofessionellen Zusammenarbeit. Krankenschwestern und -pfleger haben eine Schlüsselrolle in der öffentlichen Gesundheit und der Prävention, da sie einen einzigartigen Einblick in die Erfahrungen der Patienten haben und mit dem sozialen und familiären Umfeld der Menschen vertraut sind. Dies ermöglicht es den Pflegekräften, eine umfassende Bewertung vorzunehmen und mit den Menschen gezielte Maßnahmen zu erörtern, die sich direkt auf die individuellen Umstände anwenden lassen, einschließlich der informellen Pflegekräfte. Die Ermittlung und Unterstützung der Bedürfnisse von Patienten und pflegenden Angehörigen, die Identifizierung von Risikofaktoren und potenziellen Krankenhausaufenthalten sowie die Zusammenarbeit in multidisziplinären Teams erfordern einen hohen Koordinationsaufwand, der durch elektronische Gesundheitsdienste und operative Kommunikationsmittel unterstützt werden sollte. Folglich sind Investitionen in die Aus- und Weiterbildung von Krankenschwestern und Krankenpflegern, insbesondere von Advanced Nurse Practitioners, zur Vorbereitung auf die Übernahme einer größeren Rolle im Management und in der Pflege von Menschen mit Demenz, einschließlich Beurteilung und Pflegeplanung, Frühdiagnose, Pflegekoordination und evidenzbasierter Entscheidungsfindung, unumgänglich.

Die Krankenschwestern und -pfleger können auf der Grundlage einer ganzheitlichen Beurteilung Beiträge für das breitere Gesundheitsteam leisten, den täglichen Pflegeplan überwachen, sicherstellen, dass bei Bedarf rechtzeitig an spezielle Dienste verwiesen wird, und dann den Entlassungsprozess mit den kommunalen Diensten koordinieren. Dieser Prozess spiegelt einen bio-psycho-sozialen Ansatz für das Pflegemanagement wider. Daher ist es wichtig, der Kontinuität und der integrierten Versorgung Vorrang einzuräumen, um die Versorgung von Menschen mit Demenz in allen Bereichen des Gesundheits- und Sozialfürsorge zu koordinieren. eHealth-Lösungen sollten so in die tägliche Praxis und das Leben der Menschen integriert werden, dass sie eine eigenständige Überwachung und ein eigenständiges Versorgungsmanagement fördern und somit die Eigenverantwortung und die Kontrolle des Einzelnen stärken. Die Kontinuität der Pflege zwischen dem Gesundheits- und dem Sozialbereich muss verbessert werden, um von einem Flickenteppich zu einem Systemansatz zu gelangen, den die Angehörigen der Gesundheitsberufe seit Jahrzehnten verfolgen, insbesondere im Bereich der Patientensicherheit.

Es gibt also Raum für Arbeiten zum Verständnis der Determinanten, Risikofaktoren und Krankheitsverläufe von Krankheiten wie Demenz sowie für den Vergleich der Wirksamkeit bewährter Verfahren und Gesundheitsmaßnahmen für die ältere Bevölkerung, die Entwicklung von Leitlinien für die Demenzversorgung und die Erforschung von eHealth-Ansätzen für das Selbstmanagement. Noch wichtiger ist jedoch die Frage, wie wir Demenz systematisch in unsere Gesellschaft integrieren können. Demenz sollte nicht als Krankheit betrachtet werden (wie es derzeit der Fall ist und von der Industrie und sogar von Patientenorganisationen propagiert wird), sondern vielmehr als ein Zustand, mit dem wir in einer immer komplexeren Gesellschaft leben. Darüber hinaus sollte weiter erforscht werden, wie die Entwicklung und Nutzung von Big Data zur Entmedikalisierung der Demenz und ihrer Erforschung beitragen kann. Die Pflegeforschung ist in einer idealen Position, um der EU dabei zu helfen, auf die Herausforderung der Demenz zu reagieren und sie von der Ebene der täglichen Praxis aus zu bewältigen, wo Menschen mit Demenz mit den Schwierigkeiten des täglichen Lebens konfrontiert sind. Pflegende sind am besten in der Lage, dafür zu sorgen, dass sich Praxis, Wissen, Forschung und Innovation als Reaktion auf und in Verbindung mit den Bedürfnissen der Menschen entwickeln und dass dies in die tägliche Praxis des Ökosystems übertragen und umgesetzt wird, um die Pflege- und Lebensqualität für Menschen mit Demenz sowie für ihre Familien und Pflegekräfte zu verbessern.

Im Jahr 2015 wurde aus zivilgesellschaftlicher Sicht im Vorfeld der G7 eine gemeinsame Erklärung erarbeitet. Leider war die Kommission, die GD Sante, nicht bereit, die Regierungen, den Rat, davon zu überzeugen, sie als Referenz in den Schlussfolgerungen des Rates und sogar in politischen Prozessen der G7 oder G20 zu verwenden. Die Angehörigen der Gesundheitsberufe und viele andere Beteiligte des Europäischen Forums für Gesundheitspolitik haben sich engagiert und anerkannt, dass in den Bereichen Diagnose und Behandlung bereits viel getan wurde, möchten aber auch einige spezielle Themen ansprechen, die bisher unberücksichtigt geblieben sind und für die gemeinsame Bewältigung der Demenzproblematik von entscheidender Bedeutung wären. Daher ist eine Koordinierung auf europäischer Ebene von entscheidender Bedeutung, wenn die EU diese Herausforderung gemeinsam angehen will. Auch hier sind die wichtigsten Interessengruppen der Ansicht, dass die Regierungen weiterhin Strategien entwickeln müssen, die Demenz ganzheitlich angehen und sich auf Prävention und Risikominderung, einschließlich Entstigmatisierung, sowie auf die Bereitstellung einer hochwertigen Pflege für Menschen mit Demenz und ihre Familien konzentrieren. Jede Demenzstrategie, die auf nationaler und europäischer Ebene entwickelt wird, sollte Prävention, Qualität und Sicherheit beinhalten und zu einer Entstigmatisierung von Demenz führen. Der Ausschluss von Akteuren des Gesundheits- und Sozialwesens aus der Gemeinsamen Maßnahme bedeutet daher, dass die Regierungen realitätsfremd sind und Lösungen auf der Grundlage von Schreibtischstudien suchen und durchsetzen, anstatt die bereits unternommenen Anstrengungen in den Bereichen Prävention, klinische Praxis und integrierte Pflege anzuerkennen.

Während die altersbedingten und genetischen Faktoren für Demenz nicht verhindert werden können, lassen sich andere Risikofaktoren für die Gesundheit des Gehirns durchaus beeinflussen. So gibt es zahlreiche Hinweise darauf, dass das Risiko, an Demenz zu erkranken, durch einen gesünderen Lebensstil, einschließlich einer besseren Kontrolle und Erkennung von Bluthochdruck, Diabetes und anderen kardiovaskulären Risikofaktoren, verringert werden kann. Eine bereichsübergreifende Intervention mit verstärkten Maßnahmen zur Gesundheitsförderung und Krankheitsprävention wird zum Schlüssel, um die Belastung durch Demenz für den Einzelnen und die Gesundheitssysteme insgesamt zu verringern. Die Ermittlung der Bedürfnisse der Bürger und der pflegenden Angehörigen sowie der Risikofaktoren für unerwünschte Ereignisse muss die Grundlage für Pflegestrategien bilden, die die Ergebnisse für die einzelnen Patienten optimieren. Angemessene und rechtzeitige Unterstützung kann ihnen helfen, in Würde und Unabhängigkeit in einer Umgebung ihrer Wahl zu leben.

Konkrete Maßnahmen sollten sich daher darauf konzentrieren, die Rechte und die Würde von Menschen mit Demenz zu fördern, die Rolle und die Herausforderungen der informellen Pflege und den enormen Druck, der auf den Pflegekräften lastet, zu erforschen und zu unterstützen, die Öffentlichkeit zu sensibilisieren, um sicherzustellen, dass die soziale Integration von Menschen mit Demenz Teil des gesellschaftlichen Selbstverständnisses ist, und, falls erforderlich, einen Überblick über den Pflegeplan und die Behandlungsoptionen für Menschen mit Demenz zu ermöglichen und sie bei Bedarf durch das System zu führen. Diese Maßnahmen setzen voraus, dass das gesamte Team der Gesundheits- und Sozialfürsorge eine ganzheitliche Bewertung vornimmt, die einen bio-psycho-sozialen und patientenzentrierten Ansatz für das Pflegemanagement widerspiegelt. Dies ist wichtig, da Menschen, die an Demenz leiden, aufgrund der Art der Erkrankung das gesamte Spektrum der Gesundheitsversorgung in Anspruch nehmen können und weil die Demenzerkrankung in der Regel mit mehreren anderen Komorbiditäten einhergeht.

Für das ungeübte Auge können die Symptome einer Demenzerkrankung die Symptome anderer Gesundheitszustände überdecken, was die Qualität und Sicherheit der Pflege beeinträchtigen kann, die die Menschen erhalten. Daher ist es von entscheidender Bedeutung, dass die Kontinuität der Pflege und die interprofessionelle Zusammenarbeit für Menschen mit Demenz gewährleistet ist und dass die Bereitstellung verschiedener Gesundheits- und Sozialdienste durch einen integrierten Pflegeansatz erreicht wird. Unterstützende Technologien können es den Menschen ermöglichen, länger unabhängig zu leben, den Stress für Demenzkranke und Pflegekräfte zu verringern, ihre Lebensqualität zu verbessern und ihnen mehr Wahlmöglichkeiten bei der Pflege zu geben. Die Telebetreuung ist sowohl für die Bürger als auch für ihre Betreuer von Vorteil, da sie zu mehr Selbständigkeit und Sicherheit beiträgt. Daher muss in die Entwicklung solcher Technologien investiert werden, die gleichzeitig dazu beitragen könnten, die bereits überlasteten Gesundheitssysteme zu entlasten, indem sie die Ungleichheit bei der Bereitstellung von Dienstleistungen und den Mangel an angemessener Überwachung bekämpfen, der zu schlechten Pflegestandards führen könnte. Bei einigen eHealth-Lösungen handelt es sich beispielsweise um am Körper zu tragende, tragbare oder implantierbare Geräte, die mit entsprechenden Plattformen und Diensten verbunden sind und die Interaktion zwischen Menschen mit Demenz, ihren Familien und Fachkräften des Gesundheits- und Sozialwesens fördern. Langfristig werden unterstützende Technologien dazu beitragen, unnötige Einweisungen und Rückübernahmen in Krankenhäuser und Pflegeheime zu reduzieren und damit die Kosten für die europäischen Gesundheitssysteme zu senken.

Die Maßnahmen sollten daher die Qualität der Demenzpflege verbessern, indem sichergestellt wird, dass die Betroffenen so lange wie möglich zu Hause leben können, unterstützt durch angemessene professionelle und informelle Pflege. Eine Gemeinschaft, in der Menschen mit Demenz Gehör finden, sollte gefördert werden, da es sehr wichtig ist, das Tabu zu brechen, das die Krankheit immer noch umgibt, eine soziale Agenda zu erstellen, um sicherzustellen, dass Menschen mit Demenz in der Lage sind, an der Gesellschaft teilzuhaben, und Menschen mit Demenz und ihre Familien in die Lage zu versetzen, die Kontrolle über ihren eigenen Pflegepfad zu übernehmen. Horizont 2020 sollte einzigartige Möglichkeiten bieten, um von der Erkenntnis zur Umsetzung und zu konkreten Maßnahmen zu gelangen. Andernfalls wird Horizont 2020 nie in der Lage sein, die EU-Bürger zu berühren und einzubeziehen.

Es liegt auf der Hand, dass Demenz eine der größten Herausforderungen für die EU ist, und allem Anschein nach wird die EU auch in den kommenden Jahren vor dieser Herausforderung stehen. Daher sind rasche und entschlossene Maßnahmen erforderlich, um diese Herausforderung einzudämmen, bevor sie weiter eskaliert und außer Kontrolle gerät. Die Organisationen der Zivilgesellschaft sind am besten in der Lage, dafür zu sorgen, dass sich Praxis, Wissen und Forschung in Reaktion auf und in Verbindung mit den Bedürfnissen der Menschen entwickeln und dass dies in die täglichen Dienstleistungsangebote und öffentlichen Beschaffungssysteme einfließt und umgesetzt wird, um die Pflege- und Lebensqualität für Menschen mit Demenz, ihre Familien und Betreuer innerhalb eines nachhaltigen Ökosystems zu verbessern, das nicht von der Industrie diktiert wird. Daher sollten die Kommission und die Mitgliedstaaten alle relevanten Akteure anerkennen und in die Entwicklung und Umsetzung von Demenzstrategien und -politiken auf EU- und lokaler Ebene einbeziehen; dabei sollten sie das kollektive Wissen und die Erfahrung der Berufsgruppen von der rechtzeitigen besseren Diagnose bis zur Pflege von Menschen mit Demenz, ihren Angehörigen und Betreuern optimal nutzen. Eine ausreichende, qualitativ hochwertige, kundenorientierte, erschwingliche und integrierte Pflege zu Hause oder in der Gemeinde, ohne Wartelisten, sollte eine Priorität sein, um die EU zu einem besseren Ort zum Leben und Altern zu machen.

3.5. Verlagerung der Pflege zurück in die Gemeinschaft

Die Fortschritte in der Gesundheitstechnologie haben es der Bevölkerung ermöglicht, länger zu leben, doch leben immer mehr Menschen mit Komorbiditäten und nicht übertragbaren Krankheiten und benötigen komplexe Pflegemaßnahmen. Auf europäischer Ebene legen die Politiker das Augenmerk auf Maßnahmen zur Gesundheitsförderung und Krankheitsprävention, die es den Bürgern ermöglichen, länger, unabhängiger und gesünder zu leben. Eine bürgernahe Versorgung, die Vorbeugung von Krankheiten und die Unterstützung der Bürger bei ihrem Selbstmanagement werden zur Nachhaltigkeit der Gesundheitsökosysteme beitragen. Wir wissen, dass Investitionen in gemeindenahe Dienste und das Pflegepersonal in der Gemeinde dazu beitragen werden, positive Gesundheitsergebnisse zu erzielen und die Qualität der Pflege zu verbessern.

Der Aufbau einer nachhaltigen Gesundheits- und Sozialfürsorge für künftige Generationen setzt voraus, dass die Pflege wieder in die Gemeinschaft verlagert wird, damit die Krankenhäuser eine komplexere, spezialisierte und notfallmäßige Pflege anbieten können. Eine erneute Konzentration auf die allgemeine Gesundheitsversorgung in der Gemeinde setzt voraus, dass an der Schnittstelle zwischen Gesundheits- und Sozialfürsorgediensten ein angemessenes Pflegepersonal zur Verfügung steht, das bei der Koordinierung der Patientenversorgung, einschließlich der Primärversorgung, eine wichtige Rolle spielt und eine gesündere Bevölkerung fördert, die in der Lage ist, ein unabhängiges Leben zu führen. Wenn es den EU-Mitgliedstaaten gelingen soll, die Versorgung aus den Krankenhäusern in die Gemeinden zu verlagern, ist dringend ein System- und Bewusstseinswandel auf der Ebene der Politik, der Praxis und der Ausbildung erforderlich. Integriertes Arbeiten von Akut-, Gemeinde-, Grundversorgungs- und Sozialdiensten ist von entscheidender Bedeutung, um die Fragmentierung innerhalb der Gesundheits- und Sozialfürsorgesysteme zu verringern und gute Ergebnisse für die Patienten zu erzielen. Die Rückverlagerung der Pflege in die Gemeinschaft fördert den Mehrwert der Gesundheit als Motor für Wohlbefinden, Produktivität und Wachstum, was vor allem im politischen Kontext der Förderung der Sozialwirtschaft von Bedeutung ist. In diesem politischen Kontext müssen die Krankenschwestern und Krankenpfleger an der Gestaltung der Europäischen Digitalen Agenda beteiligt werden, um die EU-Politik "praxisgerecht" zu gestalten.

Der Fahrplan für elektronische Gesundheitsdienste bezieht sich zwar auf elektronische Gesundheitsdienste für die Krankenpflege und die Sozialfürsorge, doch sollten die Maßnahmen zu praktischen Veränderungen im Gesundheits- und Sozialfürsorgesystem führen, indem Praktiken gesammelt und ausgetauscht werden, die sich als nachhaltig erwiesen haben. Daher wird die Stärkung des Gesundheits- und Sozialpflegesektors als Investition in Wohlbefinden, Produktivität und Wachstum zu einer Gelegenheit, von Krankenpflegern geleitete Innovationen zu integrieren und auszubauen. Meistens wurden diese Innovationen als Überlebensstrategie entwickelt, als Politiker 2008 begannen, Stellen und Gehälter in der Pflege drastisch zu kürzen. Die Gesundheitsminister, zumeist Ärzte, haben schnell in der Pflege gespart, um den BIP-Prozentwert von der Dichtung fernzuhalten. Leider suchen dieselben Minister nicht nach Möglichkeiten, das Personal an der Front zu unterstützen, indem sie EU-Mittel für Innovationen in der Pflege bereitstellen. Innovation wird immer noch als freiwillig und in geringem Umfang angesehen, obwohl bekannt ist, dass nur 3 % des Gesamtbudgets der Mittel für den sozialen Zusammenhalt in den Gesundheits- und Sozialpflegesektor fließen, der sichere und hochwertige Dienstleistungen für eine ganze Bevölkerung erbringt. Obwohl es viel einfacher ist, sich auf kleine und schutzbedürftige Gruppen zu konzentrieren, ist ein bevölkerungsbezogener Ansatz erforderlich, um die Denkweise der Bürger dem EU-Projekt näher zu bringen. Andernfalls werden die Bürger immer wieder fragen: "Was ist für mich drin?

In diesem politischen Kontext besteht die dringende Notwendigkeit, eine optimale Koordinierung und Integration innerhalb und zwischen Einrichtungen der primären und sekundären Gesundheitsversorgung sowie zwischen Gesundheits- und Sozialdiensten zu erleichtern, indem IKT-Lösungen eingesetzt werden, die "praxisgerecht" sind. IKT und mHealth müssen Krankenpfleger und Sozialarbeiter dabei unterstützen, die direkte Patienten-/Bürgerbetreuung zu verbessern, anstatt sich in endlosen Diskussionen über Interoperabilität, Semantik, Codes und Datenschutz zu verzetteln - den typischen Brüsseler Diskussionen, die Jahre oder sogar Jahrzehnte dauern können. Stattdessen sollten sich die politischen Ergebnisse darauf konzentrieren, dass alle Leistungserbringer in der Lage sind, das Pflegesystem aus der Perspektive der Patienten und Bürger zu sehen, wenn sie ihnen helfen sollen, ein zunehmend komplexes Gesundheits- und Sozialsystem zu verstehen und zu nutzen. Es ist dringend erforderlich, die Umsetzung von Reorganisationspfaden zu unterstützen, die sich als wirksam erwiesen haben, um die Zugänglichkeit zu Gesundheits- und Sozialfürsorgediensten zu verbessern, da die Erbringung einer kontinuierlichen Pflege wichtig für bessere Ergebnisse ist, wobei Krankenschwestern und -pfleger oft die Schnittstelle zwischen Akut- und Gemeindepflege sind, 24 Stunden am Tag, 7 Tage die Woche und 365 Tage im Jahr! Daher wird es für viele Gesundheits- und Bildungsminister eine Herausforderung sein, in die Ausbildung von Krankenschwestern und -pflegern für die allgemeine Pflege zu investieren, um sicherzustellen, dass sie in der Lage sind, eigenständig eine hochwertige und sichere Pflege zu erbringen (Artikel 31 der Richtlinie 2013/55/EU); vor allem, da einige immer noch der Meinung sind, Krankenschwestern und -pfleger seien "medizinische Assistenten" und die "Handlanger der Ärzte".

Das Geschlecht spielt bei der strategischen Entwicklung eines ausreichenden, effektiven, kompetenten und motivierten Pflegepersonals bei der Rückverlagerung der Pflege in die Gemeinschaft definitiv eine Rolle. Ein Wandel im Gesundheitssystem setzt voraus, dass fortschrittliche Rollen bei der Koordinierung und Integration von Pflege- und Sozialdiensten unter bestmöglicher Nutzung der verfügbaren Erkenntnisse entwickelt werden, um sichere, wirksame, effiziente, personalisierte und integrierte Dienstleistungen von hoher Qualität zum richtigen Zeitpunkt zu erbringen. Fortgeschrittene Rollen erzielen bessere Ergebnisse und ermöglichen systemweite und sektorspezifische Reformen, wobei der Schwerpunkt auf der Zugänglichkeit und der Koordinierung von Dienstleistungen und Versorgungspfaden liegt, um eine schnelle und wirksame Versorgung zu gewährleisten. Die Verlagerung von klinisch angemessenen Dienstleistungen aus den Krankenhäusern in die Gemeinden liegt in der Verantwortung vieler Beteiligter, nicht nur der Krankenschwestern. Dies ist wichtig, um die Kosteneffizienz, die Eigenverantwortung der Patienten und die Nachhaltigkeit der Gesundheits- und Sozialfürsorgedienste zu fördern, wobei die Übertragbarkeit von Wissen und die Anpassungsfähigkeit zu sichern, qualitativ hochwertigen und für alle Bürger zugänglichen Gesundheitssystemen in der EU mit hoch motivierten Pflegekräften führen können. Daher ist die Stärkung der interprofessionellen Arbeit von größter Bedeutung für ein erfolgreiches, sicheres und qualitativ hochwertiges Gesundheits- und Sozialfürsorgesystem, das die Kontinuität der Pflege gewährleistet. Wenn wir unsere Kräfte bündeln, um Veränderungen für den einzelnen Bürger zu erreichen, wird dies einen großen Beitrag zur Verwirklichung der zentralen Werte der EU leisten: Solidarität, Gerechtigkeit und Wohlstand.

Diese Werte sind mit der Innovationsunion verknüpft, die als eine der Leitinitiativen von Europa 2020 zu intelligentem Wachstum beiträgt und die Europäische Innovationspartnerschaft mit Schwerpunkt auf aktivem und gesundem Altern (AHAIP) ins Leben gerufen hat, um gesellschaftliche Herausforderungen durch Innovation zu bewältigen. Die Krankenschwestern beteiligten sich an der öffentlichen Konsultation der Europäischen Innovationspartnerschaft, und die Krankenschwestern wurden für die Lenkungsgruppe der Innovationspartnerschaft nominiert, die mit der Leitung der Säule "Pflege und Heilung" betraut ist. Ziel war es, die von Krankenschwestern geleiteten Initiativen zur Bekämpfung chronischer Krankheiten und zur integrierten Pflege, die als neue innovative Wege zur Erbringung von Pflegeleistungen identifiziert wurden, auszubauen. Mit dem Verschwinden der drei Kommissionsmitglieder für die Initiativen verschwanden jedoch auch die Krankenschwestern und Krankenpfleger, da die EIP zu einem riesigen Netzwerk regionaler Interessen wurde. Zu Beginn der Partnerschaft wurde die Arbeit der Gewinnerin der RCN-Frontline-First-Innovation 2011, Dr. Marina Lupari aus Nordirland, als gutes Beispiel dafür ausgewählt, wie Krankenschwestern innovative organisatorische Veränderungen für die Nachhaltigkeit von Gesundheitsökosystemen anführen können. Daher hat die Ermittlung und Umsetzung kosteneffizienter integrierter Pflegemodelle, für die sich vor allem Krankenschwestern einsetzen, oberste Priorität, insbesondere bei der Rückverlagerung der Pflege in die Gemeinschaft im Zeitalter der Bevölkerungsalterung und der Demenzpflege. Diese kosteneffizienten Modelle sollten zu besseren Gesundheitsergebnissen führen.

3.6. Wertebasiertes Gesundheits- und soziales Ökosystem

Die Idee der wertorientierten Gesundheitssysteme ist zu einem politischen Thema geworden, das von der Forschungsgemeinschaft und der Industrie vorangetrieben wird und den Schwerpunkt vom Prozess auf die Ergebnisse verlagert, wie die beteiligten Politiker meinen. Im Rahmen dieser politischen Diskussionen ist es wichtig, dass die Pflegekräfte formulieren, wie sie ein wertorientiertes System definieren, im Gegensatz zu einem System der Leistungsmessung, das zu Kürzungen und dazu führt, mit weniger mehr zu erreichen. Obwohl die Kommission und die Forscher einen sehr ökonomischen Ansatz in Bezug auf wertorientierte Gesundheitssysteme verfolgen, ist es wichtig, ethische und qualitative Indikatoren aus der Perspektive der Pflege zu entwickeln und sich nicht nur auf "Kosten" und "Ergebnisse" zu konzentrieren. In diesem Zusammenhang sollte das qualitätsbereinigte Lebensjahr (QALY) Teil der Wertschöpfungskette werden.

Es besteht ein Bedarf an einer stärkeren Konzentration auf Ergebnisse in den Bereichen Gesundheit und Wohlbefinden und an einer soliden Messung von Gesundheitsergebnissen (pflegesensitive Daten), um die Qualität der Patientenversorgung zu verbessern, Maßnahmen im Bereich der öffentlichen Gesundheit zu verstärken und einen Beitrag zu den umfassenden wirtschaftlichen Zielen (z. B. Auswirkungen von Demenzerkrankungen) und zum gesellschaftlichen Wohlbefinden zu leisten. Die Messung von Patientenergebnissen ist das, was Krankenschwestern und Krankenpfleger seit jeher in ihrer Praxis tun. Ohne die Messung der Ergebnisse können die Pflegekräfte ihre Behandlungspfade nicht bewerten und planen. Es ist jedoch notwendig, die Ergebnisse von einer Multi-Stakeholder-Plattform aus zu betrachten, um Veränderungen hin zu einer besseren, gerechten und effektiven Gesundheitsversorgung in der gesamten EU zu mobilisieren, indem man sich auf Ergebnisdaten konzentriert, ohne die Auswirkungen von Prozessindikatoren zu ignorieren. Obwohl es eine politische Tendenz gibt, die Prozesse zu vergessen, ist es wichtig, das Donabedsche Modell nicht zu vergessen: Kontext, Prozess und Ergebnisse. Der Kontext kann in vielen EU-Mitgliedstaaten nicht ignoriert werden.

Die Untersuchung besserer Daten zu den Patientenergebnissen - was bei der Behandlung von Patienten von einer Klinik, einer Region und einem Mitgliedstaat zum anderen funktioniert und was nicht - und die

Einbeziehung von Mitarbeitern an vorderster Front in diese Diskussion kann die direkte Patientenversorgung durch den Einsatz von Technologien zur Verringerung der Arbeitsbelastung verbessern und so die Diskussion vom Reden zum Handeln, von der Debatte zur Entscheidung bringen. Das Pflegepersonal muss sich jedoch die Frage stellen: Was ist für mich drin? Deshalb ist es wichtig, den Pflegekräften die enorme Arbeit der Datenerfassung abzunehmen, die Großrechner füllt, ohne dass dies Auswirkungen auf den Berufsstand hat, ohne dass dies zu einer Lenkung der klinischen Praxis führt oder Innovationen belohnt werden. Es ist wichtig, sich darauf zu einigen, welche Ergebnisdaten wir messen sollten, wie wir sie erheben sollten und zu welchem Zweck. Natürlich müssen wir überlegen, ob wir die richtigen Dinge messen und ob wir über die Systeme zur Datenerhebung verfügen, bevor wir die Mitarbeiter an der Front um ihre Mitarbeit bitten. Noch wichtiger ist die Analyse dieser Daten, denn Statistiken können als Beweismittel für Benchmarking, Tadel und Beschämung verwendet oder missbraucht werden. Datenanalysen, die zu disruptiven Modellen führen, sollten im Ökosystem des Gesundheits- und Sozialwesens keinen Platz haben. Der Hauptgrund ist: Wir haben es mit Menschen, komplexen Komorbiditäten und menschlichem Leben zu tun.

Die aktuellen politischen und akademischen Diskussionen über wertorientierte Gesundheitssysteme bleiben im Rahmen des Krankheitsansatzes, also medizinisch und diagnostisch orientiert. Dies ist zu erwarten, da die Industrie hinter diesen Diskussionen steht und eine Gelegenheit sieht, ihre Rendite zu steigern. Impfstoffe, Anästhesie, Penicillin, Bypass-Operationen, die Entschlüsselung des menschlichen Genoms - all dies sind lebensrettende medizinische Durchbrüche, aber der Durchbruch der wertorientierten Versorgung, deren Ziel es ist, die Gesundheitskosten zu senken und die Qualität und die Ergebnisse zu verbessern, ist weniger offensichtlich; dies liegt daran, dass ein Teil der wertorientierten Gleichung darin besteht, dass die traditionelle Krankenhausversorgung für bessere Ergebnisse weniger bezahlt wird. In der EU basiert das Finanzmodell für die Bezahlung von Krankenhäusern hauptsächlich auf dem DRG-System (Diagnoses Related Groups), bei dem Komplikationen und Verweildauer berechnet werden, während Pflegeindikatoren, die sich auf die Ergebnisse beziehen, nicht Teil der Gleichung sind.

Die Abkehr von einem Vergütungsmodell, das Verfahren belohnt, hin zu einem Modell, das qualitativ hochwertige Ergebnisse und Wohlbefinden belohnt, wird sich auf die Nachhaltigkeit unseres künftigen Gesundheits- und Sozialfürsorgesystems auswirken. In der Gesundheitsversorgung wird es nicht mehr darum gehen, wie viele Patienten man sehen kann, wie viele Tests und Verfahren man anordnen kann oder wie viel man für diese Tätigkeiten in Rechnung stellen kann; stattdessen muss die Erstattung auf den erzielten Ergebnissen in der Gesundheits- und Sozialfürsorge basieren, so dass der Schwerpunkt auf "keine Schmerzen", "Lebensqualität", "Integration in die Gemeinschaft", "keine Infektion bei der Entlassung", um nur einige zu nennen.

Trotz zahlreicher politischer und universitärer Debatten und sogar einiger Pilotprojekte ist das Gesundheits- und Sozialfürsorgesystem der EU weitgehend unverändert geblieben, und es hat kein überzeugender wissenschaftlicher und politischer Ansatz stattgefunden, um die nicht nachhaltige Entwicklung des Systems im Dialog mit den Berufsgruppen zu ändern. Es wurden keine Maßnahmen erörtert, um die steigenden Kosten einer alternden Bevölkerung auszugleichen. Bislang wurde Effizienz im Gesundheitswesen vor allem unter dem Gesichtspunkt der Kostenreduzierung gesehen. In jüngerer Zeit haben die politischen Entscheidungsträger im Gesundheitswesen den Begriff "Wert" im Sinne der Bereitschaft der Gesundheitssysteme oder einzelner Leistungserbringer interpretiert, bewährte Verfahren anzuwenden. Zunehmend setzen sich die Praktiker jedoch für ein ganzheitlicheres, patientenzentriertes Verständnis von Wert ein, mit anderen Worten für eine "wertorientierte Gesundheitsversorgung".

In einer kürzlich erschienenen Studie des Economist wurde die "wertorientierte Gesundheitsversorgung" aus einer globalen Perspektive analysiert. Die in dieser Studie verwendete Definition lautet: "*Schaffung und Betrieb eines Gesundheitssystems, das den für den Patienten wichtigen Gesundheitsergebnissen ausdrücklich Vorrang einräumt*". In einem gut funktionierenden Gesundheitssystem sollte die Schaffung von Werten für die Patienten das Hauptziel aller beteiligten Akteure sein. Da der Wert von Ergebnissen und nicht von Inputs abhängt, wird der Wert im Gesundheitswesen an den erzielten Ergebnissen und nicht am Umfang der erbrachten Leistungen gemessen. Daher ist die Verlagerung des Schwerpunkts vom Volumen auf den Wert die größte Herausforderung, da die Finanzierungssysteme hauptsächlich an die Produktion und das Volumen gebunden sind und nicht über Nacht geändert werden können. Die Gestaltung eines erfolgreichen und nachhaltigen Gesundheits- und Sozialfürsorge-Ökosystems sollte das Preis-Leistungs-Verhältnis und die Ergebnisse optimieren, die Verantwortlichkeit und Haftung aufteilen und die unvermeidlichen Risiken mit den Belohnungen in Einklang bringen. Krankenschwestern und -

pfleger spielen bei dieser Gestaltung eine Schlüsselrolle.

Die wertorientierte Gesundheits- und Sozialfürsorge ist ein großartiges Konzept, aber um auf der Ebene des Ökosystems Wirkung zu erzielen, muss es auf die wichtigsten Entscheidungsprozesse angewandt werden, die die Leistungserbringung ausmachen. Mehrere Krankenhäuser und sogar Gesundheitssysteme haben damit begonnen, Ergebnisse und längerfristige Kostenauswirkungen in ihre Beschaffungsüberlegungen einzubeziehen. Obwohl es solche Beispiele gibt, sind sie nicht weit verbreitet und noch nicht zur gängigen Praxis geworden. Die Pflegeberufe sollten sich unverzüglich an der Gestaltung dieser öffentlichen Beschaffungskonzepte beteiligen und sich verpflichten, diese bewährten Verfahren zu unterstützen.

Auch wenn die Europäische Kommission und die Forscher in der Regel einen sehr ökonomischen Ansatz in Bezug auf wertorientierte Ökosysteme verfolgen, ist es wichtig, dass die Messung von "Ergebnissen" aus einer pflegerischen Perspektive heraus konzipiert wird. Eine solche Perspektive schließt pflegesensitive Daten ein, um die Lebensqualität der Patienten zu verbessern, Interventionen im Bereich der öffentlichen Gesundheit zu verstärken und zu umfassenderen wirtschaftlichen Zielen und gesellschaftlichem Wohlergehen beizutragen. Die Ökosysteme der Gesundheits- und Sozialfürsorge in der EU brauchen effizientere Ausgaben, einen Abbau unnötiger Bürokratie und eine Orientierung an Ergebnissen, die Qualität und Sicherheit gewährleisten. Dies wird zu einem wertorientierten Gesundheits- und Sozialfürsorgesystem führen, in dem Daten, Statistiken und technologische Entwicklungen die Arbeit der Mitarbeiter an vorderster Front unterstützen, anstatt sie zu belasten. Daher ist es besorgniserregend, dass die Industrie Studien fördert und sponsert, die die Entwicklung und den Einsatz eines wertorientierten Ökosystems gefährden könnten, indem sie die öffentliche Auftragsvergabe so beeinflusst, dass ihre Produkte gefördert werden, insbesondere die Förderung diagnostischer Screening-Systeme. Um der Einführung eine echte Chance zu geben, die auf evidenzbasierten Verfahren beruht, wobei der Prävention eine Schlüsselrolle im Ökosystem zukommt, ist es wichtig, dass wir von einem medizinisch/krankheitsbezogenen Ansatz (DRGs) abrücken und zu einem System übergehen, das auf den Bedürfnissen der Patienten, der Sicherheit und der Qualität, einschließlich der Lebensqualität, basiert.

In der klinischen Praxis schließlich ist das Pflegepersonal nach wie vor weitgehend für die Erhebung von Gesundheitsdaten zuständig. Bei allen Entwicklungen muss jedoch darauf geachtet werden, dass das Pflegepersonal bei der Erhebung solcher Daten nicht unnötig stark belastet wird (Doppelarbeit) und dass die Pflege (im Gegensatz zur Datenerhebung) stets oberste Priorität bleibt. Die Entwicklung elektronischer Hilfsmittel, die das Pflegepersonal bei seiner täglichen Arbeit unterstützen und eine einfache und schnelle Erfassung relevanter Daten ermöglichen, ist der Schlüssel zur Nachhaltigkeit des Systems. Die Datenerfassung am Krankenbett sollte die direkte Patientenversorgung erleichtern, unnötige Bürokratie abbauen und das Personal bei der Erbringung der Pflege unterstützen. Wenn diese Voraussetzungen erfüllt sind, wird die Umsetzung einer "wertorientierten Gesundheitsversorgung" nicht zu einem langwierigen und beschwerlichen Prozess werden, da die 3 Millionen Krankenschwestern und Krankenpfleger in der EU die europäischen Institutionen und politischen Entscheidungsträger dabei unterstützen können, bei der Gestaltung von Politik und Gesetzgebung "wertorientierte Ökosysteme" zu berücksichtigen.

Kapitel 4
4. Die EU - Was ist für mich drin?

In diesem Kapitel wird erörtert, warum Bürger zum Populismus übergehen können, wenn sie nicht das Gefühl haben, dass die EU sie als Individuum unterstützt. Natürlich werden 75 % der EU-Gesetzgebung in nationales Recht umgesetzt, aber der Wert der EU wird nicht ausreichend kommuniziert. Die EU-Institutionen haben einen sehr schlechten Ruf, da ihre Führer oft einen schlechten Ruf haben. Daher ist es sehr wichtig, sich auf die Frage zu konzentrieren, was für mich dabei herausspringt".

Zunächst einmal ist die Arbeitslosigkeit für junge Menschen ein zentrales Thema, auf das man sich konzentrieren sollte. Wenn zum Beispiel portugiesische Krankenschwestern arbeitslos sind, kann die EU sie dabei unterstützen, einen Job in einem anderen Land zu finden, der es ihnen ermöglicht, später mit verbesserten Fähigkeiten und Kenntnissen in der Krankenpflege nach Portugal zurückzukehren. Natürlich müssen wir anerkennen, dass einige Krankenschwestern in der EU mehrere Jobs brauchen, um zu überleben. Es gibt immer noch Gehälter von 350 Euro netto im Monat und die Lebenshaltungskosten sind hoch. Wie schaffen das diese Krankenschwestern? Und was ist mit meinem Privatleben, wenn ich das Geld brauche? In der Politik wird leider oft mehr geredet als gehandelt, aber die Krankenschwestern müssen verstehen, dass mit politischer Bindung eher gehandelt werden kann. Deshalb müssen Krankenschwestern und Krankenpfleger mit Politikern und politischen Entscheidungsträgern in Kontakt treten. Es sollte zu unseren Aufgaben gehören, Kontakt zu den lokalen Abgeordneten des Europäischen Parlaments aufzunehmen, denn Krankenschwestern wählen sie! Diese Aktionen werden von Werten und Grundsätzen getragen; Krankenschwestern und Krankenpfleger sind in dieser Hinsicht solide und streng, sonst ist es unmöglich, Krankenschwester zu sein. Solidarität war schon immer und wird auch in Zukunft der wichtigste Wert sein, auf dem Systeme aufgebaut werden können.

Obwohl Bürgerumfragen zeigen, dass sie Krankenschwestern und Krankenpfleger respektieren und Krankenschwestern und Krankenpfleger der Beruf sind, dem sie das meiste Vertrauen entgegenbringen (Eurobarometer), mangelt es den Krankenschwestern und Krankenpflegern an Respekt in ihrem lokalen Arbeitsumfeld. Daher war 2008 ein hartes Jahr für Krankenschwestern und Krankenpfleger, als die Regierungen die Krankenpflege als leichte Beute ansahen und die Gelegenheit nutzten, Stellen und Gehälter zu kürzen; infolgedessen waren die Krankenpflege und damit Frauen unverhältnismäßig stark betroffen. Die Sparmaßnahmen sind keine Chance, sondern eine von den Banken und ihren Geldspekulationen verursachte Katastrophe. Die Krankenpflege hat damit nichts zu tun, sondern wird zum Opfer. Für Krankenschwestern und Krankenpfleger bleibt der Zugang zu Gesundheits- und Sozialeinrichtungen für die gesamte Bevölkerung immer eine wichtige Priorität.

4.1. Ich möchte umziehen, ohne mich mit endloser Bürokratie herumschlagen zu müssen

Die IMI-Systeme und die Professional Card helfen mir, auf der Grundlage meiner Qualifikationen mobil zu sein
!

Im Folgenden finden Sie einige Beispiele für individuelle Anfragen und Antworten, die über das EFN-Büro eingegangen sind. Diese repräsentieren verschiedene Fälle, die Aspekte der beruflichen Mobilität sowie die Attraktivität und die Vorteile der EU für Krankenschwestern und Krankenpfleger aufzeigen. Alle Beispiele sind anonymisiert und alle identifizierbaren Informationen wurden entfernt:

Beispiel 1- Von: BT - Gesendet: 16/12/2016 6:32
Thema: Ich möchte nach Frankreich umziehen
"Ich bin eine belgische Krankenschwester mit Bachelor-Abschluss und würde gerne nach Frankreich ziehen. Ist mein Abschluss gleichwertig mit dem einer französischen Krankenschwester und kann ich in Frankreich praktizieren? Gibt es einen Unterschied zwischen ihrem Abschluss als Krankenschwester und meinem? Wissen Sie, was ich tun muss, damit ich in Frankreich praktizieren kann? Mit freundlichen Grüßen und ein schönes Wochenende, BT"
Antwort gesendet:
"Lieber BT, vielen Dank für Ihre Nachricht. Normalerweise sollte Ihr Abschluss in Frankreich automatisch anerkannt werden, wenn Sie einen belgischen Abschluss in allgemeiner Krankenpflege haben. Damit dies der Fall ist, müssen Sie auch eine EU-Staatsangehörigkeit besitzen. Die Rechtsgrundlage dafür ist die Richtlinie 2005/36/EG über die gegenseitige Anerkennung von Berufsqualifikationen; weitere Informationen finden Sie hier. Bitte beachten Sie, dass die Anerkennungsbescheinigung seit Januar 2016 über ein vollelektronisches Verfahren ausgestellt werden kann. Weitere Informationen finden Sie hier, oder beantragen Sie die Anerkennung direkt, indem Sie hier die erforderlichen Schritte ausführen. Zögern Sie nicht, uns zu kontaktieren, wenn Sie weitere Hilfe benötigen. Mit freundlichen Grüßen, PDR"

Beispiel 2- Von: SB
"Guten Tag, mein Name ist SB, ich bin ein RGN (Registered General Nurse) im Vereinigten Königreich, ich habe mein Studium in Rumänien beendet und meine PIN-Nummer im Mai dieses Jahres erhalten. Im Moment arbeite ich in einem Pflegeheim, und ich habe zuvor ein Jahr lang in demselben Pflegeheim als Senior Care Assistant gearbeitet. Könnte ich bitte mehr Informationen darüber bekommen, wie ich mich als Krankenschwester in Belgien bewerben kann, da mein Mann dort arbeitet und ich ebenfalls wechseln möchte. Werden meine PIN-Nummer und mein Studium in Belgien anerkannt? Ich bitte Sie, mir weitere Informationen zukommen zu lassen. Ich warte auf Ihre E-Mail. Ich danke Ihnen! Mit freundlichen Grüßen! SB"
Antwort gesendet:
"Liebe SB, wenn Sie Ihr Studium in Rumänien abgeschlossen haben und eine EU-Staatsangehörigkeit besitzen, sollten Sie normalerweise Anspruch auf eine automatische Anerkennung Ihrer Qualifikationen haben. Als Krankenschwester können Sie die Anerkennung Ihrer Qualifikationen über ein vollständig elektronisches Verfahren, den Europäischen Berufsausweis (EPC), beantragen. Weitere Informationen über die Anerkennung von Qualifikationen in Belgien erhalten Sie beim FNIB oder beim FÖD Wirtschaft, KMU, Selbständige und Energie, Direction Générale Politique des PME - Service Professions intellectuelles et Législation, North Gate - 4th floor, Bd du Roi Albert II, 16, 1000 Brüssel, BELGIEN, Tel: +32 2 277 93 91, Email: BE_ASSIST@economie.fgov.be. Ich hoffe, dies hilft Ihnen bei Ihren Fragen. Wenn Sie weitere Informationen benötigen, können Sie sich gerne an uns wenden. Mit freundlichen Grüßen, PDR"

Beispiel 3- Von: JR -
"Hallo, mein Name ist J. Ich bin mir nicht sicher, ob dies die richtige Kontaktadresse ist, aber ich bin an Informationen über die internationale Arbeit als Krankenschwester interessiert. Ich bin Kanadierin und auch Französin (Frankreich) und hoffe, dass ich meinen Abschluss in Krankenpflege in Kanada machen kann. In Zukunft möchte ich die Möglichkeit haben, in Frankreich oder besser in Europa zu arbeiten. Ist dies mit einem kanadischen Abschluss möglich? Ich danke Ihnen für Ihre Hilfe! Mit

freundlichen Grüßen, JR"

Antwort gesendet:

"Lieber J., Abschlüsse aus Nicht-EU-Ländern werden in Europa nach einem unterschiedlichen Verfahren in jedem EU-Mitgliedstaat anerkannt. Das bedeutet, dass Sie, selbst wenn Ihr Abschluss in einem Land anerkannt wird, das gesamte Verfahren erneut durchlaufen müssen, wenn Sie in einen anderen Mitgliedstaat ziehen. Wie Sie sich vorstellen können, ist das Verfahren von Land zu Land unterschiedlich, so dass Sie sich an jeden Mitgliedstaat separat wenden müssen, um weitere Informationen zu erhalten. Meines Wissens gibt es ein Abkommen zwischen der französischen und der québecischen Regierung über die Anerkennung von Berufsabschlüssen. Leider ist dies kein Bereich, der in den Zuständigkeitsbereich unserer Organisation fällt. Wir empfehlen Ihnen, sich für weitere Informationen an das französische Informationszentrum für die akademische und berufliche Anerkennung von Qualifikationen (ENIC-NARIC) oder an den Ordre National des Infirmiers (ONI) zu wenden. Viel Glück und wenden Sie sich an uns, wenn Sie weitere Unterstützung benötigen! Mit freundlichen Grüßen, PDR"

Beispiel 4- Von: AK

"Sehr geehrte Damen und Herren, ich ziehe derzeit mit meinem Mann und meinen Kindern nach Frankreich und bin hier im Vereinigten Königreich als Krankenschwester registriert, wie kann ich in Frankreich arbeiten? Ich danke Ihnen vielmals für Ihre Zeit und Geduld. Mit freundlichen Grüßen, A"

Antwort gesendet:

"Sehr geehrte Frau K., vielen Dank für Ihre E-Mail. Die gegenseitige Anerkennung von Berufsqualifikationen ist in der Richtlinie 2005/36/EG geregelt. Nach dieser Richtlinie werden die Qualifikationen von Krankenschwestern und Krankenpflegern automatisch anerkannt, was die Mobilität innerhalb der EU erleichtert und weniger bürokratisch macht. Die Voraussetzungen dafür sind unter anderem eine EU-Staatsangehörigkeit und EU-Qualifikationen. Wenn Sie diese Kriterien erfüllen, sollten Ihre Qualifikationen in Frankreich normalerweise problemlos anerkannt werden. Seit Januar können Krankenschwestern und Krankenpfleger auch den Europäischen Berufsausweis in Anspruch nehmen, ein elektronisches Verfahren, mit dem Sie Ihre Qualifikationen anerkennen lassen können, ohne in Frankreich anwesend sein zu müssen (so dass Sie bei Ihrer Ankunft alles bereit haben). Um dieses Verfahren in Anspruch nehmen zu können, müssen Sie ein ECAS-Konto einrichten (bitte benutzen Sie den Link) und dann Ihren Antrag stellen (benutzen Sie den zweiten Link). Sollten Sie weitere Informationen benötigen, zögern Sie bitte nicht, uns zu kontaktieren. Mit freundlichen Grüßen, PDR"

Beispiel 5- Von: JL

"Hallo, ich bin daran interessiert, in Europa zu arbeiten, wenn ich meinen Abschluss als Krankenschwester (BScN) gemacht habe, und ich frage mich, ob ein kanadischer Abschluss dort anerkannt wird und was ich tun muss, um in Europa zu arbeiten, wenn ich dort bin. In welchen Ländern würde mein Abschluss anerkannt werden? In welchen nicht? Ich weiß, dass es überall anders sein kann, aber wenn Sie mir eine Vorstellung davon geben könnten, wo ich möglicherweise arbeiten kann und wie das Verfahren aussieht, wäre das großartig! Vielen Dank im Voraus, JL"

Antwort gesendet:

"Lieber J., vielen Dank für Ihre E-Mail. Die gegenseitige Anerkennung von Berufsqualifikationen ist in der Richtlinie 2005/36/EG geregelt. Krankenschwestern und Krankenpfleger profitieren von der automatischen Anerkennung ihrer Qualifikationen, was es einfacher und unbürokratischer macht, sich innerhalb der EU zu bewegen. Die Voraussetzungen dafür sind unter anderem eine EU-Staatsangehörigkeit und EU-Qualifikationen. Nicht-EU-Qualifikationen kommen nicht in den Genuss dieser automatischen Anerkennung (Artikel 21 der Richtlinie), sondern unterliegen der allgemeinen Anerkennungsregelung (Artikel 13 der Richtlinie). In der Praxis bedeutet dies, dass es im Ermessen der einzelnen EU-Mitgliedstaaten liegt, ob Ihr Abschluss anerkannt wird. Auch die Berufserfahrung, die Sie nach Ihrem Abschluss gesammelt haben, spielt im Anerkennungsverfahren eine Rolle. Um eine genauere Antwort zu erhalten, müssen Sie sich an die zuständige Behörde des Landes wenden, in dem Sie arbeiten möchten. Mit freundlichen Grüßen, PDR"

Beispiel 6- Von: CB

"Sehr geehrte Damen und Herren, mein Name ist C. Ich bin Portugiese und möchte in den USA Krankenpflege studieren. Ich schreibe mich in den USA als Doktorand in Mikrobiologie ein, werde aber derzeit ein Umschulungsprogramm für Krankenpflege an der Universität von Illinois beginnen.

Mein Ziel ist es, nach meinem Abschluss als Krankenschwester zurück nach Europa zu gehen und eine Stelle als Krankenschwester zu finden. Im Moment kann ich einfach keine befriedigende Antwort auf die Frage finden, ob mein US-Abschluss in Europa akzeptiert wird? Können Sie mir bitte bei dieser Frage helfen? Oder mir mitteilen, an wen ich mich wenden kann. Ich sende Ihnen anbei das Programm der UIC (University of Illinois at Chicago). Ich möchte Ihnen im Voraus für Ihre Aufmerksamkeit auf diese E-Mail danken und freue mich darauf, bald von Ihnen zu hören. Mit freundlichen Grüßen, CB"

Antwort gesendet:

"Lieber C., vielen Dank für Ihre E-Mail. Die gegenseitige Anerkennung von Berufsqualifikationen ist in der Richtlinie 2005/36/EG geregelt. Krankenschwestern und Krankenpfleger profitieren von der automatischen Anerkennung ihrer Qualifikationen, was es einfacher und unbürokratischer macht, sich innerhalb der EU zu bewegen. Die Voraussetzungen dafür sind unter anderem eine EU-Staatsangehörigkeit und EU-Qualifikationen. Nicht-EU-Qualifikationen kommen nicht in den Genuss dieser automatischen Anerkennung (Artikel 21 der Richtlinie), sondern unterliegen der allgemeinen Anerkennungsregelung (Artikel 13 der Richtlinie). In der Praxis bedeutet dies, dass es im Ermessen der einzelnen EU-Mitgliedstaaten liegt, ob Ihr Abschluss anerkannt wird. Auch die Berufserfahrung, die Sie nach Ihrem Abschluss gesammelt haben, spielt im Anerkennungsverfahren eine Rolle. Um eine genauere Antwort zu erhalten, müssen Sie sich an die zuständige Behörde des Landes wenden, in dem Sie nach Ihrer Rückkehr nach Europa arbeiten möchten. Außerdem scheint es sich bei dem Programm, das Sie uns übermittelt haben, um einen Master-Abschluss für Personen zu handeln, die ein Studium in einem anderen Bereich als dem der Krankenpflege absolviert haben und als Registered Nurse arbeiten möchten. Die Anerkennung eines solchen Abschlusses ist von Mitgliedstaat zu Mitgliedstaat sehr unterschiedlich. Derzeit gibt es keine europäischen Regelungen, die über die Anerkennung der Qualifikationen von Krankenschwestern und Krankenpflegern für die allgemeine Pflege hinausgehen. Jede Spezialisierung oder jeder weiterführende Abschluss unterliegt de facto einer nationalen Bewertung und ist mit der Organisation der Gesundheitsberufe in den einzelnen Mitgliedstaaten verbunden. Ich hoffe, dass diese Informationen für Sie hilfreich sind. Mit freundlichen Grüßen, PDR"

Gesendet: Antwort - "Lieber P., Ihre E-Mail war sehr hilfreich. Vielen Dank für Ihre Hilfe. Mit meinen besten Wünschen, C"

Beispiel 7- Von: NG

"Ich hätte gerne einige Informationen über die Beschäftigung als Krankenschwester in der Europäischen Union. Ich bin europäischer Staatsbürger, habe aber meinen Bachelor of Nursing in Australien gemacht. Ich habe mich mit dem maltesischen Amt für Krankenpflege und Hebammenwesen in Verbindung gesetzt, um eine Registrierung als Krankenschwester in Malta zu beantragen. Sie haben mein Zeugnis geprüft und sind bereit, den Antrag zu bearbeiten, wollen aber, dass ich zusätzlich zwei Monate unbezahlte Arbeit leiste, um meine Zulassung zu erhalten. Ich habe erklärt, dass ich mehr als 6 Jahre Erfahrung als Krankenschwester habe und auch Erfahrung in der Intensivpflege, aber sie sagten, dies sei eine EU-Verpflichtung. Ist das richtig, denn soweit ich weiß, können australische Krankenschwestern im Vereinigten Königreich arbeiten, ohne 2 Monate unbezahlte Arbeit leisten zu müssen? Ich würde gerne wissen, welche Rechte ich habe und wie es weitergeht Freundliche Grüße NG"

Gesendet: Klarstellung vom College erbeten

"Hallo, das Problem ist, dass sie keinen EU-Abschluss hat und daher nicht durch die EU-Gesetzgebung "geschützt" ist. Die Malteser sind nicht verpflichtet, die Richtlinie zu befolgen, sondern müssen lediglich sicherstellen, dass sie die Mindestanforderungen erfüllt. Ich weiß nicht genau, wie die Regeln in Malta für australische Qualifikationen aussehen. Aber ich nehme an, sie können von ihr verlangen, dass sie ein überwachtes Praktikum absolviert, um sicherzustellen, dass sie das richtige Niveau erreicht hat. Ich habe den Verdacht, dass dies hier der Fall ist. Ich fürchte, ich kann Ihnen keine eindeutige Lösung anbieten. Vielleicht kann sie mit den Maltesern aushandeln, dass sie während ihrer Betreuung bezahlt wird? Aber auf jeden Fall ist es keine "europäische Verpflichtung". Das habe ich noch nie gesehen... Beste Grüße, D"

Antwort gesendet:

"Liebe Frau G., vielen Dank für Ihre E-Mail. Es gibt in der Tat einen Rechtsrahmen für die Anerkennung von Berufsqualifikationen auf europäischer Ebene (d. h. die Richtlinie 2005/36/EG).

Diese Richtlinie ist nur anwendbar, wenn 1) der Berufsangehörige EU-Bürger ist und 2) seine Qualifikationen innerhalb der EU erworben wurden. Da Sie Ihre Qualifikationen in Australien erworben haben, ist die Richtlinie in Ihrem Fall nicht anwendbar. Dies bedeutet, dass jeder Mitgliedstaat unterschiedliche Anforderungen an die Anerkennung von Qualifikationen und möglicherweise unterschiedliche Ausgleichsmaßnahmen verlangen kann. Daher könnte es tatsächlich sein, dass die Situation in Malta und im Vereinigten Königreich unterschiedlich ist. Die einzige Anforderung des EU-Rechts besteht darin, dass die in Artikel 31 der Richtlinie festgelegten Mindestkriterien erfüllt sein müssen. Mit freundlichen Grüßen, PDR"

Beispiel 8- Von: TY

Thema: Anerkennung von Studienabschlüssen in der Krankenpflege in europäischen Ländern und den USA

"Sehr geehrte Damen und Herren, wir sind eine Schweizer Familie, die in Mexiko-Stadt lebt. Meine Tochter wird nächstes Jahr ihr International Baccalaureate abschließen und ihr Traum ist es, Krankenpflege zu studieren. Da sie eine britische Schule besucht, ist es ihr Wunsch, ihr Grundstudium im Vereinigten Königreich zu absolvieren und dann in den USA ein Aufbaustudium zu absolvieren, um schließlich Krankenschwester oder Doktor der Krankenpflege zu werden. Bei der Prüfung dieses Karrierewegs stießen wir auf die Frage der gegenseitigen Anerkennung von Abschlüssen in der Krankenpflege als reglementierter Beruf zwischen europäischen Ländern, z. B. der Schweiz oder Spanien, und der Anerkennung eines britischen Abschlusses in der Krankenpflege in den USA für ein Aufbaustudium und die Praxis. Könnten Sie uns irgendwelche Leitlinien oder Empfehlungen aus Ihrer Sicht geben? Vielen Dank im Voraus für Ihre freundliche Aufmerksamkeit. Mit freundlichen Grüßen, T"

Antwort gesendet:

Lieber Herr T., vielen Dank für Ihre Nachricht. Wir freuen uns immer, wenn wir hören, dass junge und tatkräftige Menschen Teil der Pflegegemeinschaft werden wollen! Die gegenseitige Anerkennung von Berufsqualifikationen ist in der Richtlinie 2005/36/EG geregelt. Die Anforderungen an die Berufsangehörigen sind unter anderem eine EU-Staatsangehörigkeit und EU-Qualifikationen. Für Schweizer Staatsangehörige gilt die Richtlinie ebenfalls, da es ein bilaterales Abkommen zwischen der EU und der Schweiz gibt. Bitte beachten Sie, dass Krankenschwestern und Krankenpfleger von der automatischen Anerkennung profitieren, die es einfacher und weniger bürokratisch macht, sich innerhalb der EU zu bewegen. Dies gilt nur für Krankenschwestern und Krankenpfleger der allgemeinen Pflege, was bedeutet, dass Spezialisierungen, die im Rahmen von Aufbaustudiengängen erworben werden können, nicht von dieser automatischen Anerkennung profitieren. Das heißt nicht, dass sie nicht anerkannt werden können, aber es bedeutet, dass es keine allgemeine Antwort auf die Frage der Anerkennung gibt. Dies hängt von den genauen postgradualen Qualifikationen des Berufsangehörigen und von dem Land ab, in dem er arbeiten möchte. Ein erster Abschluss im Vereinigten Königreich wird für Ihre Tochter sehr vorteilhaft sein, da sie damit in jedem Mitgliedstaat der EU als Krankenschwester arbeiten kann. Die Anerkennung einer Spezialisierung in Form eines Postgraduiertenabschlusses erfolgt immer nach nationalem Recht, wenn dieser in einem Nicht-EU-Land erworben wurde. Im Fall der Krankenpflege macht dies kaum einen Unterschied, da Spezialisierungen/Weiterbildungen zunächst nicht automatisch anerkannt werden. Ein Postgraduierten-Abschluss aus den USA erschwert daher die Arbeit in Europa nicht im Vergleich zu einem EU-Abschluss. Ein weiterer Grund, aus dem ein Studium im Vereinigten Königreich eine gute Strategie ist, ist das Bildungsniveau. Ich erlaube mir, das King's College London zu empfehlen; da ich dort selbst einen Doktortitel erworben habe, kann ich das hohe Niveau der angebotenen Ausbildung bestätigen. Ich kann Sie jederzeit an jemanden verweisen, wenn Ihre Tochter an einem Studium in London interessiert ist. Zur Anerkennung von EU-Abschlüssen in den USA kann ich Ihnen leider keine Antwort geben. Meines Wissens ist dies in jedem Bundesstaat anders geregelt, so dass es keine allgemeine Regel für die USA als Ganzes gibt. Für weitere Informationen stehe ich Ihnen gerne zur Verfügung. Mit freundlichen Grüßen, PDR"

Aus den obigen Beispielen wird deutlich, dass das IMI-System und der Europäische Berufsausweis (kurz EPC) für die Freizügigkeit von Krankenschwestern und Krankenpflegern innerhalb der EU von zentraler Bedeutung sind. Der EPC ist eine der Neuerungen, die die überarbeitete Richtlinie mit sich gebracht hat. Anders als der Name vermuten lässt, handelt es sich nicht um eine physische Karte (ähnlich einer Bankkarte). Obwohl die Kommission dies ursprünglich so vorgesehen hatte, ist die endgültige Lösung ein vollständig elektronisches Verfahren, das mit dem bereits bestehenden IMI-System verbunden ist, das es den Behörden in der EU ermöglicht, miteinander in Kontakt zu treten und Informationen auszutauschen, wobei etwaige Sprachbarrieren berücksichtigt werden. Das Ergebnis ist, dass die Bürger die Anerkennung ihrer Qualifikationen beantragen können, indem sie alle erforderlichen Dokumente auf eine Online-Plattform hochladen, über die die Behörden des Aufnahme- und des Herkunftsmitgliedstaats miteinander kommunizieren können, falls weitere Informationen erforderlich sind. Das Endergebnis ist eine elektronische Bescheinigung, die der Berufsangehörige erhält, die ausgedruckt werden kann und deren Echtheit von potenziellen Arbeitnehmern über ein öffentlich zugängliches elektronisches System überprüft werden kann. Krankenschwestern und Krankenpfleger sind eine der Berufsgruppen, die für die Anerkennung durch das EPC ausgewählt wurden. All dies ermöglicht eine einfachere und schnellere Anerkennung von Qualifikationen, die es den Bürgern ermöglicht, den Binnenmarkt zu nutzen und ihre grenzüberschreitende Mobilität und Tätigkeit zu erleichtern.

Darüber hinaus ist die Datenbank der GD GROW von entscheidender Bedeutung. Die Datenbank der reglementierten Berufe (die Datenbank) ist ein elektronisches Instrument, das die Generaldirektion Binnenmarkt, Industrie, Unternehmertum und KMU (GD GROW) zur Verfügung stellt. Die Datenbank stellt eine Verbindung zwischen der allgemeinen Berufsbezeichnung und den verschiedenen Berufen in den einzelnen Mitgliedstaaten her und gibt deren Rechtsgrundlage sowie die rechtliche Regelung an, nach der die Anerkennung von Qualifikationen erfolgt. Die Richtlinie legt die geltenden Regeln für Berufsangehörige fest, die sich in einen anderen Mitgliedstaat begeben, um dort zu arbeiten.

Die sektoralen Berufe - Krankenschwestern, Hebammen, Ärzte, Zahnärzte, Apotheker, Architekten und Tierärzte - werden automatisch anerkannt. Die im Einzelfall anzuwendenden Regeln hängen von verschiedenen Kriterien ab. Bei der Festlegung des geeigneten Verfahrens ist eine zweifache Unterscheidung zu treffen. Erstens gelten je nach Dauer, d. h. je nachdem, ob sich der Arbeitnehmer vorübergehend oder dauerhaft in ein anderes Land begibt, unterschiedliche Regeln. Die befristete Mobilität ermöglicht es Fachkräften, auf der Grundlage einer im Voraus abgegebenen Erklärung in einem anderen Mitgliedstaat zu arbeiten. Die Niederlassung in einem anderen Mitgliedstaat ist eine gesonderte Regelung, für die drei Bedingungen erfüllt sein müssen: Der Fachmann muss ein Angestellter oder ein Selbständiger sein, der dauerhaft in einem Land arbeitet, in dem er seine berufliche Qualifikation nicht erworben hat. Je nach dem Beruf, den der Betreffende ausüben wird, wird eine weitere Unterscheidung getroffen. In bestimmten Fällen kann der Berufsangehörige automatisch anerkannt werden, wenn für seinen Beruf harmonisierte Mindestausbildungsbedingungen gelten (z. B. Krankenschwestern, Hebammen, Ärzte (Allgemeinmediziner und Fachärzte), Zahnärzte, Apotheker, Architekten und Tierärzte). Die übrigen Berufe werden im Rahmen der allgemeinen Anerkennungsregelung anerkannt. Zu dieser Kategorie gehören die meisten Berufe, wie Lehrer, Übersetzer und Immobilienmakler, um nur einige Beispiele zu nennen. Schließlich gibt es Berufsangehörige, denen der Zugang zu einem bestimmten Beruf nicht aufgrund ihrer Ausbildung, sondern aufgrund ihrer Berufserfahrung gewährt wird.

Es ist wichtig, dass die von den Mitgliedstaaten und europäischen oder internationalen Organisationen erhobenen Daten den europäischen Rechtsrahmen berücksichtigen. Dies gilt insbesondere für die sektoralen Berufe, da die meisten dieser Berufe im Gesundheitswesen angesiedelt sind, einem Bereich, in dem die Zusammensetzung der Arbeitskräfte sehr stark von der Regierungspolitik beeinflusst wird. Wenn die Daten im Kontext der Richtlinie gestellt werden, ist es möglich, den Bildungshintergrund der zuwandernden Fachkräfte zu berücksichtigen. Dies trägt dazu bei, dass sowohl die Arbeitskräfte als auch die Ausbildung auf der Grundlage der verfügbaren Informationen geplant werden können. Die gesammelten Daten können jedoch nicht in geeigneter Weise verwendet werden, wenn alle Kategorien innerhalb eines bestimmten Berufs unter einer allgemeinen Kategorie, z. B. "Krankenschwester", zusammengefasst werden. In der Richtlinie ist eindeutig festgelegt, welche Abschlüsse in den einzelnen Mitgliedstaaten zur Qualifikation als Krankenschwester/-pfleger berechtigen.

Ärzte und Krankenschwestern sind die beiden mobilsten Berufe in der EU. Seit 1997 sind mehr als 180.000 Berufsangehörige in einen anderen Mitgliedstaat umgezogen. Insgesamt zogen fast 80.000 Krankenschwestern und Krankenpfleger von einem Mitgliedstaat in einen anderen, eine beachtliche Zahl! Die gesammelten Daten führten zu einer sehr interessanten Analyse, die das Klischee der "Übernahme des Vereinigten Königreichs durch rumänische Krankenschwestern" in eine breitere, realistischere Perspektive rückte. Es ist interessant, sich einen Überblick über die Highlights in den Statistiken zu verschaffen, die die Europäische Kommission über die Datenbank bereitstellt. Obwohl allgemeine Muster zu erkennen sind, wie z. B. die Tatsache, dass das Vereinigte Königreich im Durchschnitt das erste

Aufnahmeland war, sind die von Jahr zu Jahr festgestellten Unterschiede erheblich. Zwischen 1997 und 2000 bildete das Vereinigte Königreich 64 % der Krankenschwestern und Krankenpfleger aus, die in diesem Zeitraum zugewandert sind, während Irland das Land war, das die meisten Fachkräfte aufnahm: 63 % der Fachkräfte. Eine vergleichsweise geringe Zahl von 660 Krankenschwestern und -pflegern wanderte ab, wobei 443 aus dem Vereinigten Königreich nach Irland gingen. Zwischen 2000 und 2002 lässt sich ein ähnliches Muster erkennen, obwohl die Gesamtzahl der abwandernden Krankenschwestern auf 1046 anstieg. Von 2002 bis 2004 gibt das Vereinigte Königreich seinen ersten Platz an Deutschland ab, das 40 % der abwandernden Krankenschwestern und -pfleger ausbildete, während Belgien an zweiter Stelle liegt (22 %). Irland wurde von den Niederlanden als wichtigstes Zielland für Krankenschwestern abgelöst, das über 50 % der Krankenschwestern aufnahm.

Wie erwartet, änderte sich das Muster nach der EU-Erweiterung von 2004 vollständig. Die Gesamtzahl der Krankenschwestern und -pfleger hat sich verfünffacht und erreichte im Zeitraum zwischen 2004 und 2006 5.194 Krankenschwestern und -pfleger. Zu diesem Zeitpunkt war die Slowakei das erste Entsendeland, aus dem 42 % der zugewanderten Krankenschwestern kamen. Die meisten slowakischen Krankenschwestern wanderten nicht in westeuropäische Länder ab, sondern in die Tschechische Republik. Zur gleichen Zeit ging eine große Migrationswelle vom Vereinigten Königreich nach Irland (1 330 Krankenschwestern). Dieses Migrationsmuster (vom Vereinigten Königreich nach Irland und von der Slowakei in die Tschechische Republik) ist bis 2007 konstant. Zwischen 2007 und 2008 bildete Deutschland 20 % der zugewanderten Krankenschwestern aus. Polen und Rumänien verloren 1.592 bzw. 1.355 Krankenschwestern. Das Vereinigte Königreich erhielt 3 502, aber auch andere Länder wie die Schweiz, Irland, Deutschland und Österreich nahmen eine große Anzahl von Krankenschwestern auf: 2 014, 1 772, 1 071 bzw. 1 254. Auch im nächsten Jahr ist Deutschland der Mitgliedstaat, der die meisten Krankenschwestern und Krankenpfleger ausbildet, die abwandern. Die Mehrheit der in Deutschland ausgebildeten Krankenschwestern und Krankenpfleger zog in die Schweiz, nach Österreich und Luxemburg. 1 958 in Schweden ausgebildete Krankenschwestern zogen nach Norwegen, während 1 029 rumänische Krankenschwestern nach Italien zogen. 3 502 Krankenschwestern zogen in das Vereinigte Königreich, davon 738 rumänische und 506 bulgarische. Obwohl es sich um ein kleineres Land handelt, gingen 1 216 Krankenschwestern nach Luxemburg und 1 306 nach Österreich.

Im Jahr 2009 überstieg die Gesamtzahl der jährlich abwandernden Krankenschwestern und -pfleger 20.000, eine seit Jahren stabile Zahl. Eine vergleichsweise hohe Zahl von 3 560 Krankenschwestern wanderte von Schweden nach Norwegen ab. Gleichzeitig entschieden sich 2.685 rumänische Krankenschwestern für eine Tätigkeit in Italien und 1.100 deutsche Krankenschwestern für die Schweiz. Das Vereinigte Königreich war das Ziel von 4 465 Krankenschwestern aus verschiedenen Ländern (762 aus Irland, 677 aus Polen, 619 aus Rumänien, 501 aus Portugal und 468 aus Spanien). Zwischen 2010 und 2011 war die Migration zwischen Schweden und Norwegen erneut am stärksten (2 856 Krankenschwestern und -pfleger), die zweitgrößte Migrationswelle wurde von Frankreich und Deutschland in die Schweiz verzeichnet (1 359 bzw. 1 030 Krankenschwestern und -pfleger). 1 656 in Rumänien ausgebildete Krankenschwestern zogen nach Italien und 1 052 in das Vereinigte Königreich. Das Vereinigte Königreich erhielt außerdem 842 Krankenschwestern aus Spanien, 866 aus Portugal und 734 aus Irland. In den letzten fünf Jahren sind also schwedische Krankenschwestern nach Norwegen, spanische, portugiesische, rumänische und polnische Krankenschwestern in das Vereinigte Königreich und französische Krankenschwestern in die Schweiz gezogen.

Ein besonderer Fall ist Kroatien, das 2013 der EU beigetreten ist. Nur 39 Krankenschwestern und Krankenpfleger für die allgemeine Pflege, die in den Genuss der gegenseitigen Anerkennung kamen, verließen Kroatien, was bedeutet, dass viele "Krankenschwestern und Krankenpfleger" mit sekundärem Niveau das Land im Rahmen des allgemeinen Systems verließen. Es ist wichtig, die Zahlen der beiden Systeme zu vergleichen, da dies ein deutlicher Hinweis auf den Verlust von Arbeitskräften im Pflegebereich ist: Kroatische Krankenschwestern und -pfleger verlassen ihr Land als Krankenschwestern und -pfleger, aber das Aufnahmeland erkennt sie nicht an, so dass sie als Gesundheitshelferinnen und -helfer oder weniger arbeiten, natürlich mit einem niedrigeren Gehalt. Dies ist wiederum ein Appell an die GD GROW und die GD Erweiterung, dafür zu sorgen, dass der Acquis Communautaire vollständig umgesetzt wird, bevor ein Mitgliedstaat der EU beitritt.

Ein weiteres Land, auf das gesondert eingegangen werden sollte, ist Rumänien. Im Jahr 2018 wird das Europäische Parlament darüber diskutieren, ob die rumänischen Behörden (Bildungs- und Gesundheitsministerium) genug getan haben, um die Ausbildung der rumänischen Krankenschwestern und -pfleger auf europäische Standards zu bringen. Rumänien hat in 10 Jahren 15 Krankenschwestern und -pfleger aufgenommen, während es 9.614 Krankenschwestern und -pfleger für die allgemeine Pflege an andere EU-Mitgliedstaaten im Rahmen der allgemeinen Regelung der Richtlinie abgab. Von diesen 9 614 Krankenschwestern und -pflegern gingen 3 645 nach Italien (anerkannt von IPASVI, der italienischen Aufsichtsbehörde für Krankenschwestern und -pfleger) und 2 602 in das Vereinigte Königreich (anerkannt von der NMC, der Aufsichtsbehörde für Krankenschwestern und -pfleger und Hebammen). Bei näherer Betrachtung dieser Daten wird deutlich, dass es viele Faktoren gibt, die die Migrationsmuster in der EU beeinflussen. Es gibt keine eindeutige Abwanderung von Fachkräften aus den osteuropäischen Ländern, und es gibt einen normalen Strom von Ländern mit niedriger Beschäftigung und niedrigen Gehältern in Länder mit besseren Arbeitsbedingungen. Wie erwartet, spielt die Sprache eine sehr wichtige Rolle, und eine größere Zahl von Krankenschwestern und Krankenpflegern wandert zwischen Ländern mit gemeinsamen Sprachen. Die Kombination aus Englisch als häufigster Zweitsprache in der EU und gleichzeitig guten Arbeitsbedingungen erklärt den ständigen Zustrom von Krankenschwestern in das Vereinigte Königreich. Dies ist nichts anderes als eine gesunde Einstellung von Fachkräften, die eine bessere Zukunft anstreben.

Eine künftige Lösung, auch wenn sie im Moment noch recht begrenzt ist, was die Berufe angeht, für die Daten verfügbar sind, ist der Europäische Berufsausweis (EPC). Der EPC ist ein vollständig elektronisches Anerkennungsverfahren, das Berufsangehörigen hilft, sich innerhalb der EU zu bewegen. Es basiert auf dem IMI-System, einem elektronischen System, das es Behörden in verschiedenen Mitgliedstaaten ermöglicht, miteinander zu kommunizieren. Über das EPC kann der einzelne Berufsangehörige elektronisch mit den für die Anerkennung seiner Qualifikationen zuständigen Behörden kommunizieren, wodurch das gesamte Verfahren transparenter, effizienter und schneller wird. Die Tatsache, dass das gesamte Verfahren elektronisch abläuft, ermöglicht der Europäischen Kommission eine sofortige Datenerfassung. Obwohl der EPC ein sehr nützliches Instrument für eine korrekte, detaillierte Datenerfassung vor dem Hintergrund der europäischen Gesetzgebung ist, stellt er keine Lösung für sich allein dar. Derzeit ist der EPC nur für eine begrenzte Anzahl von Berufen verfügbar (Krankenschwestern, Apotheker, Physiotherapeuten, Bergführer und Immobilienmakler).

Gleichzeitig ist das EPÜ nicht die einzige Möglichkeit für Berufsangehörige, ihre Qualifikationen anerkennen zu lassen. Parallel zum EPÜ gibt es immer noch den traditionellen Weg der Beantragung der Anerkennung. Es ist daher nicht möglich, für eine Analyse der beruflichen Mobilität ausschließlich die über das EPÜ erhobenen Daten zu verwenden. Selbst wenn man sich auf einen der Berufe konzentriert, für die das EPÜ derzeit verfügbar ist, spiegeln die Daten nicht das gesamte Spektrum der Mobilität wider und sollten daher durch statistische Daten ergänzt werden, die von den Mitgliedstaaten oder anderen Akteuren erhoben werden. Daher sind verstärkte Anstrengungen zur Berücksichtigung des europäischen Rechtsrahmens für Berufsqualifikationen nach wie vor dringend erforderlich. Nichtsdestotrotz freuen wir uns auf die Analyse der Daten des Europäischen Berufsausweises, da sie es uns ermöglichen werden, zwischen der festen und der vorübergehenden Erbringung von Dienstleistungen sowie zwischen der automatischen Anerkennung und der allgemeinen Nutzung des Systems zu unterscheiden.

4.2. Ich möchte ein Privatleben haben, aber ich liebe meinen Beruf als Krankenschwester.

Seit 2008 wurden in der Krankenpflege in erheblichem Umfang Stellen abgebaut (EFN-Bericht). Die Auswirkungen dieser politischen Entscheidungen sind eindeutig: erhöhte Arbeitsbelastung, Ausscheiden von Pflegekräften aus dem Beruf und schlechtere Ergebnisse für die Patienten, insbesondere in Bezug auf Qualität und Sicherheit. Obwohl Politiker, vor allem von der WHO, die Finanzkrise als Chance sahen, um neue Wege zu beschreiten, betrafen die Kürzungen vor allem Frauen, Krankenschwestern.

Dies ist ein Argument für die Behauptung, dass politische Entscheidungen nicht evidenzbasiert sind, sondern sich an der Währung orientieren. Und das, obwohl es eine Fülle von Forschungsergebnissen über den Beitrag der Krankenschwestern und -pfleger zu den Ergebnissen und zur Sicherheit der Patienten gibt. Anne-Marie Rafferty (u. a.) hat nachgewiesen, dass die Patienten in Krankenhäusern mit der besten Personalausstattung eine geringere Sterblichkeit aufweisen. Niedrigere Raten von Krankenhausinfektionen, weniger Stürze, niedrigere Raten von Rettungsversuchen, weniger Medikationsfehler und eine bessere Patientenerfahrung werden alle mit einem besseren Verhältnis von Pflegepersonal zu Patienten und einem besseren Qualifikationsmix in Verbindung gebracht. Linda Aiken (et al.) hat in einer beeindruckenden Reihe von Veröffentlichungen festgestellt, dass eine bessere

Mitarbeiterbindung, geringere Abwesenheits-, Stress-, Krankheits- und Burnout-Raten sowie eine höhere Arbeitsmoral mit einem besseren Arbeitsumfeld verbunden sind. Wir wissen, dass die Personalausstattung von Krankenschwestern und Krankenpflegern (DIR55) sowohl mit einer verbesserten Patientensicherheit und besseren Ergebnissen als auch mit der Gesundheit und dem Wohlbefinden des Pflegepersonals in Zusammenhang steht. Warum sind also keine Fortschritte zu verzeichnen? Besteht die dringende Notwendigkeit, wie in Afrika, auch in der EU "Wellness-Zentren" einzurichten, um das Wohlbefinden der Krankenschwestern und ihrer Familien zu fördern?

Es wäre keine schlechte Idee, wie unmittelbar nach dem Ersten und Zweiten Weltkrieg Wellness-Zentren in der EU einzurichten, die ausschließlich von Krankenschwestern und Krankenpflegern geleitet werden und eine wichtige Quelle für primäre Gesundheitsdienste und psychologische Betreuung, häusliche Pflege und Impfungen für Krankenschwestern und ihre Familien darstellen. Das Zentrum könnte sich mit den wichtigsten Faktoren befassen, die sich auf die Gesundheit der Krankenschwestern und Krankenpfleger auswirken, vor allem mit Burnout. Krankenschwestern und Krankenpfleger haben Probleme mit der Vereinbarkeit von Berufs- und Privatleben, was auf die Art des Berufs, die langen Arbeitszeiten und den Schichtdienst zurückzuführen ist. Sie werden in eine Fürsorgerrolle gedrängt, was dazu führt, dass sie die Bedürfnisse anderer vor ihre eigenen stellen.

Die Bewältigung der Arbeitsüberlastung liegt jedoch in der Verantwortung des Arbeitgebers. In diesem Zusammenhang wird die im März 2016 eingesetzte UN-HEEG-Kommission über die Feststellung unsicherer und unfairer Arbeitsbedingungen und -praktiken hinausgehen müssen, da die Aushandlung besserer Arbeitsbedingungen und -umgebungen in den Zuständigkeitsbereich des sozialen Dialogs fällt.

Es wird sogar behauptet, dass neue Technologien (eHealth-Dienste), die Segmentierung des Arbeitsmarktes und das Verschwimmen von Arbeit und Privatleben die Arbeitswelt immer komplexer machen. Es ist wichtig, sich auf die Beschäftigungsbedingungen der Krankenschwestern und Krankenpfleger, die Arbeitszeiten, die Risikoexposition, die Arbeitsorganisation, die Nutzung von Fähigkeiten und die Autonomie, die Vereinbarkeit von Beruf und Privatleben, die Gesundheit und das Wohlbefinden zu konzentrieren. Die Hohe Kommission der Vereinten Nationen für Beschäftigung und Wirtschaftswachstum im Gesundheitsbereich und die Globale Strategie für Humanressourcen im Gesundheitswesen: Arbeitskräfte 2030 der Weltgesundheitsversammlung, die auf der Weltgesundheitsversammlung im Mai 2017 politisch diskutiert werden soll, werden jedoch den politischen Unterschied ausmachen müssen. Doch die Frage bleibt: Werden sie es tun?

Die Realität zeigt, dass die nationalen Regierungen, die Mitglied der WHO sind und diese anführen, zu Hause ihre Budgets kürzen, wobei Krankenschwestern und Patienten die ersten Leidtragenden sind. Da diese Kürzungen mit den steigenden Anforderungen an die Gesundheitssysteme infolge des demografischen Wandels und des bestehenden Mangels an Pflegepersonal und anderen medizinischen Fachkräften zusammenfallen, ist es dringend erforderlich, mit der Ausarbeitung von Empfehlungen aufzuhören und damit zu beginnen, die unzähligen Empfehlungen zahlreicher internationaler und europäischer Organisationen in konkrete Maßnahmen umzusetzen. Auf EU-Ebene war eine Gemeinsame Aktion zu den Arbeitskräften des Gesundheitswesens in der EU über die Entwicklung nationaler Fahrpläne zwar ein erster Schritt - Investitionen in das Humankapital durch Strategien zur Einstellung und Bindung von Arbeitskräften, Bewertung des extrem niedrigen Einkommens und der schlechten Arbeitsbedingungen in der EU -, aber die Gemeinsame Aktion endete eher als theoretische Übung, die dem Personal an der Basis nicht zugute kam.

Krankenpflege ist ein Beruf, der überwiegend von Frauen ausgeübt wird, und die Verantwortung für die Betreuung von Kindern und älteren Verwandten liegt in europäischen Haushalten immer noch weitgehend auf den Schultern der Frauen, unabhängig davon, ob sie berufstätig sind oder nicht. Diese doppelte Betreuungsaufgabe nimmt zu, da immer mehr Frauen im erwerbsfähigen Alter später im Leben Kinder bekommen oder sich an der Betreuung ihrer Enkelkinder oder der Pflege älterer Angehöriger beteiligen. Die Auseinandersetzung mit diesem Thema und die Suche nach Möglichkeiten, Krankenschwestern und Krankenpflegern zu helfen, flexibler zu arbeiten, würde dazu beitragen, die vorhandenen Krankenschwestern und Krankenpfleger zu halten, und könnte sogar mehr Menschen für den Pflegeberuf gewinnen.

Die Anwerbung von Pflegefachkräften ist ein großes Problem, das bisher nicht angemessen angegangen wurde. Der Schwerpunkt einer jeden Strategie sollte daher auf der Bindung von Personal liegen: "Rekrutierung ohne Bindung ist eine verschwendete Ressource". Im weiteren Sinne hätte eine Verbesserung des Vaterschaftsurlaubs und anderer flexibler Arbeitsmöglichkeiten für Männer den positiven Effekt, dass Frauen in europäischen Haushalten mehr Arbeitszeit zur Verfügung stünde. Es liegt daher auf der Hand, dass eine EU-Initiative für Arbeitskräfte im Gesundheitswesen erforderlich ist, um den Rahmen für die Entwicklung eines qualitativ hochwertigen Gesundheitspersonals zu schaffen, das über ausreichende Kapazitäten und die richtigen Qualifikationen verfügt, um den künftigen Herausforderungen im Gesundheitswesen zu begegnen. Die Europäische Kommission hat mit der Arbeit an diesem Thema begonnen und im Dezember 2008 ein Grünbuch über Arbeitskräfte im Gesundheitswesen in der EU angenommen sowie eine öffentliche Konsultation zu diesem Thema eingeleitet. Seit der Veröffentlichung des Grünbuchs der GD Sanco wurden jedoch innerhalb der Europäischen Kommission nur langsame Fortschritte in diesem Dossier erzielt, trotz der Ergebnisse der Konsultation und der von der GD Sanco selbst identifizierten Herausforderungen.

Als Reaktion auf diese politische Lähmung versuchte EFN, die Debatte über die Arbeitskräfte im Gesundheitswesen in Gang zu bringen, und fand dabei starke Unterstützung im Europäischen Parlament. Eine schriftliche Erklärung zu den Arbeitskräften im Gesundheitswesen der EU (Nr. 40/2010)5 wurde Anfang 2010 vorgelegt. Diese schriftliche Erklärung beeinflusste die Schlussfolgerungen des Rates und trug dazu bei, die Debatte in der Europäischen Kommission sowie auf der Ebene verschiedener EU-Mitgliedstaaten und Regionen wieder in Gang zu bringen.

Nach der Lobbyarbeit der Krankenschwestern und Krankenpfleger im Parlament haben die Schlussfolgerungen des Rates vom Dezember 2010 das Dossier wieder auf den Weg gebracht und den folgenden EU-Ratspräsidentschaften 2011 und 2012 den Weg für die Bewältigung dieser Herausforderung geebnet. Um die Politiker weiter in die Debatte über EU-Arbeitskräfte im Gesundheitswesen einzubinden, organisierte der polnische Krankenpflegeverband am 5. Oktober 2011 unter der Schirmherrschaft von Jerzy Buzeks eine Debatte im polnischen Parlament, die sich an die leitenden Krankenschwestern der Regierung und die EU-Institutionen, vor allem die GD Sanco und das Europäische Parlament, richtete.

Die Ambitionen der Politik und der Kommission kommen jedoch nur langsam voran, während die Realität des Personalmangels im Gesundheitswesen in den Mitgliedstaaten und den Regionen immer dramatischer wird, was Risiken für die Patientensicherheit und die Qualität der Pflege mit sich bringt. Es besteht dringender Bedarf an einer sicheren Personalausstattung, angemessenen Arbeitsbedingungen und einer besseren, sichereren Zukunft für die Patienten und die Krankenschwestern und -pfleger, die sie versorgen, indem die politische Denkweise dahingehend geändert wird, dass Gesundheit als Investition und nicht als wirtschaftliche Kosten betrachtet wird.[5]

Mutterschafts- und Vaterschaftsurlaub sind wichtige Themen für Krankenschwestern. Derzeit gibt es zwei einschlägige europäische Richtlinien: eine zum Mutterschaftsurlaub (aus dem Jahr '92) und eine zum Vaterschaftsurlaub (2010). Es gibt auch eine neue Initiative, die von der Kommission vorgeschlagen und vom Parlament unterstützt wurde, über die sich der Rat (die nationalen Minister!) jedoch nicht einigen konnte und die deshalb kürzlich fallen gelassen wurde. Daher legt die Kommission nun einen neuen Vorschlag vor, nachdem 2015 eine öffentliche Konsultation und eine Konsultation der Sozialpartner stattgefunden hat. Der neue Vorschlag war für 2016 geplant, aber der endgültige Vorschlag wird wahrscheinlich erst 2017 vorgelegt werden.

Das vorgeschlagene Paket befasst sich mit der Herausforderung der Vereinbarkeit von Beruf und Familie für berufstätige Eltern und Pflegepersonen. Derzeit beträgt die Mindestdauer des Mutterschaftsurlaubs auf der Grundlage der Richtlinie über schwangere Arbeitnehmerinnen von 1992 14 Wochen, mit einem zweiwöchigen Pflichturlaub vor und/oder nach der Entbindung und einer angemessenen Vergütung, die den nationalen Rechtsvorschriften unterliegt. Der neue, vom Rat blockierte Vorschlag sieht vor, die Dauer des Mutterschaftsurlaubs in Übereinstimmung mit den Leitlinien der Internationalen Arbeitsorganisation auf 18 Wochen zu verlängern. Mindestens 6 Wochen wären nach der Entbindung obligatorisch, wobei eine Vergütung in Höhe des vollen Gehalts gezahlt würde. Dieser Vorschlag wurde 2010 vom Europäischen Parlament angenommen, das den Vorschlag auf 20 Wochen Mutterschaftsurlaub und 2 Wochen Vaterschaftsurlaub unter den gleichen Bedingungen ausweitete.

Da der Vorschlag jedoch seither im Rat festgefahren war, wurde er im Juli 2015 zurückgezogen. Ein neues, ganzheitliches Paket sollte die Herausforderungen der Vereinbarkeit von Beruf, Privat- und

---

[5] Schriftliche Erklärung zu den EU-Arbeitskräften im Gesundheitswesen (Nr. 40/2010):
http://www.europarl.europa.eu/sides/getDoc.do?pubRef=-//EP//NONSGML+WDECL+P7-DCL-2010-0040+0+DOC+PDF+V0//DE&Sprache = DE

Familienleben angehen. Die Kommission kündigte in ihrem Arbeitsprogramm für 2016 einen "Neustart für berufstätige Eltern" an, aber wie "neu" wird dies für 3 Millionen Krankenschwestern in der EU sein? Als Erstes müssen die EU-Institutionen einen Fahrplan oder eine Blaupause für die Modernisierung des derzeitigen rechtlichen und politischen Rahmens der EU erstellen, um berufstätigen Eltern mit Kindern oder pflegebedürftigen Angehörigen eine bessere Vereinbarkeit von Pflege und Beruf zu ermöglichen, eine ausgewogenere Nutzung von Maßnahmen zur Vereinbarkeit von Beruf und Familie durch Frauen und Männer zu fördern und die Gleichstellung der Geschlechter auf dem Arbeitsmarkt zu stärken. Der Anteil der erwerbstätigen Frauen lag 2014 bei 63,5 % und damit 11,5 Prozentpunkte unter dem Europa-2020-Ziel für die Gesamtbeschäftigung und der Quote für Männer (75 %). Die Beschäftigung von Frauen ist eng mit der Verteilung von Arbeit und familiären Pflichten zwischen Frauen und Männern verknüpft; es gibt eindeutige Belege dafür, dass Frauen, wenn sie Kinder haben, dazu neigen, weniger Stunden in der bezahlten Beschäftigung zu arbeiten und mehr Zeit mit unbezahlten Betreuungsaufgaben zu verbringen, während Männer dazu neigen, mehr in bezahlten Positionen zu arbeiten. Ein höherer Anteil von Frauen arbeitet auch in Teilzeit, wo das Lohngefälle bei über 37 % liegt, insbesondere wenn sie sich um ihre Kinder oder andere abhängige Personen kümmern. Eine neue Initiative, die darauf abzielt, die Beteiligung von Frauen am Arbeitsmarkt durch eine bessere Vereinbarkeit von Beruf und Familie, einen angemessenen Schutz und eine stärkere Gleichstellung der Geschlechter zu erhöhen, ist von zentraler Bedeutung. Es gibt deutliche Hinweise darauf, dass viele Frauen nach der Geburt von Kindern ganz aus dem Arbeitsmarkt ausscheiden, und dass diejenigen, die weiterhin arbeiten, dies häufig in Teilzeit tun, obwohl sie gerne Vollzeit arbeiten würden, oder sie arbeiten in Berufen unterhalb ihres Qualifikationsniveaus. Aus wirtschaftlicher Sicht spricht daher vieles dafür, die Erwerbsbeteiligung von Frauen, die Kinder betreuen, zu fördern, sowohl durch Schutzmaßnahmen als auch durch Maßnahmen zur Vereinbarkeit von Beruf und Familie.

Für Krankenschwestern und -pfleger, von denen die meisten Frauen und viele Mütter oder andere Pflegepersonen sind, ist es wichtig, auf die steigende Nachfrage nach formellen Betreuungsregelungen für Kinder, ältere Menschen und andere pflegebedürftige Angehörige zu reagieren. Diese können durch EU-Programme leicht koordiniert werden. Besondere Aufmerksamkeit muss den größeren Unterbrechungen in der Karriere von Krankenschwestern und Krankenpflegern aufgrund der Pflege eines geliebten Menschen gewidmet werden. Viele Krankenschwestern und Krankenpfleger werden aufgrund ihrer Arbeit zu informellen Pflegekräften, und es wird von den Familienangehörigen als selbstverständlich angesehen, dass Krankenschwestern und Krankenpfleger während der Pflege eines geliebten Menschen ihre Rentenansprüche verlieren. Es ist wichtig, dass Familienmitglieder wie Eltern, Brüder und Schwestern dies berücksichtigen, wenn sie entscheiden, dass "eine Krankenschwester in der Familie" die informelle Pflege übernimmt. Es gibt ein sehr großes geschlechtsspezifisches Rentengefälle (39 %), das angegangen werden muss, aber Krankenschwestern sind aufgrund ihrer Rolle in der informellen Pflege noch stärker gefährdet. Der Mangel an formellen Betreuungsregelungen muss auf EU-Ebene behoben werden. Die Mittel des sozialen Zusammenhalts sollten für eine angemessene und erschwingliche Kinderbetreuung eingesetzt werden, neben der Entwicklung geeigneter Langzeitpflegedienste. Besondere Aufmerksamkeit sollte der Rolle der Frauen als Hauptbetreuerinnen für Kinder und ältere oder gebrechliche Angehörige gewidmet werden - ein Problem, das sich aufgrund der Auswirkungen einer alternden Bevölkerung und geringerer öffentlicher Ausgaben für Dienstleistungen (insbesondere Gesundheits-, Langzeitpflege- und Kinderbetreuungsdienste) wahrscheinlich noch verschärfen wird. Während einige Arbeitgeber eine familienfreundliche Politik entwickeln, um hochqualifizierte Frauen (und zunehmend auch Männer) anzuziehen und zu halten, bleibt die Einstellung zur Arbeitsorganisation im Allgemeinen auf die Anwesenheit am Arbeitsplatz in Vollzeit (oder mehr) fixiert. Es ist wichtig, die wirtschaftliche Unabhängigkeit von Frauen zu erhöhen und ihr Risiko von Armut und sozialer Ausgrenzung zu verringern, indem insbesondere das Lohn- und Rentengefälle zwischen Frauen und Männern beseitigt wird.

Von Maßnahmen zur Vereinbarkeit von Beruf und Familie wird erwartet, dass sie die Arbeitsbedingungen und das Wohlbefinden aller Beschäftigten verbessern. Die Arbeitsbelastung der Krankenschwestern und -pfleger hat in den letzten Jahren erheblich zugenommen, da neue Ideen und Modelle im Gesundheitswesen Einzug gehalten haben. Daher ist es wichtig, einen besseren EU-Rahmen zu schaffen, um Krankenschwestern und Frauen zu schützen. Bessere Gesetzgebung in Bezug auf urlaubsbezogene Maßnahmen und flexible Arbeitsregelungen (z.B. Telearbeit, Job-Sharing, flexible Arbeitszeiten), um den Bedürfnissen der Krankenschwestern und Krankenpfleger gerecht zu werden, unter Berücksichtigung der

Möglichkeiten, die die modernen Arbeitsformen und Technologien bieten. Nach den Erfahrungen von EFN sind nicht-legislative Maßnahmen, wie z.B. die Mitteilungen der Kommission, zu schwach, ebenso wie Empfehlungen. Wir haben so viele Empfehlungen, die von Politikern und Entscheidungsträgern verfasst wurden! Regelmäßige Überwachung und öffentliche Berichterstattung über die Umsetzung eines Personalrahmens, insbesondere durch das Europäische Semester, und thematische Berichte sind hilfreich, um legislative Maßnahmen zu unterstützen.

Daher ist ein gezielter Einsatz der EU-Finanzinstrumente, die den Mitgliedstaaten zur Verfügung stehen, wie z. B. der Europäische Sozialfonds, wichtig, um in Projekte und Infrastrukturen zu investieren, die notwendig sind, um die Vereinbarkeit von Beruf und Familie für Eltern und Betreuer zu fördern (z. B. Kinderbetreuung/Betreuungseinrichtungen, Einführung flexibler Arbeitsregelungen usw.). Eine Gesetzesinitiative in Verbindung mit einem politischen Rahmen der EU wäre von unschätzbarem Wert, wobei die Mutterschaftsurlaubsrichtlinie und die Elternurlaubsrichtlinie von 2010 mit der bestehenden politischen Koordinierung im Rahmen der Strategie Europa 2020 kombiniert werden sollten. An eine Reihe von Mitgliedstaaten werden länderspezifische Empfehlungen im Bereich der Erwerbsbeteiligung von Frauen gerichtet, die u. a. darauf abzielen, die Verfügbarkeit, Erschwinglichkeit und Qualität von Kinderbetreuungseinrichtungen zu verbessern und die steuer- und sozialleistungsbezogenen Negativanreize für Zweitverdiener zu verringern. Die Koordinierung der Politik in Bezug auf den Zugang zu Langzeitpflege zur Unterstützung der Erwerbsbeteiligung von Frauen sowie die Rolle von Elternurlaubsregelungen wurde im Rahmen der Strategie Europa 2020 weniger berücksichtigt und muss daher zu einer Priorität werden.

Doch wie hilfreich ist die Verteilung der EU-Mittel? Kommen sie bei den Krankenschwestern an der Front an? Ich glaube nicht! Auch wenn der Fortschrittsbericht der Kommission über die fünf Fonds inspirierend ist, kann er bei den EU-Bürgern viel Frustration hervorrufen. Mit eigenen Augen zu zeigen, wie gut man ist, ist eine Sache; wichtiger ist es, die Auswirkungen auf das tägliche Leben der Bürgerinnen und Bürger aufzuzeigen, von 3 Millionen Krankenschwestern und Krankenpflegern sind 2,95 Millionen Frauen! Obwohl der Bericht zeigt, dass sich die Investitionen in den letzten Monaten nach dem Brexit stark beschleunigt haben und die Umsetzung im Jahr 2017 auf Hochtouren laufen dürfte, stützt er sich auf die 274.000 Unternehmen, die im Rahmen der Europäischen Struktur- und Investitionsfonds (ESI) 2014-2020 unterstützt werden, auf 2,7 Millionen Menschen, die bei der Suche nach einem Arbeitsplatz oder bei der Entwicklung von Fähigkeiten unterstützt werden, auf die Verbesserung der biologischen Vielfalt auf 11 Millionen Hektar landwirtschaftlicher Nutzfläche und auf eine Million ausgewählter EU-finanzierter Projekte im Gesamtwert von fast 60 Milliarden Euro. Aber wo bleibt der Gesundheits- und Sozialpflegesektor in diesem Bericht? Sind Krankenschwestern Teil der Gleichung?

In der gegenwärtigen Situation ist es mehr denn je notwendig, die EU-Mittel mit den länderspezifischen Empfehlungen des Europäischen Semesters zu verknüpfen, die die Bereiche "Forschung und Innovation", "Gesundheitsversorgung", "Arbeitsmarktbeteiligung", "Bildung" und "soziale Eingliederung" aufgreifen; alles Punkte, zu denen Krankenschwestern und Krankenpfleger einen Beitrag leisten können, und die als solche die Koordinatoren des Europäischen Semesters auf nationaler Ebene beeinflussen. Im Bereich der Gesundheits- und Sozialfürsorge werden jedoch fast keine direkten Investitionen zur Unterstützung der Arbeitskräfte an vorderster Front getätigt. Es sieht so aus, als sei die EU daran interessiert, "neue Arbeitsplätze" zu schaffen, aber stattdessen sollte die Kommission den Mitarbeitern an vorderster Front, die das System tatsächlich betreiben, mehr Unterstützung bieten - "Subsidiarität" sollte nicht zu "les excuses sont fait pour s'en servire" werden.

4.3.   Ich will, dass sich die Politik ändert, setzt Rhetorik in Taten um

Es wird oft behauptet, dass die Geringschätzung des Volkes durch die politischen Eliten dazu beigetragen hat, dass sich die Bürger von der Politik distanziert haben. Die Politiker hätten verstehen müssen, dass die Hoffnungen und Sorgen der Menschen einer Antwort bedürfen. Aus diesem Grund haben wir die Zunahme von Protestwahlen erlebt und sehen jetzt echte Wählerrevolten. Aber trifft das auch auf die 3 Millionen Krankenschwestern zu?

Politiker und Entscheidungsträger sagen immer: "Krankenschwestern und Krankenpfleger sind sehr wichtig!", aber die Rhetorik bleibt bei diesen Worten, denn die Taten der Politiker (seit 2008) beziehen sich hauptsächlich auf Kürzungen und die Senkung der Bildungsstandards. Außerdem haben die Politiker nach ihrer Wahl Schwierigkeiten, ihre (vor der Wahl gemachten) Versprechen in konkrete Maßnahmen umzusetzen.

Dies führte zu einem weltweiten Vertrauensverlust gegenüber den Politikern, was wiederum zu einem Vertrauensverlust in die Demokratie führte. Jüngste Beispiele sind die Wahlen in den USA und der Brexit, bei dem die Bürger einen sofortigen Bruch mit dem Establishment wünschten und gegen das Establishment stimmten. Aber sind die Politiker wirklich besorgt? Berühren diese Herausforderungen die EU-Politiker wirklich? Die Krankenschwestern und -pfleger glauben an Demokratie, Transparenz und Wohlstand, aber nicht an den Eigennutz, der die größte Herausforderung für Politiker darstellt.

"Vertrauen in Politiker ist auf dem Tiefpunkt, während Krankenschwestern und Ärzte die vertrauenswürdigsten Berufsgruppen sind" - *Yahoo News UK - 04. Dezember 2016*

Wenn es darum geht, wem man vertrauen kann, überrascht es vielleicht nicht, dass Politiker mit 19 % am Ende der Liste stehen. Vielleicht sollten Sie sich stattdessen die Unterstützung der Öffentlichkeit für Krankenschwestern und -pfleger (93 %) ansehen, während 91 % den Ärzten vertrauen. Nach diesen beiden Gesundheitsberufen folgen Lehrer, Richter und Wissenschaftler an der Spitze der Liste. Am anderen Ende der Skala schnitten Journalisten mit 24 % nur wenig besser ab als Politiker und liegen damit noch vor Bankern, Immobilienmaklern und Rechtsanwälten.

Um vertrauensvoll zu sein, muss man geradlinig, ehrlich und transparent sein. Außerdem muss der Eigennutz durch Altruismus ersetzt werden! Wenn es um Eigeninteresse geht, werden sogar Korruption, die sowjetischen Semashko-Arbeitsbedingungen (vor allem die extrem niedrigen Gehälter), die Dominanz der Ärzte in der Krankenpflegeausbildung und im Gesundheitssystem sowie das mangelnde Vertrauen in die Politiker als Haupthindernisse für den Aufbau von Vertrauen in das Gesundheits- und Sozialfürsorgesystem angesehen.

Interessant ist, dass das kommunistische Regime alle zur freiwilligen Arbeit verpflichtete, so dass die freiwillige Arbeit in Wirklichkeit zur Pflicht wurde und informelle Zahlungen (auch als "Zahlungen unter dem Tisch" oder "Umschläge" bezeichnet) zur Folge hatte. Jeder sollte für das Wohl der Gemeinschaft arbeiten, aber es gab keine Möglichkeit, freiwillig für das Wohl der Gemeinschaft zu arbeiten. Folglich wurden informelle Zahlungen (Trinkgelder) in einigen Mitgliedstaaten und sogar in der Gesellschaft allgemein üblich. Aufgrund der extrem niedrigen Arbeitsbedingungen im sowjetischen Semaschko-System wurde das Trinkgeld Teil des täglichen Arbeitsethos. In dieser harten und dualen Gesellschaft kämpfen Krankenschwestern mit einem Durchschnittslohn von 250 € pro Monat ums Überleben. Man muss also sehr motiviert und engagiert sein, um unter entsetzlichen Bedingungen Pflege leisten zu können. Krankenschwestern und -pfleger müssen 18-Stunden-Schichten arbeiten, manchmal bis zu drei Schichten hintereinander, nur um ein Grundgehalt zu verdienen, das verhindert, dass sie unter der Armutsgrenze leben. Das ist Europa!

Einerseits besteht eine hohe Arbeitslosigkeit unter den Krankenschwestern und Krankenpflegern, andererseits gibt es einen Mangel an Krankenschwestern und Krankenpflegern in den Pflegeeinrichtungen. Der Zwiespalt zwischen Mangel und Arbeitslosigkeit resultiert aus dem Einfrieren von Stellen aufgrund von Sparmaßnahmen.

Darüber hinaus äußern die Pflegekräfte ihre Besorgnis darüber, dass es schwierig ist, die berufliche Autonomie der Pflegekräfte zu gewährleisten, da die meisten politischen Positionen von Ärzten eingenommen werden. Das Eintreten für die Krankenschwestern und die Krankenpflege als eigenständigen Beruf bleibt daher eine der wichtigsten Herausforderungen für die Führungskräfte der Krankenpflege in der EU. Als Folge des kommunistischen Regimes sehen es die Ärzte in den osteuropäischen Ländern als Teil ihrer traditionellen Rolle an, die Politik der Krankenpflegeausbildung zu formulieren, so dass die Krankenschwestern und -pfleger seit jeher den Ärzten unterstellt sind. In diesem Kontext wird die Arbeit der Krankenschwestern in der Gesellschaft unterbewertet: Krankenschwestern werden immer noch als "Vollstrecker der ärztlichen Anordnungen", "Handlanger der Ärzte" und "Hilfspersonal des Arztes ohne jegliche Entscheidungsbefugnis" betrachtet. In diesem beruflichen Kontext, in dem die Ärzte über die Krankenschwestern dominieren, müssen die Krankenschwestern, die Frauen, um ihre Position kämpfen, wenn sie sich in der Politik engagieren. Aus den Interviews mit Krankenschwestern und Vertretern der Zivilgesellschaft geht klar hervor, dass sie Politiker verdächtigen, die von Eigeninteressen geleitet werden und Gesetze nach ihren persönlichen Interessen und Vorteilen erlassen. Ein politischer Informant der EFN äußerte sich wie folgt: "Wir haben immer noch viele neue Politiker, die sehr daran interessiert sind, Geld zu verdienen und Interessengruppen auf höchster politischer Ebene zu bilden. Sie sind hauptsächlich Ärzte und machen Politik für ihre eigenen Interessen". Ehrgeizige Ärzte und eigennützige Politiker in einflussreichen Positionen haben zur Folge, dass die Pflegeagenda bei der Gestaltung der Politik völlig außer Acht gelassen wird.

Das Hauptaugenmerk der Krankenschwestern und -pfleger lag jedoch schon immer auf der Beseitigung der "alltäglichen Ungerechtigkeiten" und dem "Aufbau einer gemeinsamen Gesellschaft für alle". Nationale Regierungen und Politiker sprechen seit Jahren von sozialer Gerechtigkeit und sozialer Mobilität, aber wenn man den Einzelnen erreicht, oft in Verbindung mit einer zivilgesellschaftlichen Bewegung, einem Berufsverband oder einer Patientenbewegung, und konkrete Veränderungen herbeiführt und nicht nur auf Schlussfolgerungen und Empfehlungen des Rates drängt, ist eine Gesellschaft mit Mitgefühl in der Lage, über die aktuelle politische Agenda hinauszugehen und echte soziale Reformen auf allen Ebenen der Gesellschaft durchzuführen, damit diejenigen, die das Gefühl haben, dass das System gegen sie arbeitet, die Aufmerksamkeit und Unterstützung erhalten, die sie brauchen. Auf diese Weise können Ungleichheiten beseitigt, die Arbeitslosigkeit verringert und das Vertrauen wiederhergestellt werden. Es ist an der Zeit, auf eine "Gemeinsame Gesellschaft" hinzuarbeiten, in der alle Einzelpersonen und Gruppen, die zusammen 3 Millionen Krankenschwestern und -pfleger ausmachen, befähigt werden, die Politik mitzugestalten, ihre Unterschiede zum Ausdruck zu bringen und gleichzeitig ihre Stimmen in die breitere Bevölkerung zu integrieren. Es ist von entscheidender Bedeutung, dass Regierungen, Politiker und politische Entscheidungsträger die Würde und die Menschenrechte aller Menschen respektieren und gleichzeitig jedem Einzelnen und jeder Gruppe die gleichen Chancen bei der Gestaltung der Zukunft einräumen. Dies wird das Gegenmittel gegen das Wiederaufleben des Populismus sein, der ein starkes Symptom der Wirtschaftskrise ist, die die einfachen Menschen im Inland trifft. Es ist frustrierend, dass die großen Banken den einfachen Menschen so viele Probleme bereiten und dafür einen hohen Preis zahlen. Soweit ich weiß, hat der Gesundheitssektor die Kürzungen und Sparmaßnahmen überlebt, die von den Politikern als "Chance" bezeichnet werden, es sei denn, man ist Teil des Gesundheits- und Sozialsystems als Endverbraucher, Pflegebedürftiger oder Anbieter von Pflegeleistungen. Es ist also keine Überraschung, dass die verschiedenen nationalen Wahlen - von Dänemark über Finnland bis hin zu Ungarn und Polen, nicht zu vergessen Österreich, Frankreich, Italien und das Vereinigte Königreich - die Stärke der rechtsextremen Parteien und des Populismus bestätigen, an den die normalen Bürger zu glauben beginnen und in der EU eine Lösung für ihre verzweifelte Lage zu finden. Die Bürger, die der EU ab 2004 beigetreten sind (mit Ausnahme von Malta und Zypern), sind vom Kommunismus zur Demokratie gewechselt und suchen nun wieder nach einer anderen Identität innerhalb der EU und Europas. Wir sind fast 10 Jahre vom Beginn der Wirtschafts- und Finanzkrise von 2008 entfernt, und die EU-Investitionspläne, bei denen es um Milliarden von Euro geht, haben die Bürger von ihrer europäischen Identität weggetrieben. Obwohl der wirtschaftliche Schutz und die Sicherheit ständig schrittweise angegangen werden, ist eine einheitliche soziale Antwort von unten nach oben, die über Konsultationen hinausgeht, dringend erforderlich. Der soziale Zusammenhalt ist entscheidend für eine engagierte und mitfühlende Gesellschaft, die von einfachen Menschen geführt wird. In der heutigen EU bleibt der Diskurs über das "soziale Europa" oft ungehört, und wenn er geführt wird, dann mit der traditionellen Rhetorik: Solidarität, sprich Freiwilligenarbeit. Wenn man jedoch den Populismus nutzt, um eine neue Identität aufzubauen und damit eine Vision und einen Sinn für Wohlstand und Inklusion zu schaffen, muss man ein einzigartiges europäisches politisches Modell aufbauen, das eine Reihe von unvermeidlichen Forderungen im Zusammenhang mit der Frage "Was ist für mich drin? Dies geht weit über die Fragen der Solidarität, der Identität, der Ungleichheit, des wirtschaftlichen/sozialen Schutzes und der Freiheit hinaus. Krankenschwestern und -pfleger, Frauen, könnten und sollten an der Gestaltung des Wandels beteiligt sein und ihn sogar anführen.

4.4. Ich möchte Teil des Aufbaus einer Europäischen Union sein, die auf Werten basiert

Die Union gründet sich auf die Werte der Achtung der Menschenwürde, der Freiheit, der Demokratie, der Gleichheit, der Rechtsstaatlichkeit und der Wahrung der Menschenrechte, einschließlich der Rechte der Personen, die Minderheiten angehören. Diese Werte, die in Artikel I-2 aufgeführt sind, sind den Mitgliedstaaten gemeinsam. Darüber hinaus zeichnen sich die Gesellschaften der Mitgliedstaaten durch Pluralismus, Nichtdiskriminierung, Toleranz, Gerechtigkeit, Solidarität und Gleichstellung von Frauen und Männern aus. Diese Werte spielen vor allem in zwei besonderen Fällen eine wichtige Rolle. Zum einen muss jeder europäische Staat, der Mitglied der Union werden möchte, gemäß dem in Artikel I-58 festgelegten Beitrittsverfahren diese Werte achten, um für eine Aufnahme in Frage zu kommen. Zweitens kann die Nichteinhaltung dieser Werte durch einen Mitgliedstaat zur Aussetzung der sich aus der Mitgliedschaft in der Union ergebenden Rechte dieses Mitgliedstaats führen (Artikel I-59).

Absatz 4 von Artikel I-3 ist der Förderung der Werte und Interessen der Union in ihren Beziehungen zur übrigen Welt gewidmet. In diesem Absatz werden die Ziele des EU-Vertrags in Bezug auf die Gemeinsame Außen- und Sicherheitspolitik und die Bestimmungen des Vertrags über die Entwicklung der Zusammenarbeit zusammengefasst: Frieden, Sicherheit, nachhaltige Entwicklung der Erde, Solidarität und gegenseitige Achtung der Völker, freier und gerechter Handel, Beseitigung der Armut, Schutz der Menschenrechte (insbesondere der Rechte des Kindes), Entwicklung des Völkerrechts (Achtung der Grundsätze der Charta der Vereinten Nationen). Die Verfassung sieht als neues Ziel den Schutz der Rechte des Kindes auf internationaler Ebene vor.

In Krisenzeiten, in Zeiten politischer Spannungen zwischen Ländern und Kontinenten, neigen die Bürger jedoch leicht dazu, sich in zwei Lager aufzuspalten: eines für und eines gegen die EU. Aber wie hilfreich ist das, wenn es darum geht, die EU-Werte, auf die wir uns alle einmal geeinigt haben, weiter zu leben und daran zu arbeiten? Die wichtigsten Herausforderungen für Krankenschwestern und Krankenpfleger betreffen also vor allem die Menschenwürde, Gleichheit, Menschenrechte und Solidarität, um nur einige zu nennen.

Die Menschenwürde ist im Gesundheits- und Sozialbereich von zentraler Bedeutung, und das Pflegepersonal spielt eine wichtige Rolle bei der Wahrung der Würde und damit bei der Förderung des Wohlbefindens. Bei der Würde geht es darum, wie Menschen in Bezug auf ihren eigenen Wert oder den Wert anderer fühlen, denken und sich verhalten. Jemanden mit Würde zu behandeln, bedeutet, ihn in einer Weise zu behandeln, die seine Verschiedenheit respektiert und ihn als wertvolles Individuum betrachtet. Wenn Würde vorhanden ist, fühlen sich die Menschen kontrolliert, wertgeschätzt, zuversichtlich, wohl und in der Lage, Entscheidungen für sich selbst zu treffen. Ist die Würde nicht vorhanden, fühlen sich die Menschen abgewertet, haben keine Kontrolle und fühlen sich nicht wohl. Es kann ihnen an Selbstvertrauen mangeln und sie sind nicht in der Lage, Entscheidungen für sich selbst zu treffen. Sie fühlen sich möglicherweise gedemütigt, beschämt und schämen sich. Was bedeutet das nun für mich als EU-Bürger? Die Krankenschwestern und Krankenpfleger sollten eine Vorreiterrolle übernehmen, wenn es darum geht, von einem Wert der Würde und des Respekts, der vielleicht nur auf dem Papier in den Verfassungen steht, zu einer Kultur überzugehen, in der Würde und Respekt im Verhalten überall in der EU sichtbar und spürbar sind. Mit 3 Millionen Krankenschwestern und Krankenpflegern in der EU könnten wir den Unterschied ausmachen, den die EU so dringend braucht.

Schließlich ist es wichtig, die Erfahrungen der Krankenschwestern und Krankenpfleger mit Artikel I-58 zu teilen: Jeder europäische Staat, der Mitglied der Union werden möchte, muss die aufgelisteten EU-Werte einhalten, um für eine Aufnahme in Frage zu kommen. Die Europäische Kommission definiert die Erweiterung der EU als den Prozess, durch den Länder der EU beitreten. Ein EU-Mitgliedstaat zu werden bedeutet, auf eine gut funktionierende Demokratie hinzuarbeiten, in der stabile Institutionen und die Rechtsstaatlichkeit gewährleistet sind sowie die Menschenrechte und der Schutz von Minderheiten rechtlich garantiert und in der Praxis geachtet werden. Zusätzlich zu diesen politischen Anforderungen erfordert die Mitgliedschaft in der Union eine funktionierende Marktwirtschaft und die Fähigkeit, dem Wettbewerbsdruck und den Marktkräften innerhalb der Union standzuhalten. Der EU-Beitrittsprozess besteht aus Verhandlungen zwischen der nationalen Regierung und der Europäischen Kommission mit dem Ziel, die nationale Gesetzgebung an die im Acquis Communautaire festgelegten europäischen Richtlinien anzupassen.

Der Besitzstand umfasst 35 Kapitel, die die großen Zuständigkeitsbereiche der EU widerspiegeln, darunter Kapitel 3, die Freizügigkeit von sieben sektoralen Berufen, einschließlich der Ausbildung von "Krankenschwestern und Krankenpflegern, die für die allgemeine Pflege verantwortlich sind" (Richtlinie 2005/36/EG, kürzlich durch die Richtlinie 2013/55/EU modernisiert). Dies beinhaltet die Anerkennung von Berufsqualifikationen und die Umsetzung der Mindestanforderungen der Richtlinie in Bezug auf das Mindestniveau der Allgemeinbildung, das vollständige Ausbildungsprogramm von 4600 Stunden, wobei mindestens ein Drittel des Ausbildungsprogramms theoretisch sein muss und mindestens die Hälfte eine klinische Ausbildung auf Vollzeitbasis sein muss, und den Lehrplan für die Krankenpflege, der mindestens die in Anhang 5.2.1 der Richtlinie beschriebenen Lerninhalte umfasst.

Da der Pflegeberuf einer der mobilsten Berufe in der EU ist, ist die Einhaltung der europäischen Richtlinie über die gegenseitige Anerkennung von Berufsqualifikationen (MRPQ) von zentraler Bedeutung für die Patientensicherheit und die Qualität der Pflege (De Raeve, 2011; Keighley, 2009). Der Prozess der Einhaltung der Richtlinie für die EU-Mitgliedschaft wird durch die Peer-Reviews und Seminare zum Kapazitätsaufbau der Europäischen Kommission für technische Hilfe und Informationsaustausch

(TAIEX) unterstützt.
TAIEX ist das Instrument, das für alle Elemente der technischen Hilfe im Zusammenhang mit den Vorbereitungen für die Anwendung des Acquis zuständig ist (Europäische Kommission, 2011). Das Hauptziel der Peer-Reviews besteht darin festzustellen, ob eine angemessene Verwaltungsinfrastruktur und -kapazität vorhanden ist, um die vollständige Umsetzung des Besitzstands zu gewährleisten. In den Peer-Review-Berichten werden Bereiche aufgezeigt, die weiter gestärkt werden müssen. Die TAIEX-Seminare zum Kapazitätsaufbau sind daher weitgehend bedarfsorientiert und erleichtern die Vermittlung von angemessenem, maßgeschneidertem Fachwissen, um die in den TAIEX-Peer-Review-Berichten festgestellten Mängel zu beheben (Europäische Kommission, 2004). Der Kapazitätsaufbau zielt darauf ab, das Verständnis für die EU-Rechtsvorschriften in den Verwaltungen der begünstigten Partner zu verbessern, die Vernetzung der Teilnehmer zu fördern und den Austausch von bewährten Verfahren und Erfahrungen zu erleichtern. Eine zweite Evaluierung kann stattfinden, um die Fortschritte zu messen, da die Peer-Review-Berichte in der Regel eine wichtige Informationsquelle für die umfassenden Monitoring-Berichte der Kommission sind, auf deren Grundlage die politischen Entscheidungsträger der Europäischen Kommission, des Europäischen Rates und des Europäischen Parlaments fundierte Entscheidungen über die Fortschritte bei der Einhaltung des Besitzstands treffen.
Jüngste Forschungsergebnisse (De Raeve, 2014) zeigen, dass die von der Kommission für die Einhaltung der Vorschriften eingesetzten Mechanismen nicht zweckmäßig sind und die Führungsebene der Pflegekräfte daher nicht die Gelegenheit nutzen kann, eine professionelle Agenda zu formulieren und umzusetzen und positive politische Ergebnisse zu erzielen. Daher möchten die Pflegekräfte die Kommission dazu ermutigen, insbesondere in Zeiten der Reform der EU-Institutionen, die Robustheit der EU-Einhaltungsmechanismen zu bewerten. Die drei politischen Mechanismen, mit denen die Einhaltung des Besitzstands erreicht werden soll, sind die umfassenden Überwachungsberichte der Kommission, die Taiex-Peer-Review-Berichte und die Taiex-Seminare zum Kapazitätsaufbau. Ein Vergleich zwischen Rumänien und Kroatien zeigte jedoch, dass die Taiex-Seminare zum Kapazitätsaufbau die Führungsebene der Krankenpflege in die Lage versetzten, den Prozess zu beeinflussen und die Krankenpflege als Beruf in einer medizinisch dominierten Politik und einem postkommunistischen Semashko-Arbeitsumfeld zu fördern. Dennoch wurden die Empfehlungen der Taiex-Peer-Review und des Kapazitätsaufbaus nur unzureichend in den umfassenden Monitoring-Berichten der Kommission aufgegriffen, die innerhalb der europäischen Institutionen diskutiert wurden. In der Studie wird daher argumentiert, dass die Mechanismen zur Einhaltung der Vorschriften nicht genug Einfluss haben, um durch das Engagement der Regierungen und der Interessengruppen von der Billigung der Rechtsvorschriften zu deren Umsetzung zu gelangen.
Wenn es darum geht, die Werte der EU zu verteidigen, ist es wichtig, dass die EU-Institutionen aktualisierte und zweckmäßige Mechanismen einsetzen! Den Mechanismen zur Überprüfung der Einhaltung der Vorschriften, den Umfassenden Monitoring-Berichten und den Taiex-Peer-Reviews, fehlt es an politischer Macht, um die EU-Mitgliedschaft aufzuhalten, wenn die Ziele nicht erreicht werden. Die Taiex-Seminare zum Aufbau von Kapazitäten sind ein Instrument, um die Fähigkeit der Führungsebene in der Krankenpflege zu stärken, Strategien zur Behebung der kritischen Lücken zu entwickeln. Und schließlich, um auf die Verfassung zurückzukommen, kann die Nichteinhaltung dieser Werte durch einen Mitgliedstaat zur Aussetzung der sich aus der Mitgliedschaft in der Union ergebenden Rechte dieses Mitgliedstaates führen (Artikel I-59).

4.5. Ich will meinen Job zurück, den du mir weggenommen hast

Laut dem Europäischen Bericht der Europäischen Kommission über offene Stellen und Personalbeschaffung gehört der Gesundheitssektor zu den "Top-Engpassberufen" in Europa, bei denen es schwierig ist, freie Stellen zu besetzen. In der Tat wurden seit 2008 viele Stellen für Krankenschwestern und Krankenpfleger gestrichen, obwohl der Sektor dringend mehr qualifizierte Arbeitskräfte benötigt, um sich ändernden Bedürfnissen der Patienten und des Gesundheitssystems gerecht zu werden. Daher ist es wichtig, über das Ausmaß und die Tragweite der negativen Auswirkungen der Finanzkrise nachzudenken.
Seit dem Ausbruch der globalen Finanzkrise Anfang 2008 beobachten wir die Auswirkungen auf die Krankenschwestern und Krankenpfleger mit großer Wachsamkeit. Die Auswirkungen sind offensichtlich: ein tatsächlicher Abbau von Stellen für Krankenschwestern in ganz Europa, Gehaltskürzungen und Gehaltsstopps für Krankenschwestern, geringere Einstellungs- und Bindungsquoten und beobachtete

Kompromisse bei der Qualität der Pflege und der Patientensicherheit. Insbesondere berichteten mehr als die Hälfte der EFN-Mitglieder über Lohnkürzungen, Lohnstopps und steigende Arbeitslosigkeit für Krankenschwestern und Krankenpfleger; mehr als ein Drittel der EFN-Mitglieder berichtete über Bedenken hinsichtlich der Qualität der Pflege und der Patientensicherheit; und mehr als ein Fünftel der EFN-Mitglieder berichtete über die Herabstufung der Krankenpflege und die Ersetzung von Krankenschwestern und Krankenpflegern durch ungelernte Arbeitskräfte, um das System billiger zu machen.

Die oben beschriebene Situation hat dazu geführt, dass Krankenschwestern und Krankenpfleger in ganz Europa härter arbeiten als zuvor, um die Qualitätsstandards aufrechtzuerhalten, während gleichzeitig von ihnen verlangt wird, mehr für weniger Geld zu leisten. Da es sich bei der Krankenpflege um einen von Frauen dominierten Beruf handelt, sind Frauen ungleich und am stärksten betroffen. Die Krankenschwestern stehen vor dem Dilemma, sichere und hochwertige Pflege in einem Umfeld zu leisten, das von einem Kostendämpfungsdiskurs beherrscht wird, der die tatsächlichen Auswirkungen auf die Patientenversorgung leichtfertig übersieht. Mangelnde Ausrüstung, reduzierte Vorräte und unzureichende Personalausstattung bringen in ganz Europa täglich das Leben von Patienten in Gefahr.

Daher wurden mehrere Medieninitiativen zur Unterstützung der Krankenschwestern ergriffen. Einige Beispiele:

S EFN unterstützt Krankenschwestern und Krankenpfleger bei Generalstreiks in Südeuropa - Posted on November 14, 2012 - Angesichts der Anti-Spar-Streiks in Portugal und Spanien ist es wichtig, den Gesundheitssektor vor weiteren Kürzungen und den daraus resultierenden Gefahren für das Gesundheitspersonal und die Patienten zu schützen.

S EFN fordert slowakische Behörden auf, Krankenschwestern und Krankenpfleger zu unterstützen - Gepostet am 24. Juli 2012 - ein Brief an die slowakischen Behörden im Zusammenhang mit dem Gesetz Nr. 62/2012 über Mindestlohnansprüche von Krankenschwestern und Hebammen in der Slowakischen Republik.

S Das EFN unterstützt die italienischen Krankenschwestern und Krankenpfleger bei der Pflegeausbildung - Gepostet am 11. Juli 2012 - Wie schon 2009 arbeitet die italienische Regierung daran, Krankenschwestern und Krankenpfleger herabzustufen.

S Slowakei Krankenpflege und Hebammenwesen im Wandel - Posted on September 24, 2016 - Kollegen aus Polen, Kroatien, Tschechien und
Die Ukraine setzt sich intensiv dafür ein, dass Krankenschwestern und Krankenpfleger und der Pflegeberuf in der Sozial- und Gesundheitspolitik auf nationaler und europäischer Ebene eine stärkere Stimme erhalten und eine Schlüsselrolle spielen können.

J Polnische Krankenschwestern und Krankenpfleger bündeln ihre Kräfte - Gepostet am 16. September 2016 - Polnische Krankenschwestern und Krankenpfleger, die polnische Aufsichtsbehörde, die Gewerkschaft und der Verband haben eine klare Botschaft an die Gesundheitsministerin gerichtet: "Senken Sie nicht die Pflegeausbildung mit Ihren neuen Bildungsreformen in Polen".

J Zyperns Krankenschwestern streiken für bessere Arbeitsbedingungen - Posted on May 7, 2015 - Zyperns Krankenschwestern haben beschlossen, einen Arbeitskampf zu führen, um ihre Arbeitsbedingungen und die mangelnde Einhaltung grundlegender Vereinbarungen durch die Regierung anzuprangern.

J Portugiesisches Pflegepersonal streikt für bessere Arbeitsbedingungen! - Geschrieben am 24. September 2014 - Portugiesische Krankenschwestern haben einen zweitägigen Streik für bessere Arbeitsbedingungen begonnen. Die portugiesische Regierung versuchte, die Mitgliedschaft der Krankenschwestern in dem Streik abzuwerten, jedoch ohne Erfolg. Die Mehrheit der von den Medien befragten Bevölkerung stimmte den Krankenschwestern und ihrem Engagement im Kampf gegen die Auswirkungen der Sparmaßnahmen zu.

J EFN setzt den slowenischen Gesundheitsminister unter Druck - Geschrieben am 19. Juli 2012 - Ein Brief an das slowenische Gesundheitsministerium wendet sich gegen Versuche der Deregulierung des Pflegeberufs.

Wenn es um Fakten und Zahlen geht, die auf Daten aus den Jahren 2009, 2010 und 2011 basieren, also drei Jahre nach der 2008 ausgelösten Krise im Bankensektor, zeigen die nach Ländern aufgeschlüsselten Berichte über die Auswirkungen der Krise auf Krankenschwestern und Krankenpfleger in Europa, dass Krankenschwestern und Krankenpfleger am meisten leiden. Dies ist wahrscheinlich darauf zurückzuführen, dass Krankenschwestern und Krankenpfleger die größte Gruppe der Beschäftigten sind, was es den Finanz- und Gesundheitsministern leichter macht, Kürzungen durchzusetzen, als dies bei Ärzten oder kleineren Berufsgruppen der Fall ist. Die folgenden Länderberichte zeigen das Ausmaß des Schadens, der den Krankenschwestern in der EU zugefügt wurde. Lassen Sie uns zunächst nach Österreich gehen. Zu Beginn der Finanzkrise sah sich Österreich mit Haushaltskürzungen im Bereich des öffentlichen Gesundheitswesens und der Bildung konfrontiert, was bedeutete, dass es keine Gehälter für Fachkrankenschwestern und -pfleger gab und dass weniger gut ausgebildete Arbeitskräfte in den Gesundheitssektor eintraten, um alles billiger zu machen. Die Regierung kündigte jedoch an, bis 2010 2000 neue Stellen für Krankenschwestern zu schaffen. Berichten zufolge wurden 20000 Teilzeitstellen geschaffen, aber genau so viele Vollzeitstellen abgebaut. Leider gibt es zwar keine Beschwerden von Patienten, aber es gibt Hinweise darauf, dass die Fehlerquote in der Pflege gestiegen ist. Dies ist ein besorgniserregender Trend, wenn man bedenkt, dass die Politiker nachweislich versuchen, die Pflege im derzeitigen Gesundheitssystem zu verschlechtern.

In Belgien gab es überraschenderweise keine negativen Auswirkungen der Finanzkrise. Es gibt etwa 110.000 aktive Krankenschwestern und Krankenpfleger, und das Verhältnis beträgt derzeit 11 Krankenschwestern pro 1.000 Einwohner. In den Krankenhäusern liegt der durchschnittliche Anteil an qualifizierten Krankenschwestern bei 85 % und 15 % an nicht-pflegerischem Personal (Verwaltung und Logistik). Immer mehr Krankenschwestern und -pfleger, die Vollzeit in Krankenhäusern tätig sind, arbeiten zusätzlich auf Teilzeitbasis in der häuslichen Pflege, was recht besorgniserregend ist.

In Bulgarien hat die Finanzkrise das Gesundheitssystem schwer getroffen. Im Jahr 2009 hatte Bulgarien erfolgreich eine 100 %ige Gehaltserhöhung in Krankenhäusern erreicht, obwohl diese nur 350 € und 10 % für Krankenschwestern und -pfleger der Grundversorgung betrug. Tatsächlich hatten 10000 Krankenschwestern und -pfleger ihren Beruf ganz aufgegeben, während 2500 Krankenschwestern und -pfleger auf der Suche nach besseren Arbeitsbedingungen das Land verlassen hatten. Die Einstellung von Krankenschwestern und -pflegern hatte für die Regierung keine Priorität, und die Spezialisierung in der Krankenpflege wurde blockiert. Darüber hinaus waren Berichten zufolge viele Menschen nicht krankenversichert. Nach den Regierungswahlen im Jahr 2009 wirkte sich die Finanzkrise weiterhin stark auf das bulgarische Gesundheitssystem aus. Es wurde von extrem niedrigen Gehältern für Krankenschwestern und Hebammen berichtet (10 % bis 25 % weniger und ein Durchschnittsgehalt von etwa 220 €). Allein im Jahr 2010 wanderten mindestens 836 Krankenschwestern und -pfleger auf der Suche nach besseren Gehältern in andere Länder ab, und etwa 1000 Krankenschwestern und -pfleger verließen den Beruf wegen der unklaren Zukunft und der niedrigen Gehälter. Außerdem hat die Regierung den Gesundheitshaushalt für 2010 und 2011 gekürzt. Die Gehälter für Krankenschwestern und Hebammen waren seit 2007 nicht mehr angehoben worden, und im Zuge einer Reform des Krankenhaussektors wurden einige der kleineren Krankenhäuser des Landes geschlossen oder in Gesundheitszentren umgewandelt, wodurch etwa 200 Krankenschwestern ihren Arbeitsplatz verloren. Die Krankenschwestern und -pfleger in Bulgarien können aufgrund der geringen Personalstärke, der geringen Motivation und des niedrigen Gehalts keine hohe Qualität der Pflege gewährleisten.

Kroatien ist der EU 2013 beigetreten, also fünf Jahre nach der Bankenkrise, die sich auf die Gesundheit und das Wohlergehen der EU-Bürger auswirkte. Zu Beginn der Finanzkrise wurde in Kroatien eine Reihe von Reformen des Gesundheitssystems eingeleitet, die den Pflegeberuf ernsthaft beeinträchtigten. Zusätzlich zu dem schwierigen finanziellen Klima gab es einen Mangel an Krankenschwestern und einen Anstieg der Arbeitsbelastung der Krankenschwestern, der ernsthafte Fragen zur Patientensicherheit in der Gesundheitsversorgung aufwarf. Die Regierung schränkte die Budgets der Krankenhäuser ein, und Überstunden wurden nicht bezahlt. Im Jahr 2010 setzte sich die Situation fort, da das Durchschnittsgehalt gesenkt wurde, Krankenschwestern nicht ersetzt wurden, wenn Kollegen in Mutterschaftsurlaub gingen, und das Budget für das Gesundheitswesen weiter gekürzt wurde. Heute setzt sich das gleiche Muster fort, unabhängig davon, welche Art von Regierung gewählt wird. Dies wirft die Frage nach der Macht der Krankenschwestern in der Politik auf (Manifest) wie wichtig es ist, dass Krankenschwestern politisch aktiv werden und sogar selbst Politiker werden. Die Mitgliedstaaten, die eine Krankenschwester als Gesundheitsministerin haben, machen die meisten Fortschritte: Finnland ist ein gutes Beispiel dafür.

In Zypern ist die Arbeitslosigkeit unter den Krankenschwestern gestiegen. Heute hat sich die Situation noch verschlimmert. Während die Wirtschaftskrise das Land noch immer belastet, wurde die Regierung vom nationalen Parlament überzeugt, Gesetzesvorschläge zur Kürzung der Gehälter und bestimmter finanzieller Leistungen für alle öffentlichen Bediensteten, einschließlich der Krankenschwestern, vorzulegen. So wurden die Gehälter neu eingestellter Mitarbeiter um 10 % gekürzt, und die

Neueinstellungen im öffentlichen Sektor wurden für sechs Monate ausgesetzt. Aufgrund der Finanzkrise hat der private Sektor darum gebeten, von der Verpflichtung zur Einstellung von registrierten Krankenschwestern und -pflegern gemäß den gesetzlichen Bestimmungen ausgenommen zu werden. Die Arbeitslosenquote bei Krankenschwestern und -pflegern ist aufgrund des Überangebots an Absolventen nach wie vor hoch, doch die Krankenpflegeausbildung zieht immer mehr Studenten an.

In der Tschechischen Republik wurde über einen Anstieg der Arbeitsbelastung in der Pflege sowie über Kürzungen im Gesundheitsbudget berichtet. Da die Krankenkassen die Zahl der Krankenschwestern und -pfleger am Bett ohnehin schon niedrig angesetzt hatten, wurden 2010 in der Tschechischen Republik erhebliche Stellen für Krankenschwestern und -pfleger am Bett gestrichen. Die Umstrukturierung von Arbeitsplätzen in Akutpflegeeinrichtungen wurde jedoch durchgeführt, um Geld zu sparen. Die Stärkung der Grundpflege und der häuslichen Krankenpflege verlief nach wie vor sehr schleppend und wurde unterschätzt, und es wurde erwartet, dass der Mangel an Ressourcen eine Verbesserung der Situation behindern würde. Die tschechischen Krankenschwestern berichteten auch, dass kein Geld mehr vorhanden sei, um den Bereich der Grundversorgung wesentlich auszubauen. Zwar gab es keine nennenswerten Kürzungen bei den Gehältern oder Stellen in der Krankenpflege, doch schlug die neue "reformorientierte" Regierung in ihrem Versuch, die Finanzen des Landes zu retten, die Abschaffung der Gehaltsklassen vor; ein Schritt, der sich erheblich auf die Gehälter der Krankenschwestern und Krankenpfleger auswirken würde, insbesondere auf die von Krankenschwestern mit langer Berufserfahrung. Heute werden die Stellen für Krankenschwestern und -pfleger nicht in großem Umfang abgebaut. Aufgrund der Finanzkrise haben die Einrichtungen des Gesundheitswesens, in denen die Zahl der Krankenschwestern und -pfleger über den von den Krankenkassen vorgegebenen Grenzen lag, jedoch begonnen, die Zahl der Krankenschwestern und -pfleger und anderer medizinischer Fachkräfte zu verringern. Krankenschwestern und -pfleger mit höherer Ausbildung (Fachärzte, Master) sind für die Gesundheitseinrichtungen teurer, und die drohende Arbeitslosigkeit von Krankenschwestern und -pflegern hat dazu beigetragen, ihre Fluktuation zu verringern. Darüber hinaus besteht ein zunehmender Druck, Geräte effizient zu nutzen und Verschwendung zu vermeiden, was indirekt die Forschung unterstützt, die einen Zusammenhang zwischen Pflege und Geräteeffizienz herstellt. Die tschechischen Krankenschwestern und -pfleger berichten, dass die Regierung häufig von einer Ausrichtung auf die gemeindenahe und primäre Pflege spricht, aber nur wenige konkrete Maßnahmen ergreift. Darüber hinaus ist der Abbau von Akutbetten geplant und notwendig, und obwohl es keine großen Kürzungen gab, werden einige Stellen in der Krankenpflege durch Pflegeassistenten ersetzt. Obwohl es für einige Krankenschwestern schwierig ist, einen Arbeitsplatz zu finden, wird der Pflegeberuf immer noch als erstrebenswert angesehen.

In Dänemark veranlasste die Instabilität des privaten Sektors zur Zeit der Krise viele Krankenschwestern und -pfleger, in den öffentlichen Gesundheitssektor zu wechseln, anstatt in Zeitarbeitsfirmen oder privaten Kliniken zu arbeiten, und es wurde berichtet, dass die Zahl der Bewerber für Stellen im öffentlichen Gesundheitssektor zunahm. Allerdings stieg die Arbeitslosenquote, und viele private Unternehmen hatten geschlossen, was zu einem Rückgang der Steuereinnahmen führen sollte, was die Aufrechterhaltung oder den Ausbau des öffentlichen Gesundheitssektors erschwerte. Außerdem begannen die privaten Krankenhäuser mit der Verkleinerung ihres Angebots. Die Folgen der Finanzkrise zeigten sich im Gesundheitssektor in Form von Personalabbau und der Schließung von Krankenhäusern und Abteilungen. Seit 2009 ist die Arbeitslosenquote bei Krankenschwestern und -pflegern von 0,24 % auf 0,82 % gestiegen, und es wird erwartet, dass sie sich in den kommenden Jahren weiter verschlechtern wird. Die Arbeitslosigkeit unter frisch diplomierten Krankenschwestern und -pflegern war mit 25 %, die nach ihrem Abschluss keine Stelle in der Krankenpflege bekamen, sehr hoch. Es erübrigt sich zu erwähnen, dass der Personalabbau beim Krankenhauspersonal ein hohes Maß an Unsicherheit und Angst auslöste, und die Folgen des Personalabbaus waren ein hoher Stresspegel, eine Verschlechterung des Arbeitsumfelds und eine Gefährdung der Patientensicherheit. Die Schließung einer Reihe privater Krankenhäuser führte außerdem dazu, dass Fachkräfte in den öffentlichen Gesundheitssektor abwanderten. Am besorgniserregendsten war der Mangel an zukünftigen medizinischen Fachkräften, da ein großer Teil der Belegschaft in den Ruhestand ging. Die Dänen berichten, dass es nicht genügend junge Krankenschwestern und -pfleger gibt, die die Nachfolge antreten könnten, und angesichts der hohen Arbeitslosigkeit scheint der Krankenpflegeberuf keine verlockende Option für Gymnasiasten zu sein. Die Arbeitslosigkeit steigt in vielen Sektoren weiter an (insgesamt 5,3 %), und kleine Unternehmen schließen, während große Unternehmen Personal abbauen. Da viele Krankenschwestern und -pfleger arbeitslos sind und die Zahl der Krankenschwestern und -pfleger, die ihren Abschluss machen, zunimmt, gibt es eine starke Zuwanderung von Dänemark nach Schweden.

In Finnland verschlechterte sich die allgemeine wirtschaftliche Lage. Das Wachstum der Gesundheitsbudgets ging zurück, und einige kleinere Gesundheitseinrichtungen wurden geschlossen. Dauerhafte Stellen wurden nicht automatisch besetzt, und dem Personal wurde geraten, ihr Urlaubsgeld in freie Tage umzuwandeln. Die Arbeitgeber akzeptierten bereitwillig unbezahlte freie Tage, wenn sie darum gebeten wurden, und die Krankenschwestern berichteten von Fällen, in denen sie gebeten wurden, Überstunden zu machen und dafür keinen zusätzlichen Ausgleich erhielten. An den Fachhochschulen bewarben sich jedoch immer mehr Krankenpflegeschüler. Ein auffälliges Ergebnis der RN4CAST-Studie ist, dass 49 % der finnischen Krankenschwestern und -pfleger beabsichtigen, innerhalb eines Jahres aus dem Beruf auszuscheiden, während anderen Berichten zufolge etwa 10000 ausgebildete Krankenschwestern und -pfleger den Beruf in Finnland bereits verlassen haben. Dies könnte daran liegen, dass der Pflegeberuf in Finnland kein hohes Ansehen genießt, das Gehalt niedrig ist und die Arbeit anspruchsvoll ist. Die Kürzungen im Gesundheitswesen haben sich jedoch negativ auf die Wartezeiten ausgewirkt und die Zahl der Patienten auf den Wartelisten erhöht.

In Frankreich haben die Auswirkungen der Wirtschaftskrise auf die Gesundheit der Bevölkerung zu einer erhöhten Arbeitsbelastung der Krankenschwestern und -pfleger geführt, sowohl in den Krankenhäusern als auch in der Gemeindepflege. Dies wird durch den Mangel an Krankenpflegern und Ärzten noch verschärft.

In Deutschland wurden die Auswirkungen der Finanzkrise sehr schnell deutlich, da viele Krankenschwestern und -pfleger ihren Arbeitsplatz verließen, was zu einem Personalmangel führte. Dies und andere Bedrohungen für den Pflegeberuf führten zu anhaltenden Gesprächen über eine Bildungsreform, mit der versucht werden sollte, die Pflege in die Hochschulausbildung zu bringen. Aufgrund der hohen Arbeitsbelastung und des zunehmenden Mangels an Krankenschwestern und -pflegern ist der Druck auf sie gestiegen. Der finanzielle Druck auf den Gesundheitssektor nahm zu, da die Regierung bei der Reform der Kranken- und Pflegeversicherung versagte. Infolge der sich verschlechternden Arbeitsbedingungen (hohe Arbeitsbelastung, Mangel an Krankenschwestern und Krankenpflegern usw.), des Abbaus von Pflegestellen in Krankenhäusern und der Probleme bei der Finanzierung der Pflege in Pflegeheimen sind die Gehälter von Krankenschwestern und Krankenpflegern in der ambulanten Pflege niedriger als in Krankenhäusern oder Pflegeheimen.

Im Falle Griechenlands sind die negativen Auswirkungen der Finanzkrise auf den Gesundheitssektor trotz der berichteten Zunahme der Frühverrentung von Pflegepersonal, der niedrigen Gehälter und des geringen Verhältnisses zwischen Pflegepersonal und Patienten eindeutig. Alle neuen Stellen in der Krankenpflege wurden eingefroren, obwohl ein erheblicher Bedarf an Pflegepersonal besteht (schätzungsweise 85 000). Obwohl es eine Reihe ausgebildeter Krankenschwestern und -pfleger gab, durften keine neuen Mitarbeiter eingestellt werden. Damals wurde per Regierungsbeschluss festgelegt, dass für je fünf ausscheidende Krankenschwestern nur eine eingestellt werden durfte, um sie zu ersetzen. Die Organisations- und Verwaltungsstruktur des öffentlichen Sektors, zu dem das Gesundheitswesen gehört, weist viele Ineffizienzen auf, so dass eine genaue Zahl der benötigten Krankenschwestern nicht ermittelt werden konnte. Die griechischen Krankenschwestern berichteten auch über niedrige Gehälter und Gehaltskürzungen (etwa 40 %), die sich zusammen mit einer 30 %igen Steuererhöhung erheblich auf die allgemeinen Bedingungen des Berufs auswirkten. Aufgrund von Änderungen des Rentensystems, der Einführung von Altersgrenzen für den Eintritt in den Ruhestand und der Androhung von Rentenkürzungen haben sich viele Krankenschwestern für einen vorzeitigen Ruhestand entschieden. Da die staatlichen Krankenhäuser nicht in der Lage sind, ihre Schulden bei den Lieferanten zu begleichen, haben diese Unternehmen ihre Lieferungen entweder eingestellt oder eingeschränkt. Etwa ein Drittel der diplomierten Krankenschwestern und -pfleger bleibt nach ihrem Abschluss drei bis vier Jahre lang arbeitslos, und wegen des Mangels an Pflegepersonal sind die Krankenschwestern und -pfleger gezwungen, nicht nur mit weniger erwarteten freien Tagen pro Woche zu arbeiten, sondern auch mit mehr als den offiziellen Dienststunden. Die Arbeitsbelastung der Krankenschwestern hindert sie daran, den Patienten die notwendige Pflege zukommen zu lassen, selbst wenn es sich um schwerkranke Patienten handelt. Darüber hinaus gibt es Patientenbeschwerden über die Qualität der Pflege, die Wartelisten, die Gesundheitskosten, die Gesundheitseinrichtungen und die Kosten für Medikamente. Schließlich wird von einer hohen Mobilität der Krankenschwestern berichtet.

In Ungarn haben negative Veränderungen in den letzten 20 Jahren dazu geführt, dass sich immer weniger

Menschen für den Pflegeberuf entscheiden. Die Löhne im Gesundheitswesen sind extrem niedrig; das Einstiegsgehalt einer diplomierten Krankenschwester beträgt nur 340 € pro Monat. Darüber hinaus werden Krankenhäuser geschlossen, und die besorgniserregende finanzielle Lage des Gesundheitswesens und der Krankenhäuser hat zur Entlassung zahlreicher Mitarbeiter geführt, während die mangelnde Bindung an den Arbeitsplatz die Krankenschwestern und -pfleger dazu zwingt, eine extrem hohe Arbeitsbelastung zu bewältigen. In einigen Fällen musste eine Krankenschwester in einer Schicht 51 Patienten versorgen. In den letzten zwei Jahren kam es aufgrund der Steueränderungen der Regierung zu Lohnkürzungen von 8-10 %. Die Regierung hat versucht, die Gehaltskürzungen auszugleichen, was aber nur im staatlichen Sektor gelungen ist. Die Kürzungen bei den Gehältern der Krankenschwestern machen sich nicht nur im Nominalwert, sondern auch in der Kaufkraft bemerkbar. Die Finanzkrise hat nicht zu Kürzungen bei den Stellen für Krankenschwestern und -pfleger geführt, aber es gibt viele unbesetzte Stellen, weil es keine ausreichend ausgebildeten Bewerber gibt.

In Island kehrten die Menschen 2008, teilweise aus Angst vor Arbeitsplatzverlusten, in die Krankenpflege zurück und besetzten Stellen zu fast 100 %. Allerdings sah sich der Gesundheitssektor in jenem Jahr mit Kürzungen von 10 % konfrontiert, die in den beiden Folgejahren um weitere 10 % erhöht wurden. Infolgedessen war die Situation für diplomierte Krankenschwestern und -pfleger recht unsicher, da es keine freien Stellen gab. Außerdem wurden Gesundheitszentren geschlossen und ihre Dienste in die häusliche Pflege verlagert, während die Verkürzung der Verweildauer der Patienten in den Krankenhäusern dazu führte, dass die Kranken zu Hause versorgt wurden. Seit dem Ausbruch der Wirtschaftskrise im Oktober 2008 wurden mehrere Krankenhäuser und Krankenhausabteilungen zusammengelegt, und viele leitende Krankenschwestern und -pfleger verloren ihren Arbeitsplatz. Etwa 1,5 % der Krankenschwestern und -pfleger in Island stehen jeden Monat auf der nationalen Arbeitslosenliste, und seit zwei Jahren dürfen keine Überstunden mehr gemacht werden, es sei denn, der Abteilungsleiter hat sie vorher genehmigt. Dies hat dazu geführt, dass die Gehälter der Krankenschwestern und Krankenpfleger stark gekürzt und die Arbeitszeiten verlängert wurden. Infolgedessen hat sich die Arbeitsbelastung der Krankenschwestern durch die vielen Änderungen erhöht, und die Krankenschwestern haben ihre Besorgnis darüber zum Ausdruck gebracht, dass die Qualität der Pflege leidet und in einigen Fällen die Sicherheit der Patienten gefährdet ist. Im Jahr 2010 erklärte die isländische Regierung, dass sie die Mittel für das Gesundheitssystem im Jahr 2011 stark kürzen werde. Da die Gehälter etwa 75-80 % der Betriebskosten der Gesundheitseinrichtungen ausmachen, wurde erwartet, dass eine große Zahl von Beschäftigten im Gesundheitswesen entlassen werden würde. Managementpositionen wurden gestrichen, während die Zahl der Stellen für Krankenschwestern und -pfleger erhöht und die Arbeitszeiten verkürzt wurden. Auch die Zahl der Krankenschwestern und -pfleger, die für kurze Zeit (2-3 Wochen) im Ausland, vor allem in Norwegen, Arbeit suchen, ist gestiegen. Schließlich ist die Zahl der Krankenhausbetten stark zurückgegangen, und die Zahl der Patientenbeschwerden bei der Gesundheitsdirektion belief sich im letzten Jahr auf 252, wobei die Hauptursache für die Beschwerden eine falsche oder unzureichende Behandlung war.

In Irland wurde ein Einstellungsstopp (kein Ersatz/Einstellung von neuem Personal aus irgendeinem Grund) verhängt, der zum Verlust von 4000 Stellen in der Krankenpflege, zu 1200 Hochschulabsolventen ohne Arbeit und zur Schließung von Betten und Krankenhäusern führte. Im Jahr 2010 war die wirtschaftliche Lage in Irland extrem schlecht und hatte zu Kürzungen bei allen Stellen und Gehältern im öffentlichen Sektor geführt. Außerdem wurde geschätzt, dass im Jahr 2011 weitere 1000 Krankenschwestern und Hebammen in den Ruhestand gehen würden, ohne dass sie ersetzt würden. Die Regierung hatte sich zum Ziel gesetzt, dass bis zum Jahresende 6000 Beschäftigte freiwillig in den Ruhestand gehen sollten, was zu großer Besorgnis über die Auswirkungen auf das Gesundheitswesen führte. Außerdem wurden die Gehälter im öffentlichen Sektor um durchschnittlich 14 % gekürzt, und die Beschäftigten mussten zusätzlich 6 % in die Rentenkassen einzahlen. Krankenschwestern und -pfleger mussten in den letzten drei Jahren drastische Gehaltskürzungen hinnehmen, darunter eine Rentenabgabe auf den Bruttoverdienst in Höhe von 3 % bis 10 % je nach Gehalt, eine Gehaltskürzung von 5 % bis 10 % je nach Gehaltstabelle und den Verlust von Schichtzulagen, Überstunden und Zuschlägen. Der öffentliche Sektor hat 2800 Stellen im Pflege- und Hebammenwesen gestrichen, seit die Regierung 2008 ein Moratorium für alle Stellen im öffentlichen Sektor verhängt hat. Irland hat 1500 neue Hochschulabsolventen, die wegen des Moratoriums keine Verträge bekommen, und die meisten von ihnen wandern nach Großbritannien, Australien und in die USA aus. Außerdem scheiden jedes Jahr rund 800 Krankenschwestern und -pfleger aus dem öffentlichen Dienst aus, ohne ersetzt zu werden. Die Kürzungen der Gesundheitsbudgets und die Notwendigkeit für die Krankenhäuser, ihre Budgets einzuhalten, haben zu drastischen Sparmaßnahmen, Schließungen von Stationen, Krankenhausschließungen, Kürzungen von Leistungen und Umstrukturierungen von Leistungen geführt. Dies und der Stellenabbau haben zu einer höheren Arbeitsbelastung, längeren Wartelisten und überfüllten Notaufnahmen geführt, was wiederum ein erhöhtes Risiko für die Patientensicherheit und negative Auswirkungen auf die Qualität der Pflege mit sich bringt. Die Krankenschwestern und -pfleger äußern ständig ihre Besorgnis, und in einem Krankenhaus kam es zu Arbeitskampfmaßnahmen (d. h. Arbeitsniederlegungen) in einer Notaufnahme wegen Überfüllung und zu wenig Krankenschwestern und -pflegern, um eine sichere Versorgung zu gewährleisten. Irland hat in den letzten 10 Jahren einen anhaltenden Trend zur Reform des Gesundheitswesens erlebt und erwartet nun, angesichts der wirtschaftlichen Rezession und einer neuen Regierung, weitere Veränderungen sowohl bei der Erbringung der Pflege als auch bei der Finanzierung des Gesundheitswesens.

In Italien wurden viele Krankenschwestern, die in den Ruhestand gingen, nicht ersetzt; eine Maßnahme, die eine direkte Folge der Entscheidung der Regierung war, die Kosten im Gesundheitswesen zu senken. Außerdem wurden vermehrt schlechter bezahlte Krankenschwestern aus dem Ausland angeworben, während nur wenige Stellen für Krankenschwestern ausgeschrieben wurden. Außerdem war die Krankenpflegeausbildung unterfinanziert, da die meisten verfügbaren Mittel in die Medizin flossen, und Krankenhäuser und Abteilungen wurden geschlossen, um Geld zu sparen. Es werden immer weniger Krankenschwestern und Krankenpfleger eingestellt, da die Bettenzahl allmählich sinkt, und die wenigen offenen Auswahlverfahren für unbefristete Stellen als "allgemeine Krankenschwester" in öffentlichen Krankenhäusern (vor allem in Norditalien) wecken das Interesse Tausender Krankenschwestern und Krankenpfleger. Ironischerweise werden diese Daten verwendet, um zu zeigen, dass es in Italien keinen Mangel an Krankenschwestern und -pflegern gibt, was darauf hindeutet, dass schlechte Führung auf verschiedenen Ebenen die Hauptursache für die Schwäche des Systems ist. Schließlich scheint die zunehmende Arbeitsbelastung die Qualität der Pflege zu beeinträchtigen, während der Mangel an Krankenschwestern und das Ziel der Kostensenkung zu einer drastischen Verringerung der Bettenzahl führen, was an sich schon ein besorgniserregendes Zeichen für die Zukunft der Gesundheitsversorgung in Italien ist, da dies nicht durch eine angemessene häusliche Pflege (d. h. Familienkrankenschwestern, Gemeindekrankenpflege, primäre Gesundheitsdienste) ausgeglichen wird.

In Lettland wurde internationale Unterstützung für die Auswirkungen der Krise auf das Pflegepersonal angefordert. Konkret wurden 2009 13 Krankenhäuser geschlossen, wodurch viele Arbeitsplätze in der Krankenpflege gefährdet waren; das Gesundheitspersonal erhielt keine Überstundenvergütung; das Budget für das Gesundheitswesen wurde um 40 % gekürzt; die Krankenhauspreise waren gestiegen (150 %); und mangels finanzieller und administrativer Unterstützung konnte die medizinische Grundversorgung nicht umgesetzt werden. Seitdem sind die Gehälter der Krankenschwestern um 20-40 % gesunken (das frühere Gehalt lag bei 500 €, jetzt sind es 400 €), und die Arbeitslosenquote unter den Krankenschwestern beträgt 5-6 % (die allgemeine Arbeitslosenquote liegt bei 14 %). Lettland hat auch große Probleme bei der Einstellung von Krankenschwestern und -pflegern, da die Gehälter zu niedrig sind, es keine Freizügigkeit für Fachkräfte innerhalb des Landes gibt und die Anwerbung und Abwanderung in das Vereinigte Königreich, Deutschland, Norwegen und Irland sehr hoch ist. Ein weiteres Problem besteht darin, dass die Krankenschwestern, die sich für eine Tätigkeit im Ausland entscheiden, nicht als Krankenschwester, sondern als Hilfskraft arbeiten. Der Pflegeberuf ist in Lettland sehr beliebt, aber es müssen noch große Anstrengungen unternommen werden, um den Auswirkungen der Krise entgegenzuwirken, damit das Interesse an diesem Beruf erhalten bleibt.

In Litauen wurde das Budget für das Gesundheitswesen um 6 % gekürzt, und die Gehälter der Krankenschwestern und -pfleger sollten gekürzt werden, nachdem die Gespräche mit dem Gesundheitsministerium wenig positive Ergebnisse gebracht hatten. Darüber hinaus nahm die Abwanderung von Krankenschwestern und -pflegern zu, da sich immer mehr Krankenschwestern und -pfleger nach den Verfahren für die Arbeit in einem anderen Land erkundigten. Im Jahr 2010 setzten sich die Haushaltskürzungen fort, da die Gehälter von Krankenschwestern und anderen Gesundheitsfachkräften zum zweiten Mal nach 2009 um 10 % gekürzt wurden. Das Gehalt von Krankenschwestern und -pflegern war mit durchschnittlich 300 € sehr niedrig, und auch die Stellen für Krankenschwestern und -pfleger wurden abgebaut (allein im Jahr 2010 wurden 200 Stellen gestrichen). Darüber hinaus wurden in den Ruhestand gehende Krankenschwestern nicht ersetzt, was zu einem Anstieg der Arbeitsbelastung der Krankenschwestern führte, während die Vertretungen der Krankenschwestern während der Urlaubszeiten nicht erstattet oder bezahlt wurden. In einem besorgniserregenden Bericht wurde festgestellt, dass die Gehälter der Krankenschwestern nicht nur gekürzt, sondern in einigen Krankenhäusern auch verspätet gezahlt wurden. Die Finanzkrise hatte starke negative Auswirkungen auf die Krankenschwestern und Krankenpfleger in Litauen, da die Krise mit Reformen der Gesundheitseinrichtungen zusammenfiel, die zur Schließung einiger Abteilungen, zu Gehaltskürzungen und zum Anstieg der Arbeitslosigkeit führten. In den letzten Jahren stiegen die Gehaltskürzungen von 5 % auf 15 %, und erst in diesem Jahr wurden die Löhne der Krankenschwestern und -pfleger leicht angehoben, so dass sie wieder auf dem Stand von 2009 sind. In Litauen herrscht nach wie vor ein Mangel an Krankenschwestern und -pflegern, da die Regierung keine zusätzlichen Mittel bereitstellt und keine zusätzlichen Stellen schafft. Dies steht in direktem Zusammenhang mit der erhöhten Arbeitsbelastung und den niedrigen Gehältern, von denen die Krankenschwestern in Litauen weiterhin betroffen sind.

Luxemburg, das Heimatland von EU-Kommissionspräsident Juncker, scheint die Finanzkrise relativ unbeschadet überstanden zu haben, was die Gehälter und Stellen der Krankenschwestern angeht. Allerdings berichteten die Krankenschwestern über andere Probleme im Zusammenhang mit der Pflege. Offenbar als Reaktion auf die gestiegenen Kosten für Medikamente und medizinische Versorgung entscheiden sich die Patienten nun dafür, sich selbst zu versorgen und weniger Krankenschwestern aufzusuchen. Darüber hinaus wurden Qualität und Sicherheit durch zusätzliche Kosten für Patienten in der häuslichen Pflege und durch die Einstellung von gering oder gar nicht qualifiziertem Personal beeinträchtigt. Eine Einschränkung der Aufgaben, insbesondere in Altenheimen und in der häuslichen Pflege, hat dazu geführt, dass viele unterqualifizierte Personen Aufgaben übernehmen, die eigentlich von qualifizierten Pflegekräften ausgeführt werden sollten. Was die Migration betrifft, so verlassen nur wenige Krankenschwestern und Krankenpfleger das Land, aber viele kommen aus dem Ausland: 66 % der Pflegekräfte in Luxemburg sind Ausländer, die täglich aus Belgien, Frankreich und Deutschland einpendeln.

In der ehemaligen jugoslawischen Republik Mazedonien sind die gleichen Auswirkungen der Finanzkrise zu spüren wie in vielen osteuropäischen Ländern und neuen EU-Mitgliedstaaten. Die Ausbildung von Krankenschwestern und -pflegern befindet sich auf einem sehr niedrigen Niveau, was das Ausbildungsniveau, die Anforderungen und die öffentliche Wertschätzung angeht. Aufgrund des Mangels an Stellen konkurrieren weniger qualifizierte Krankenschwestern mit höher qualifizierten Krankenschwestern um Ressourcen, und die Einstellung erfolgt fast immer auf Zeitbasis. Mazedonische Krankenschwestern haben sehr niedrige Gehälter!

In Malta, das ab 2017 die EU-Ratspräsidentschaft innehat, geben das Aufkommen "hybrider" Arbeitskräfte im Gesundheitswesen, die Stellen in der Krankenpflege übernehmen, und das niedrige Gehalt von Krankenschwestern und -pflegern Anlass zu großer Sorge. Darüber hinaus wurden aufgrund des Mangels an Neueinstellungen leitende Krankenschwestern und -pfleger als vergeudete Ressourcen angesehen, da sie nicht direkt mit den Patienten arbeiteten, und Krankenschwestern und -pfleger verloren einige der Privilegien, die normalerweise mit der Spezialisierung und den Führungsaufgaben einhergehen. Damals waren vor allem die Altenpflege und die Primärversorgung betroffen. Malta sah sich infolge der Rezession mit zahlreichen Problemen konfrontiert, insbesondere mit der Anwerbung von Krankenschwestern und -pflegern aus Indien und Pakistan, was dazu führte, dass junge Malteser, die als Krankenschwestern und -pfleger arbeiten wollten, sich übergangen fühlten. Schließlich hat auch die Qualität der Pflege gelitten, da der Bau neuer Krankenhäuser zu einem Mangel an Betten führt.

In Montenegro, einem Nicht-EU-Mitgliedstaat, ist die Krise viel tiefer als in vielen anderen europäischen Ländern. Ähnlich wie seine Nachbarn sieht sich das Land mit Kürzungen und Einschränkungen in einer Reihe von Bereichen konfrontiert, insbesondere im Gesundheitswesen, wovon Krankenschwestern und andere Gesundheitsberufe gleichermaßen betroffen sind. Da Montenegro ein kleines Land ist, das derzeit nicht von den offenen Grenzen und der Freizügigkeit in der EU profitieren kann, leiden die Krankenschwestern und -pfleger in Montenegro unter extrem niedrigen Gehältern (das Gehalt einer Krankenschwester liegt bei etwa 300 €/Monat) und einer hohen Arbeitslosenquote. Die Zukunft und die Hoffnungen der Krankenschwestern sind daher gelähmt.

In den Niederlanden wurden Haushaltskürzungen und Kürzungen bei den Sozialfonds und Renten zur Realität, die durch die Rezession stark beeinträchtigt wurden. Aufgrund der gestiegenen Nachfrage nach Pflegeleistungen und der alternden Bevölkerung wurde das System immer teurer, und die Regierung musste 30 Millionen (€) für das Gesundheitswesen einsparen (Haushalt 2011). Diese Kürzungen waren sowohl das Ergebnis als auch der Vorläufer bestimmter Trends in den Niederlanden. Neben einer

Aushöhlung der Pflege, insbesondere in der Altenpflege, und einer Verlagerung des Gesundheitspersonals wurde ein 5-stufiges Pflegesystem eingeführt, das Krankenschwestern in 5 verschiedene Kategorien einteilt. Nur die Stufen 4 und 5 dürfen sich Krankenpfleger nennen, die Stufen 2 und 3 sind Pfleger und die Stufe 1 ist Hilfs- oder Unterstützungspersonal. Die Einteilung in die verschiedenen Stufen gibt an, für welche Aufgaben und Verantwortlichkeiten die Krankenschwestern und Krankenpfleger ausgebildet sind, was zu der bereits erwähnten Aushöhlung der Pflege führt, da die Fachkräfte des Gesundheitswesens mit Indikationen für die Pflege und weit weniger mit einem Gesamtbudget arbeiten, mit dem sie die Pflege leisten können. Die daraus resultierende Tendenz bestand darin, dass weniger qualifiziertes Personal die Arbeit des Personals eine Ebene höher erledigen musste. Auch wenn diese Faktoren vielleicht keine direkte Auswirkung der Rezession waren, begannen sie doch vor vielen Jahren als Maßnahmen, um die Gesundheitsversorgung bezahlbar zu halten. Heute sind die Gehälter für alle Krankenschwestern und Krankenpfleger unverändert, und obwohl bis zum Jahr 2020 immer noch ein Mangel von 25 000 Krankenschwestern und Krankenpflegern erwartet wird, steigt das Interesse, Krankenschwester bzw. Krankenpfleger zu werden, obwohl der größte Trend derzeit darin besteht, dass Krankenschwestern und Krankenpfleger werden nicht ersetzt. Es liegen zwar keine Forschungsergebnisse oder Daten über die Patientensicherheit vor, aber die negativen Auswirkungen, die sich aus der sinkenden Zahl einsatzbereiter Krankenschwestern und der steigenden Arbeitsbelastung der Krankenschwestern ergeben, geben anekdotisch Anlass zur Sorge.

In Norwegen, dem am wenigsten betroffenen Land, was die Auswirkungen der Finanzkrise auf die Krankenschwestern und Krankenpfleger betrifft, beziehen sich die Diskussionen der Krankenschwestern auf die Renten. Da Norwegen über große Ölreserven verfügte, wurde beschlossen, dass ein Teil dieser Mittel in öffentliche Ausgaben wie den Bau und die Instandhaltung von Gebäuden, Schulen, Pflegeheimen, Krankenhäusern usw. investiert werden sollte. So wurden im Gesundheitswesen keine Kürzungen oder Verkleinerungen vorgenommen, da die öffentlichen Mittel zur Bewältigung der Finanz-/Wirtschaftskrise verwendet wurden. Einige Krankenhäuser und Gemeinden konnten sogar eine Erhöhung der Gehälter für Krankenschwestern um 3,4 % aushandeln. Darüber hinaus trat eine neue Verordnung in Kraft, mit der eine gestaffelte Vergütung für ungünstige Arbeitszeiten für Arbeitnehmer eingeführt wurde, die im Schicht- und Turnusdienst tätig sind und mindestens jeden dritten Sonntag arbeiten. Es wurde geschätzt, dass über 30000 Beschäftigte eine Verringerung der gesetzlichen Arbeitszeit erhalten würden, die meisten von ihnen in frauendominierten Berufen, insbesondere als Krankenschwestern. Voraussetzung für die praktische Umsetzung der Gesetzesänderung war jedoch, dass die Sozialpartner in ihren Tarifverträgen entsprechende Arbeitszeitverkürzungen vereinbaren. Infolgedessen würde dies, wenn es umgesetzt wird, eine allgemeine Verbesserung der Bedingungen für Krankenschwestern und Krankenpfleger in Norwegen bedeuten, da sie eine allmähliche Verringerung der Arbeitszeit an Wochenenden und in der Nacht erleben würden. Heute berichten die norwegischen Krankenschwestern und -pfleger zwar immer noch von keinen wirklichen Kürzungen bei den Gehältern oder Stellen in der Krankenpflege als Folge der Krise, aber es gibt dennoch gewisse Entwicklungen in Richtung Kostensenkung und Effizienzmaximierung im Gesundheitssektor. Es hat große Fusionen im Krankenhaussektor gegeben, und die aktuelle gesundheitspolitische Debatte dreht sich um die Frage der Schließung kleinerer Krankenhäuser zugunsten einer Zentralisierung der Gesundheitsdienste. Die "Koordinationsreform" ist eine wichtige Initiative, die darauf abzielt, Personal, Aufgaben und Dienstleistungen aus dem Krankenhaussektor in die Gemeinden zu verlagern, um näher an den Patienten zu sein. Die Hauptziele der Reform sind letztlich die Senkung der Kosten, die Maximierung der verfügbaren Ressourcen und die Schaffung eines effizienteren Gesundheitssektors.

In Polen haben die polnischen Krankenschwestern vergeblich gegen die Gehälter der Krankenschwestern protestiert. Überstunden werden nicht bezahlt, und es herrscht ein gravierender Mangel an Krankenschwestern in der Grundversorgung, was dazu führte, dass Krankenschwestern nicht in den Ruhestand gingen, obwohl sie das Rentenalter erreicht hatten. Damals gab es auch Bedenken wegen des geringen Interesses an der Krankenpflegeausbildung und der potenziell alarmierenden Auswirkungen auf den Pflegeberuf in Polen. Im Jahr 2010 stellten die staatlichen Kürzungen eine Reihe von Herausforderungen für den Gesundheitssektor und insbesondere für die Krankenschwestern dar. Viele Krankenschwestern und -pfleger arbeiteten ohne Bezahlung, weil sie den Patienten die notwendige Pflege zukommen lassen wollten, und obwohl das polnische Parlament ein Gesetz verabschiedet hatte, das eine Erhöhung der Gehälter der Krankenschwestern und -pfleger vorsah, berichteten viele von Kürzungen von bis zu 10 %. Außerdem berichteten die polnischen Krankenschwestern und -pfleger immer noch über eine große Kluft zwischen den Gehältern von Krankenschwestern und Ärzten. Was die Stellen betrifft, so sprachen sich die Krankenschwestern gegen die Verordnung aus, die die Personalausstattung auf eine Krankenschwester pro 20 Patienten festlegte, und erklärten, dass die Formulierung willkürlicher Normen für die Personalausstattung der Krankenschwestern nicht akzeptiert werden könne, da jede Krankenhausabteilung anders sei. Die Krankenschwestern waren besorgt über die Auswirkungen der Umwandlung der Krankenhäuser von öffentlichen in kommerzielle Unternehmen auf die Stellen und Gehälter der Krankenschwestern. Ein weiteres Problem ist die Tatsache, dass Krankenschwestern und -pfleger in Polen häufig zwei Berufe ausüben, was nicht nur gefährlich ist, sondern auch bei der Regierung den falschen Eindruck erweckt, dass die Krankenpflege in ausreichendem Maße gewährleistet ist. Heute sind die Gehälter der Krankenschwestern und -pfleger leicht gestiegen, aber es besteht immer noch eine große Kluft zwischen Krankenschwestern und Ärzten. Es wurde ein neues Gesetz eingeführt, das besagt, dass ein Arbeitgeber verpflichtet ist, die Gehälter des Gesundheitspersonals um mindestens 40 % zu erhöhen, wenn die Gesundheitseinrichtung eine höhere Zahlung von den nationalen Behörden erhält (3/4 dieses Betrags sollten für die Gehälter von Krankenschwestern und Hebammen verwendet werden). Es wurde jedoch ein weiteres Gesetz eingeführt, das die Umwandlung von öffentlichen Gesundheitseinrichtungen in zivile Einrichtungen ermöglicht, und die gängige Praxis nach der Umwandlung scheint eine Kürzung der Gehälter zu sein. Darüber hinaus beeinträchtigen der Mangel an Krankenschwestern und Krankenpflegern, die Bürokratie, die zunehmende Zahl von Patienten unter der Obhut von Krankenschwestern und Krankenpflegern, der Mangel an Ausrüstung und die Mehrfachbeschäftigung die Qualität der Pflege. In vielen Fällen müssen die Familienangehörigen der Patienten die Pflegeaufgaben übernehmen, da die Krankenschwestern selbst nicht genug Zeit für die Patienten haben. Die Verträge der Krankenschwestern und Krankenpfleger (Zivilverträge), die es ihnen erlauben, mehr als eine Tätigkeit auszuüben, gelten als einer der Hauptfaktoren, die die Qualität der Pflege und die Patientensicherheit beeinträchtigen.

In Portugal führte die Finanzkrise zu einigen neuen Trends wie einem Einstellungsstopp für neue Krankenschwestern und unbezahlten Überstunden. Dies bedeutete leider, dass es keine Arbeitsplätze für neu ausgebildete Krankenschwestern gab, so dass die meisten von ihnen anboten, auf freiwilliger Basis zu arbeiten. Die meisten Fachkrankenschwestern und -pfleger würden weiterhin als allgemeine Krankenschwestern und -pfleger arbeiten, da die Krankenhäuser sie nicht mehr unterstützten oder bezahlten. Eine Kürzung des Gesamthaushalts des Gesundheitsministeriums um 12,3 %, die sich vor allem in einer Senkung der Kostenerstattung für Arzneimittel niederschlägt, die Einstellung der Umsetzung finanzieller Anreize, die für eine neue Art der Organisation der Leistungserbringung in der Primärversorgung geplant sind, und eine Verringerung der Zahl der Krankenschwestern pro Schicht (Krankenhäuser und "öffentlich-private Partnerschaften") haben Auswirkungen auf die Krankenschwestern und die Pflege. Einige der Maßnahmen, die sich auf das individuelle Leben der Krankenschwestern und Krankenpfleger auswirken, sind: Gehaltskürzungen von 3,5 % bis 5 % (stärkere Kürzungen für höhere Gehälter - maximal 10 %); allgemeiner Einstellungsstopp; Nichtverlängerung einzelner befristeter Verträge; Aussetzung von Beförderungen; Steuererhöhungen für selbständig tätige Krankenschwestern und Krankenpfleger sowie eine 10 %ige Kürzung von Überstunden und "zusätzlichen und unbequemen Stunden". Dies hatte natürlich eine Reihe von Folgen, wie z. B. eine hohe Arbeitslosigkeit für neu ausgebildete Krankenschwestern und Krankenpfleger, eine Verschlechterung der Pflegequalität und ein Einfrieren von Ersatzkräften (Beurlaubung, Ruhestand usw.). Neu ausgebildete Krankenschwestern und Krankenpfleger haben nach wie vor Schwierigkeiten, einen Arbeitsplatz zu finden, und da eines der Hauptkriterien für eine Festanstellung die Berufserfahrung ist, akzeptieren viele von ihnen sehr niedrige Löhne in privaten Unternehmen/Agenturen, die zeitlich befristete Pflegedienste anbieten, um die erforderliche Berufserfahrung zu sammeln. Ausscheidende Krankenschwestern werden nicht ersetzt, und in einigen Krankenhäusern wurde die Zahl der Krankenschwestern in Schichten/Teams reduziert. Aufgrund der Einstellungsbeschränkungen im öffentlichen Dienst werden Outsourcing-Verträge für Pflegedienste nicht verlängert, und viele Krankenschwestern wurden entlassen. Viele Faktoren tragen dazu bei, dass die Qualität der Pflege mit ziemlicher Sicherheit abnimmt: weniger Krankenschwestern und Krankenpfleger, lange Arbeitszeiten, hohe Fluktuation, Nichtbezahlung von Überstunden und fehlendes oder schlechtes Material. Schließlich verlassen neu qualifizierte Krankenschwestern und -pfleger das Land auf der Suche nach besseren Arbeitsbedingungen, und da viele andere europäische Länder ihnen diese bieten können, wird dies als "sichere Fahrkarte" gesehen, um das

Land zu verlassen und den Auswirkungen der Krise zu entgehen.

Rumänien spürt seit 2009 die Auswirkungen der Finanz- und Wirtschaftskrise. Sie hat viele Menschen getroffen, insbesondere ältere Menschen und Menschen mit geringem Einkommen. Infolgedessen hat die Regierung einige Maßnahmen ergriffen: Die Mehrwertsteuer wurde von 19 % auf 24 % erhöht, und die Gehälter aller Beschäftigten im öffentlichen Sektor, einschließlich Krankenschwestern, Ärzten und dem gesamten Personal im Gesundheitswesen, wurden um 25 % gekürzt. Damals forderte das Gesundheitsministerium die Regierung auf, die Schaffung von Stellen im Gesundheitssektor zu genehmigen, und zwar in Abteilungen wie der Intensivstation, der Notfallmedizin, der Radiologie usw. sowie in Krankenhäusern in Gebieten, in denen ein erheblicher Mangel herrscht. Das Gesundheitsministerium versuchte, 2322 Stellen freizugeben, und die lokalen Behörden bemühten sich um die Schaffung von schätzungsweise 750 Stellen. Das rumänische Gesundheitssystem sah sich jedoch mit weiteren Problemen konfrontiert, da die Krankenhäuser dezentralisiert wurden, so dass das Gesundheitsministerium gezwungen war, die Schulden bei den Lieferanten von Arzneimitteln und den medizinischen Zulieferern zu begleichen. Die Situation war schwierig, da die Patienten manchmal ihre Medikamente selbst kaufen mussten, wenn sie in Krankenhäusern behandelt wurden. Da diese Situation nicht tragbar war, wurden die Gehälter der Krankenschwestern und -pfleger um 15 % erhöht, die Steuererhöhung blieb jedoch gleich. Viele Stellen wurden gestrichen, und obwohl viele Krankenschwestern und -pfleger zur Verfügung stehen, gibt es nicht genug Geld, um sie zu bezahlen. Außerdem werden jetzt die Renten in die Gesundheitssysteme eingezahlt, und in den Krankenhäusern herrscht ein erheblicher Mangel an Material und Medikamenten. Kein Wunder, dass viele Krankenschwestern auf der Suche nach besseren Arbeitsbedingungen und Gehältern in andere Länder abwandern. Die Regierung hat zwar angekündigt, mehr Arbeitsplätze schaffen zu wollen, aber ob dies tatsächlich geschieht und die Situation, in der sich der rumänische Pflegeberuf derzeit befindet, verbessert, bleibt abzuwarten.

In der Slowakei hat der Staatshaushalt infolge der Krise über 84,9 Millionen Euro verloren. Zunächst war unklar, welchen Sektor dieser Verlust am stärksten treffen würde, so dass die slowakischen Krankenschwestern und -pfleger ein wachsames Auge auf die Veränderungen in der Finanzierung des Gesundheitswesens hatten, die größtenteils von der Krankenversicherung getragen wurde. Die größte Krankenkasse war mit über 46 Millionen (€) verschuldet und wollte ihre Ausgaben um 2,5 % senken, was etwa 5,5 Millionen (€) pro Monat bedeutete. Infolgedessen erhielten die Gesundheitsdienstleister 5 % bis 17 % weniger finanzielle Mittel für ihre Tätigkeit, was weniger Geld für Gehälter bedeutete. Die Regierung behauptete, dass die Senkung der Krankenversicherungsbeiträge für Staatsbedienstete sich nicht auf die Patienten auswirken würde, räumte aber ein, dass dies Auswirkungen auf die Beschäftigten im Gesundheitswesen und das Gesundheitsumfeld haben würde. Infolgedessen verdienten Krankenschwestern und -pfleger, die in Gesundheitseinrichtungen in kommunalen Krankenhäusern arbeiteten, im Durchschnitt etwa 212 € weniger pro Monat als in Universitätskliniken (manchmal bis zu 400 €). In kleinen regionalen Krankenhäusern verdienten Krankenschwestern mit 20 oder 30 Jahren Erfahrung etwa 412 € im Monat. Die slowakischen Krankenschwestern und -pfleger haben seit vielen Jahren keine Gehaltserhöhung mehr erhalten, und das Fehlen von Maßnahmen zur Beendigung der extrem niedrigen Gehälter hat die Gewerkschaften veranlasst, eine Gehaltserhöhung von 5 % zu fordern. Krankenschwestern und -pfleger aus geschlossenen Abteilungen wurden in andere Abteilungen versetzt, in denen Personal benötigt wurde. Andererseits werden Krankenschwestern und -pfleger auf niedrigere Positionen (Pfleger usw.) zurückgestuft, obwohl sie die Aufgaben einer Krankenschwester erfüllen. Darüber hinaus wird der Mangel an Krankenschwestern oft durch Pflegekräfte kompensiert, die keine berufliche Qualifikation haben. Die schlechte Organisation der Krankenhausbetten und der Mangel an finanziellen Mitteln führen zu längeren Wartezeiten für die Patienten und dazu, dass die Krankenhäuser medizinisches Material von geringerer Qualität kaufen. Es versteht sich von selbst, dass diese Faktoren die Qualität der Gesundheitsversorgung und die Zufriedenheit der Patienten beeinträchtigen. Der Zugang zur Gesundheitsversorgung wurde eingeschränkt, was die Sicherheit der Patienten unmittelbar gefährdet. Auch die Patientengebühren gehören zu den höchsten in der EU, obwohl die Slowakei einen niedrigen wirtschaftlichen und sozialen Status hat. Schließlich gibt es zwar einen Mangel an Krankenschwestern und -pflegern, doch ist es für viele schwierig, in anderen Regionen Arbeit zu finden (aufgrund niedriger Gehälter, Schwierigkeiten bei der Wohnungssuche usw.), so dass immer mehr Krankenschwestern und -pfleger die Slowakei verlassen, um im Ausland zu arbeiten, da sie dort oft bessere Arbeitsbedingungen und höhere Gehälter vorfinden.

In Slowenien gab es 2 Krankenpflegeuniversitäten und 6 Krankenpflegeschulen, und frisch diplomierte Krankenschwestern und -pfleger hatten es schwer, einen Arbeitsplatz zu finden. Die Finanzkrise hatte zwar nicht zu direkten Mittelkürzungen im Gesundheitsbereich geführt, aber es wurde erwartet, dass diese gekürzt werden würden. Einige Krankenhäuser mussten Stellen abbauen, um wirtschaftlich überlebensfähig zu bleiben, und es wurde immer deutlicher, dass die unzureichende Personalplanung auf nationaler Ebene ein ernstes Problem darstellte. Aufgrund der begrenzten Ressourcen wurden ältere Menschen von ihren Familien gepflegt. Der Stellenabbau bei den Krankenschwestern und -pflegern erfolgte nicht direkt, sondern im Stillen, indem die Zahl der Beschäftigten durch Pensionierung verringert oder Krankenschwestern und -pfleger im Mutterschaftsurlaub oder bei Krankheit nicht ersetzt wurden. Während sich die Gewerkschaften um die Aufrechterhaltung der Tariflöhne für Krankenschwestern bemühen, scheint die Rezession in Slowenien eine Gelegenheit zu bieten, die Bedeutung und die Rolle der Krankenpflege- und Hebammendienste im Gesundheitssystem zu fördern. Zusätzlich zu den Kürzungen der Regierung bei den Gesundheitsdiensten stehen die Slowenen jedoch immer noch vor einer schwierigen Herausforderung, nämlich dem Mangel an Krankenschwestern und Krankenpflegern und der Arbeitslosigkeit von neu ausgebildeten Krankenschwestern und Krankenpflegern. Wie zu erwarten, löst das eine nicht unbedingt das andere, so dass wir möglicherweise bald einen Anstieg der Abwanderung von Krankenschwestern und -pflegern aus Slowenien erleben werden, wie er in den Nachbarländern zu beobachten ist.

In Spanien wirkte sich die Krise auf die Beschäftigung und die Arbeitsbelastung der Krankenschwestern und -pfleger aus, wobei der Anstieg der Arbeitsbelastung vor allem auf die Zunahme der sozialen Benachteiligung zurückzuführen war. In einigen Regionen wurden Führungspositionen in der Primärversorgung abgebaut, und der private Sektor stellte weniger qualifizierte Krankenschwestern und -pfleger ein, während die Krankenschwestern und -pfleger weniger Krankheitstage beantragten, da sie Angst hatten, ihren Arbeitsplatz zu verlieren. Das öffentliche Defizit stieg jedoch an und die allgemeine Arbeitslosenquote lag bei 22 % (obwohl die Arbeitslosigkeit den Gesundheitssektor nicht betroffen hatte). 250.000 Krankenschwestern und -pfleger mussten Gehaltseinbußen von 5 % hinnehmen, und obwohl eine Studie ergab, dass 90 % der Krankenschwestern und -pfleger eine Gehaltskürzung akzeptieren würden, wenn sie zur Bewältigung der Wirtschaftskrise beitragen würde, warf die Situation ein neues Licht auf die Notwendigkeit neuer Strategien im Bereich der Humanressourcen, insbesondere im Hinblick auf das Erreichen des gleichen Anteils an medizinischen Fachkräften wie im übrigen Europa (70 % Krankenschwestern und -pfleger, 30 % Ärzte). Sie führte auch zur Unterzeichnung einer Vereinbarung zur Durchführung einer Kompetenzreform, um den Krankenschwestern und -pflegern mehr Verantwortung zu übertragen (für chronische Krankheiten, Verschreibung und Diagnose). Dies war besonders wichtig, da sich immer deutlicher abzeichnet, dass das derzeitige Gesundheitssystem den Krankenschwestern und -pflegern neue Aufgaben übertragen muss. Diese Entwicklung führte insbesondere zu einer Verordnung über die Verschreibung durch Krankenschwestern. Angesichts eines regionalen Defizits von 20 Milliarden Euro im Gesundheitssystem und einer neuen Regierung werden sich diese Trends jedoch höchstwahrscheinlich ausbreiten, und die Qualität und Sicherheit wird zu schwinden beginnen.

In Schweden wurden die Investitionen in neue Krankenschwestern und -pfleger gestoppt und einige Stellen gestrichen, was die Qualität der Pflege und die Gesundheit des Pflegepersonals gefährdete. Es konnte jedoch kein wirklicher Zusammenhang zwischen den Zahlen und der Finanzkrise im Gesundheitswesen hergestellt werden, da das schwedische Gesundheitswesen in Wirklichkeit seit 1990 jedes Jahr von Haushaltskürzungen betroffen war. Das wichtigste Thema war der Mangel an Fachkrankenschwestern und -pflegern, der damit begründet wurde, dass es keinen nennenswerten Unterschied zwischen dem Gehalt einer Fachkrankenschwester und einer allgemeinen Krankenschwester gibt. Das Ausgangsniveau der Gehaltsverhandlungen im Gesundheitswesen hängt jedoch vom Niveau der Branche ab. Da das Niveau der Gehaltsverhandlungen gesunken ist, kann davon ausgegangen werden, dass sich die Finanzkrise indirekt negativ auf den Gehaltsspielraum ausgewirkt hat. Darüber hinaus ist die Zahl der Fachkrankenschwestern und -pfleger in den letzten zehn Jahren zurückgegangen, was jedoch nicht allein mit dem wirtschaftlichen Abschwung zu erklären ist. Der Mangel an Fachkrankenschwestern und -pflegern wirkt sich auf die Qualität der Pflege aus; besonders deutlich wird dies in den Bereichen psychische Gesundheit, ältere Menschen, Medizin, Chirurgie, ambulante Pflege und Primärversorgung. Im Gegensatz zu anderen europäischen Ländern scheint der wirtschaftliche Abschwung die Mobilität der schwedischen Krankenschwestern und -pfleger einzuschränken, während sie gleichzeitig Schwierigkeiten haben, eine feste Anstellung zu finden.

In der Schweiz wird das Gesundheitswesen über eine Steuer finanziert, so dass die Auswirkungen der Wirtschaftskrise auf das Gesundheitswesen und die Pflege relativ gering sind. Es wurde jedoch davon ausgegangen, dass die Krise und der Pflegemangel langfristig große Auswirkungen auf die Pflege haben würden, da qualifizierte Pflegekräfte durch unzureichend oder gar nicht qualifizierte Arbeitskräfte ersetzt würden und Pflegekräfte abwandern würden. Es gab zwar keine Anzeichen für Gehaltskürzungen oder Stellenstreichungen in der Krankenpflege, aber das Gesundheitssystem und die Arbeitskräfte standen unter Druck, die Gesundheitskosten zu kontrollieren, obwohl es chronische Krankheiten und eine zunehmende Alterung gibt. Obwohl es immer noch keine Anzeichen für einen Mangel an Stellen gibt, wird erwartet, dass eine neue Reform im Jahr 2012 zu einem Abbau von bis zu 10-15 % der Stellen in der Krankenpflege führen wird. Die Bereitschaft, weniger qualifiziertes oder sogar nicht qualifiziertes Personal einzustellen, um dem absehbaren Mangel zu begegnen, ist nach Ansicht der Schweizer Krankenschwestern und -pfleger ein Schritt, der vor allem von finanziellen Interessen getrieben wird.

Im Vereinigten Königreich kam es zu Arbeitsplatzverlusten und Gehaltskürzungen, insbesondere im privaten Sektor und in der Primärversorgung. Eine Umfrage des Royal College of Nursing (RCN) aus dem Jahr 2008 ergab, dass fast 75 % der Krankenschwestern einen zweiten Job annehmen mussten, um sich das Studium leisten zu können. Krankenschwestern und -pfleger brachen ihr Studium vorzeitig ab, weil sie nicht über die Runden kamen, und es gab besorgniserregende Anzeichen für eine sich abzeichnende Krise bei der Rekrutierung und Bindung von Krankenschwestern und -pflegern, da etwa 25 % der Krankenpflegeschüler ihr Studium abbrachen und 180 000 Krankenschwestern und -pfleger innerhalb dieses Jahrzehnts in den Ruhestand gehen würden. Im Jahr 2010 gab es zwar keine Gehaltskürzungen, aber als Reaktion auf die außergewöhnlichen wirtschaftlichen Umstände wurde ein zweijähriges Einfrieren der Gehälter für alle Beschäftigten des öffentlichen Sektors, die mehr als 21.000 £ verdienen, eingeführt. Zusätzlich zum zweijährigen Lohnstopp ist die Inflation steil angestiegen, und Krankenschwestern und -pfleger haben mit Verpflichtungen wie Kinderbetreuung, Wohnkosten, Heizung und anderen lebensnotwendigen Dingen zu kämpfen. Die Arbeitgeber haben auch versucht, die nationalen Arbeitsbedingungen auf lokaler Ebene auszuhöhlen, indem sie von ihren Beschäftigten verlangten, einen Tag umsonst zu arbeiten, um Kosten zu sparen. Außerdem hat die Regierung vor kurzem einen Vorschlag unterbreitet, die durchschnittlichen NHS-Rentenbeiträge für Krankenschwestern und anderes Gesundheitspersonal zwischen 2012 und 2015 um über 3 % zu erhöhen. Das Gesundheitssystem im Vereinigten Königreich steht also unter enormem Druck, in einem wirtschaftlich angespannten Klima Effizienzeinsparungen zu erzielen und gleichzeitig auf die wachsende Nachfrage der Patienten, die steigenden Kosten für Medikamente und die alternde Bevölkerung zu reagieren. Die RCN-Kampagne Frontline First (FF) wurde im Juli 2010 ins Leben gerufen, um die Auswirkungen der Sparmaßnahmen auf den NHS zu überwachen, indem Krankenschwestern und -pfleger aufgefordert wurden, Personal- und Dienstleistungskürzungen zu identifizieren, auf vermeidbare Verschwendung hinzuweisen und innovative Ideen für Verbesserungsmöglichkeiten zu liefern. Eine Aktualisierung der FF-Kampagne im November 2011 zeigte, dass in England etwa 48.029 Stellen gefährdet sind; im gesamten Vereinigten Königreich sind 56.058 Stellen gefährdet. Ähnliche Kürzungen sind in Nordirland (4.000 gefährdete Stellen) und in Schottland (4.029 Stellen, die in den nächsten Jahren wegfallen sollen) zu verzeichnen. In Wales werden frei werdende Stellen nicht besetzt und Mutterschafts- und Krankheitsvertretungen werden nicht übernommen. Es gibt immer mehr Anzeichen dafür, dass regulierte Stellen in der Krankenpflege durch nicht regulierte Gesundheitsassistenten und Assistenzärzte ersetzt werden. Darüber hinaus haben Änderungen in der Einwanderungspolitik des Vereinigten Königreichs dazu geführt, dass die Zahl der Krankenschwestern und -pfleger aus Nicht-EU-Ländern, die eine Beschäftigung im Vereinigten Königreich suchen, zurückgegangen ist, während immer mehr britische Krankenschwestern ins Ausland abwandern. Schließlich werden die Vergabe von Aufträgen und die Erbringung von Gesundheitsdienstleistungen in England derzeit umfassend reformiert, da die Regierung bestrebt ist, die Wahlmöglichkeiten der Patienten zu erweitern, den bürokratischen Aufwand zu verringern und den Klinikern mehr Freiheit bei der Vergabe von Dienstleistungen für ihre lokalen Gemeinschaften zu geben (Weißbuch der Koalitionsregierung über die NHS-Reformen).

Die oben genannten Länderberichte zeichnen ein düsteres Bild der europäischen Pflege mit wenig Anzeichen für eine Erholung, zumindest in der unmittelbaren Zukunft. Es ist jedoch klar, dass die Situation in den Ländern, die nicht in den vollen Genuss der EU-Mitgliedschaft kommen, noch schlimmer ist. In einer EU, in der einige Länder über ein Überangebot an Pflegekräften und andere über einen Mangel an Pflegekräften berichten, ist es von entscheidender Bedeutung, weiterhin eine starke Personalpolitik für die Pflege zu fordern, die einen Ausgleich zwischen den konkurrierenden Anforderungen an Finanzen und Patientenversorgung schafft und gleichzeitig den Bedürfnissen der Pflegekräfte und der von ihnen betreuten Patienten in der EU und in Europa gerecht wird.

4.6. Ich möchte sofortigen Zugang zu Gesundheits- und Sozialdiensten

Die Richtlinie 2011/24/EU über die Ausübung der Patientenrechte in der grenzüberschreitenden Gesundheitsversorgung kodifiziert die wichtigsten Grundsätze der Rechtsprechung des Europäischen Gerichtshofs (EuGH) in Bezug auf die grenzüberschreitende Gesundheitsversorgung: d. h. Patienten, die Anspruch auf eine bestimmte Gesundheitsdienstleistung haben, die zu den Leistungen des gesetzlichen Gesundheitssystems in ihrem Heimatland gehört, haben Anspruch auf Kostenerstattung für dieselbe Leistung, wenn sie sich dafür entscheiden, diese in einem anderen Mitgliedstaat in Anspruch zu nehmen. Der Patient sollte die gleiche Kostenerstattung erhalten, wie wenn er die Behandlung in seinem Heimatland erhalten hätte. Die Höhe der Kostenerstattung darf jedoch niemals die tatsächlichen Kosten der erhaltenen Gesundheitsversorgung übersteigen.

Die Mitgliedstaaten können von den Patienten verlangen, dass sie für bestimmte Behandlungen eine Vorabgenehmigung einholen, im Allgemeinen für stationäre Behandlungen und Behandlungen, die hochspezialisierte oder kostenintensive medizinische Geräte oder Infrastrukturen erfordern. Die Vorabgenehmigung kann verweigert werden, vor allem dann, wenn dem Patienten die Behandlung in seinem eigenen Land innerhalb einer medizinisch vertretbaren Frist angeboten werden kann. Um Patienten zu unterstützen und sie über ihre Rechte gemäß der Richtlinie 2011/24/EU zu beraten (z. B. Anspruch auf Gesundheitsversorgung, Höhe der Kostenerstattung usw.), muss jeder Mitgliedstaat eine nationale Kontaktstelle (NKS) einrichten. Die nationale Kontaktstelle ist auch verpflichtet, Patienten aus anderen Mitgliedstaaten Informationen über das nationale Gesundheitssystem zur Verfügung zu stellen, z. B. Informationen über Gesundheitsdienstleister, Qualitäts- und Sicherheitsstandards, Beschwerden und Rechtsbehelfsverfahren.

Die Umsetzungsfrist für die Richtlinie war der 25. Oktober 2013. Gegen 26 Mitgliedstaaten wurden Vertragsverletzungsverfahren eingeleitet (fast kein Mitgliedstaat war dazu bereit!), aber am 1.ᵉ Juli 2015 waren noch vier Vertragsverletzungsverfahren offen, und alle vier betroffenen Mitgliedstaaten hatten feste Zusagen gemacht, die offenen Fragen zu klären. Dies bedeutet, dass die rechtliche Umsetzung abgeschlossen ist. Aber funktioniert die Richtlinie für Sie, wenn Sie sie brauchen? Um dies zu gewährleisten, müssen die Patientenströme, die Nutzung der Vorabgenehmigung, die Erstattungspraktiken, andere finanzielle Aspekte der Patientenmobilität, das Funktionieren der europäischen Referenznetze und die nationalen Kontaktstellen für die Patienteninformation weiter untersucht werden.

Bei der Vorabgenehmigung für planungspflichtige Gesundheitsdienstleistungen, die eine Übernachtung im Krankenhaus oder die Inanspruchnahme hochspezialisierter und kostenintensiver medizinischer Infrastrukturen oder medizinischer Geräte erfordern, verwenden 14 Länder sowohl das Kriterium der "Übernachtung" als auch das der "hochspezialisierten" Versorgung, um eine Vorabgenehmigung zu verlangen. Neun der 14 Mitgliedstaaten haben auch festgelegt, welche Behandlungen ihrer Ansicht nach das Kriterium "hochspezialisiert" erfüllen. In diesen 14 Mitgliedstaaten ist es daher für die Patienten unklar, welche Behandlungen genau der Vorabgenehmigung unterliegen. Die Zahl der Personen, die eine Genehmigung beantragen, ist jedoch sehr gering.

Was die Erstattung der grenzüberschreitenden Gesundheitsversorgung aus zwingenden Gründen des Allgemeininteresses betrifft, so haben mindestens drei Mitgliedstaaten Erstattungspraktiken für die grenzüberschreitende Gesundheitsversorgung eingeführt; in diesem Fall basiert der Erstattungstarif für die Patienten auf den Kosten, die der Versicherungsmitgliedstaat für die von einem privaten oder nicht vertragsgebundenen Leistungserbringer erhaltene Versorgung übernehmen würde, wenn diese Gesundheitsversorgung in seinem Hoheitsgebiet erbracht worden wäre. Zwölf Mitgliedstaaten haben diese Bestimmung in Bezug auf ihre "Gatekeeper"-Struktur angewandt, d. h. ein System, bei dem ein Patient eine Überweisung von einem Hausarzt benötigt, um Zugang zu fachärztlicher Versorgung zu erhalten. Eine solche Überweisung ist daher auch erforderlich, damit Patienten eine Kostenerstattung erhalten, wenn sie eine solche spezialisierte Gesundheitsversorgung in einem anderen Mitgliedstaat in Anspruch nehmen. Nach dem Grundsatz der gegenseitigen Anerkennung von Qualifikationen sollten die Mitgliedstaaten jedoch Entscheidungen über die klinische Notwendigkeit und Angemessenheit anerkennen, die von einer gleichwertigen Fachkraft in einem anderen Mitgliedstaat getroffen wurden. Fünf dieser zwölf Mitgliedstaaten bestehen jedoch ausdrücklich darauf, dass die Überweisung durch eine Fachkraft in ihrem Land erfolgen muss.

Mindestens vier Mitgliedstaaten verlangen, dass die Patienten eine beglaubigte Übersetzung der Rechnungen vorlegen (in einem Mitgliedstaat müssen die Patienten sogar alle Dokumente von ihrem Konsul im Behandlungsland beglaubigen lassen). Artikel 10 der Richtlinie verpflichtet jedoch die nationalen Kontaktstellen, sich gegenseitig beim Verständnis der Rechnungen zu unterstützen.

Die Daten zu den entwickelten Patientenströmen stammen aus sechsundzwanzig Mitgliedstaaten für das Jahr 2014. Die Patientenströme für die Gesundheitsversorgung im Ausland gemäß der Richtlinie sind gering. Insgesamt wurden nur 560 Anträge auf Genehmigung gestellt (von denen 360 bewilligt wurden). Für Behandlungen, die keiner vorherigen Genehmigung bedürfen, meldeten Finnland, Frankreich und Luxemburg mit 17 142, 422 680 bzw. 117 962 Erstattungen eine beträchtliche Aktivität. Zwanzig Mitgliedstaaten meldeten Daten über Erstattungen, die ausschließlich auf der Grundlage der Richtlinie erfolgten. Für diese wurden insgesamt 39.826 Erstattungen vorgenommen, von denen allein Dänemark 31.032 meldete. Insgesamt meldeten nur vier dieser Mitgliedstaaten mehr als 1000 Erstattungen. Am anderen Ende der Skala hatten 14 Mitgliedstaaten weniger als 100 Erstattungen vorgenommen (davon sechs überhaupt keine Erstattungen). Dies scheint eher auf eine niedrige Zahl von Anträgen als auf eine hohe Zahl von Ablehnungen zurückzuführen zu sein: Die verfügbaren Daten deuten darauf hin, dass etwa 85 % der Erstattungsanträge bewilligt werden.

Da die EU-Bürger ihre Rechte auf grenzüberschreitende Gesundheitsversorgung kaum kennen, sehen sich die Patienten in Bezug auf grenzüberschreitende Gesundheitsversorgung mit einem "Labyrinth verwirrender, manchmal unzureichender und manchmal zu detaillierter Informationen" konfrontiert. Die NKS spielen eine entscheidende Rolle für den Erfolg oder Misserfolg der Richtlinie und empfehlen, dass die NKS "Checklisten" für Personen, die eine geplante Behandlung im Ausland in Erwägung ziehen, und detailliertere individuelle Zeitpläne für Verfahren, Kosten und Erstattungssätze bereitstellen könnten. Es wird auch betont, dass es wünschenswert ist, "die Vergleichbarkeit und Zuverlässigkeit der den Patienten zur Verfügung gestellten Informationen über Qualität und Sicherheit zwischen den Einrichtungen und Mitgliedstaaten" zu erleichtern.

Kapitel 5

5. Forschung und Innovation - Was ist für mich drin?

In diesem Kapitel wird hervorgehoben, wie Forschung und Innovation nicht nur das Wachstum des Pflegepersonals ankurbeln, sondern auch einige gesellschaftliche Herausforderungen wie die Einsamkeit in einer Gesellschaft, die ständig in Bewegung ist, lösen können. Daher steht die Innovation an erster Stelle, die auf "überlebenden" Methoden in der klinischen Praxis aufbaut, um bessere Ergebnisse, Qualität und Sicherheit zu gewährleisten und über die traditionellen Arbeitsmuster hinauszugehen. Es ist wichtig, dafür zu sorgen, dass die Industrie versteht, wie wichtig es ist, das Pflegepersonal einzubeziehen, um wertorientierte Ergebnisse zu erzielen. Das Pflegepersonal spielt eine zentrale Rolle bei der Entwicklung der Algorithmen, die es der Technologie ermöglichen, das Pflegepersonal zu unterstützen und dafür zu sorgen, dass die Zeit, die es direkt mit dem Patienten verbringt, erheblich verlängert wird.

Es werden jedoch Forschungsergebnisse benötigt, die den politischen Entscheidungsträgern und Politikern helfen, fundierte Entscheidungen zu treffen, da zum Schutz der Endnutzer Rechtsvorschriften für künstliche Intelligenz erforderlich sein werden. Die vereinte Stimme der Pflegeforschung spielt daher eine entscheidende Rolle, indem sie sich der Stimme der professionellen Pflegekräfte anschließt und 3 Millionen Pflegekräfte gegenüber den EU-Institutionen vertritt: Rat, Parlament und Kommission. Die Pflegeforschung und die politische Lobbyarbeit der Pflege können den zunehmenden Populismus und die soziale Unruhe umkehren. Uneigennützigkeit, Integrität, Mitgefühl und Achtung der Menschenwürde - per definitionem Merkmale einer Krankenschwester - sind die Zutaten, die benötigt werden, um das europäische Projekt wieder auf seine Bürger auszurichten. Die EU-Bürger haben Krankenschwestern und Krankenpfleger immer unterstützt und ihnen vertraut; es ist ein Privileg, eine solche Position in der Gesellschaft einzunehmen.

5.1. Krankenschwestern als Innovationsmotor

Zur täglichen Praxis der Krankenpflege gehört es, kreativ zu denken oder über den Tellerrand hinauszuschauen, denn die Ergebnisse der Patientenversorgung hängen oft von dieser fein abgestimmten Fähigkeit ab. Pflegekräfte sind von Natur aus neugierig - und das aus gutem Grund. In unserem gegenwärtigen Klima des politischen Wandels, in dem die wertorientierte Pflege, die auf Altruismus, Integrität, Mitgefühl und Respekt vor der Menschenwürde beruht, bedroht ist, wird die von den Pflegekräften vorangetriebene Innovation unabdingbar.

Der Aufbau einer Innovationsbasis in der Pflege fördert nicht nur Wachstum und Fortschritt innerhalb des Pflegeberufs, sondern steigert auch die Kreativität der Pflege und stimuliert einzigartige Lösungen für reale Probleme an der Frontlinie. Innovationen in der Pflege sollten daher zu Initiativen an vorderster Front führen, die die Kosten senken, die Pflege verbessern und wertorientierte Ergebnisse optimieren, die durch Robotik und Avatare gemessen werden. Die jüngste Entwicklung virtueller Avatare von Krankenschwestern und -pflegern, die Patientendaten erfassen, Anweisungen für die Entlassung aus dem Krankenhaus geben und Patienten bei der kontinuierlichen Änderung ihres Lebensstils beraten, unterstützt einige der Aufgaben von examinierten Krankenschwestern und -pflegern, Fachkräften und fortgeschrittenen Pflegekräften bei der Koordination der Pflege.

Während viele politische Entscheidungsträger und Politiker immer noch über Glossare, Semantik und Standarddesigns diskutieren, verlassen sich Pflegekräfte seit 20 Jahren auf Innovationen zur Unterstützung der direkten Patientenversorgung. Die Stärkung der Krankenpflege als Pflegeberuf mit Avataren als Pflegeagenten, die Verknüpfung von Innovation mit der Zukunft der Krankenpflege und die Durchführung komplexer Beurteilungen in fortgeschrittenen Rollen müssen durch EU-Politik und -Gesetzgebung unterstützt werden. Die Innovationen in Bezug auf virtuelle Avatare in der Krankenpflege laden jedoch zu Spekulationen über die zukünftigen Rollen menschlicher Pflegefachkräfte ein. Obwohl keine europäischen Forschungsergebnisse vorliegen, wird argumentiert, dass einige Aspekte der Pflege ebenso gut von einem hochentwickelten, computergesteuerten Roboter übernommen werden könnten. So können die Robotikindustrie und das Pflegepersonal eng zusammenarbeiten, um die Patientensicherheit zu erhöhen und das Pflegepersonal in seiner klinischen Praxis zu unterstützen und so die Zeit, die es mit den pflegebedürftigen Menschen verbringt, zu verbessern.

Avatare und Roboter sollten dazu beitragen, den Anteil der direkten Patientenbetreuung von 37 % auf 45 % zu erhöhen, was kein Luxus ist, wenn es um Qualität geht. Das Pflegepersonal sollte die Verwaltungsaufgaben reduzieren, die so viel Zeit in Anspruch nehmen können. Obwohl die Robotik oft mit dem Mangel an Pflegekräften in Verbindung gebracht wird, sollten Pflegekräfte der allgemeinen Pflege solchen Entwicklungen nicht abgeneigt sein. Roboter können die Arbeit des Pflegepersonals nur ergänzen, aber nicht ersetzen. Es ist jedoch ein Dialog zwischen der IT- und Robotikindustrie und den Pflegekräften über den Beitrag der Robotik und Photonik zur Stärkung von Konzepten wie der Integration der Pflege, der Kontinuität der Pflege, der Ökosysteme der Gesundheits- und Sozialfürsorge und der Qualität der Pflege einschließlich der Sicherheit erforderlich.

Von 1984 bis 1990 habe ich beispielsweise mit muskelkranken Kindern gearbeitet und musste sie während meiner Nachtschichten präzise und sicher drehen, um ihre Lebensqualität zu erhöhen. Wenn die Kinder Unterstützung von ihren Eltern bekamen, um unabhängig zu leben, was oft keine einfache Diskussion war, können Roboter viel bewirken, indem sie 24 Stunden am Tag für Sicherheit sorgen. Ich hatte nie den Eindruck, dass die Roboter meinen Job ersetzen würden! Stattdessen waren sie eine große Unterstützung für mich und sorgten dafür, dass Qualität und Sicherheit an erster Stelle standen. Im weiteren Verlauf meiner Karriere wurde ich Krankenschwester auf der Neugeborenen-Intensivstation in einem Militärkrankenhaus in Saudi-Arabien, wo Roboter mich dabei unterstützten, den kleinsten Fehler bei der Pflege zu vermeiden. Ein Frühgeborenes von 1,2 Kilogramm bedeutet, dass extrem kleine Dosen verabreicht werden müssen, 0,001 cc, winzige Bewegungen mit einer riesigen Anzahl von Perfusionspumpen, die den Inkubator umgeben. Ich habe mich auf das Wissen der Software, die Algorithmen, ihre Wachsamkeit und Genauigkeit verlassen. Roboter haben also nicht nur in Hightech-Operationssälen Einzug gehalten, sondern auch in Kinder- und Altenpflegeeinrichtungen, vor allem wenn es um chronische Krankheiten und die Betreuung von Demenzkranken geht. Kinder sind es gewohnt, mit Avataren zu spielen, und Demenzpatienten reagieren positiv, wenn der Roboter anfängt, Nachkriegslieder zu singen. Die Robotertechnologie in der medizinischen Grundversorgung ist ein wachsendes Phänomen, und es besteht ein dringender Bedarf, die Kontinuität der Versorgung zu erhöhen. Aber wenn man auf sich allein gestellt ist und das Beste aus den Hausbesuchen bei den Patienten macht, kann ein Roboter, der die Pflegekraft begleitet, eine große Hilfe sein. Ein Roboter, der Patienten hebt, ist eine Unterstützung für Krankenschwestern und (in)formelle Pflegekräfte bei der Pflege ihrer Angehörigen. Krankenschwestern und -pfleger brauchen ihre eigene Gesundheit nicht zu gefährden, wenn sie anderen helfen. Es sieht also so aus, als würden Roboter zu unseren Freunden und nicht zu unseren Konkurrenten im Pflegeprozess werden.

In der Pflege gibt es grundlegende Aufgaben, die für eine qualitativ hochwertige Pflege unerlässlich sind. Das Wechseln von Bettpfannen und bestimmte andere Hygieneaufgaben mögen banal klingen, aber ein Dialog zwischen Pflegern und Robotern kann verhindern, dass wichtige Gelegenheiten verpasst werden, den Patienten zu beurteilen, einschließlich der Funktion der inneren Organe und der Körperextrakte, um möglicherweise Veränderungen zu erkennen, die den Unterschied zwischen Leben und Tod bedeuten könnten. Das geschickte Entleeren von Bettpfannen kann zur Diagnose von Nieren-, Leber- und Gallenblasenerkrankungen, Darmblutungen, Verstopfungen, Infektionen, Prolapsen und kognitiven Beeinträchtigungen führen, die der Inkontinenz von Patienten vorausgehen können. Die Integration von Robotern in den Pflegeprozess kann daher dazu beitragen, junge Pflegekräfte zu fördern und zu rekrutieren. Wir könnten den Krankenschwestern mehr Zeit für emotionale Unterstützung geben und ihnen Zeit für die fachkundige Beurteilung, das kritische Denken und die lebensrettende Pflege lassen.

Im Zusammenhang mit der kürzlich modernisierten europäischen Richtlinie über die gegenseitige Anerkennung von Berufsqualifikationen (Richtlinie 2005/36/EU), insbesondere Artikel 31, gibt es eine Verbindung zu eHealth und Robotik. Ein wichtiger Aspekt der Richtlinie ist, dass von Krankenschwestern und Krankenpflegern erwartet wird, dass sie kompetent, qualifiziert und selbstbewusst in der Lage sind, die Pflege zu leiten und zu organisieren und die volle Verantwortung für ihre klinische Praxis zu tragen. Dies ist nicht nur die Grundlage für einen erfolgreichen Systemwechsel, sondern die Richtlinie weist den Krankenschwestern und Krankenpflegern auch Schlüsselrollen innerhalb des Ökosystems der Gesundheits- und Sozialfürsorge zu, wie z. B. Coaching, Leitung und Evaluierung von Pflegeergebnissen. Die EFN Workforce Composition Matrix 3+1 ist daher ein hervorragender Leitfaden für die EU, um die Debatte über die Arbeitskräfte im Gesundheitswesen in die richtige Richtung zu lenken, zu einer besseren Leistungserbringung beizutragen, den Schwerpunkt auf eine personenzentrierte Pflege zu verlagern, die Eigenverantwortung der Patienten zu stärken und die Kontinuität der Pflege in der primären und sekundären Gesundheits- und Sozialfürsorge sicherzustellen. Mit der Richtlinie zur gegenseitigen Anerkennung, der EFN-Matrix 3+1 und den evidenzbasierten EFN-Leitlinien für Pflegekräfte und Sozialarbeiter zur Nutzung von eHealth-Diensten, mHealth und Robotik kann eine gute fachliche und politische Grundlage geschaffen werden, um einen Dialog mit der Robotikindustrie einzuleiten. Dieser könnte sich auf die Verbesserung der Kommunikation über die Erbringung von Pflegeleistungen und die Messung und Aufzeichnung der klinisch erzielten Ergebnisse konzentrieren, um den Pflegekräften mehr Zeit für die Planung eines sicheren und qualitativ hochwertigen Pflegepfads zu geben.

Das Pflegepersonal braucht mehr Zeit, um sich um die Pflegebedürftigen zu kümmern, die Qualität und Sicherheit zu erhöhen und bessere Ergebnisse zu erzielen. Der Prozess zur Erreichung dieser Ergebnisse könnte durch Roboter unterstützt werden, so dass die Pflegekräfte Zeit sparen können. Daher muss jede potenzielle EU-Rechtsvorschrift zweckdienlich sein und das Pflegepersonal bei seiner täglichen Arbeit unterstützen, anstatt es beim Zeitmanagement zu belasten. Die IT-Industrie muss Produkte entwickeln, die das Pflegepersonal an vorderster Front unterstützen, während ihre eSkills bei der Entwicklung der Roboter entwickelt werden, anstatt dass IT-Manager Krankenschwestern und Ärzten vorschreiben, was sie zu tun haben. Dieser Dialog zwischen Technologieunternehmen und Pflegekräften (Berufsverbänden und Regulierungsbehörden) ist dringend erforderlich, da algorithmische Entscheidungsfindung und Transparenz in Bezug auf algorithmische Verantwortlichkeit und Haftung erforderlich sind, da künstliche Intelligenz bereits unsere Gesellschaft verändert.

Krankenschwestern und Krankenpfleger spielen bei der Vergabe öffentlicher Aufträge eine entscheidende Rolle, da sie den Grundsätzen der Selbstlosigkeit, der Integrität, des Mitgefühls und der Achtung der Menschenwürde folgen, die eine fürsorgliche Pflegekraft auszeichnet. Wenn es darum geht, die Arbeitsbelastung der Pflegekräfte zu verringern und die Kontinuität der Pflege durch kosteneffiziente technologische Fortschritte zu unterstützen, ist daher ein anregender rechtlicher Rahmen erforderlich. Was die Gesetzgebung betrifft, so hat das Europäische Parlament kürzlich einen Bericht veröffentlicht (Dezember 2016), der im Rechtsausschuss abgestimmt wurde. In Anbetracht der sich abzeichnenden Robotikanwendungen in der Pflege ist es wichtig, diesen Rechtsrahmen "fit for purpose" und "fit for nursing" zu machen. Das erste Thema, das diskutiert und geprüft werden muss, ist natürlich die Definition dessen, was in der EU als "Roboter" gilt, und die Unterscheidung zwischen einem Roboter und einer Maschine oder einem Werkzeug. Besondere Aufmerksamkeit sollte den spezifischen Aspekten dieser Gesetzesinitiativen gewidmet werden, die sich auf die tägliche Arbeit des Pflegepersonals auswirken. Was die Haftung anbelangt, so könnte sich die rechtliche Verantwortung aus einer schädlichen Handlung des Roboters ergeben, die potenziell sowohl die beaufsichtigende Fachkraft als auch den Hersteller betrifft. Die Aufteilung der Haftung könnte von verschiedenen Faktoren abhängen, wie z. B. dem Ausmaß der Autonomie des Roboters und der Notwendigkeit (oder dem Fehlen) der Überwachung/Bedienung. Insbesondere bei der Interaktion zwischen Robotern und der Gesundheitsfürsorge (Pflegeroboter, Krankenpflegeroboter, Medizinroboter) sind ethische Erwägungen, aber auch Standardisierung, Sicherheit und Schutz von entscheidender Bedeutung. Ein harmonisiertes, standardisiertes rechtliches Umfeld wird die Bedeutung des menschlichen Faktors in der Pflege sichern. Die digitalen Kompetenzen der Pflegekräfte müssen jedoch vom Berufsstand und nicht von den IT-Managern weiterentwickelt werden. Die Arbeit mit Robotern, z. B. in der Demenzpflege, erfordert ein anderes Denken und Handeln. Die eSkills, die Pflegekräfte benötigen, gehen weit über die Nutzung eines PCs oder einer Online-Plattform für die Datenkommunikation hinaus. Fortgeschrittene Robotikkenntnisse sind ein neues Fachgebiet, das für und mit den Pflegekräften entwickelt werden muss.

Ein letzter Aspekt, der hervorgehoben werden sollte, ist die Bedeutung eines ständigen Dialogs zwischen der Industrie und dem Pflegeberuf. Wenn es um die Robotik im Gesundheits- und Sozialwesen geht, sollten sich die Forscher in der Industrie in allen Aspekten der Pflege von den menschlichen Erfahrungen leiten lassen. Die Algorithmen, die den Roboter steuern, brauchen den letzten Schliff von Krankenschwestern und -pflegern und von Frauen, um sie geschlechtersensibel zu machen. Die Algorithmen, Gleichungen, haben Pflegeindikatoren integriert, um das Design und den Einsatz "zweckmäßig" zu halten. Wenn das nicht der Fall ist, landet der Roboter in der Abstellkammer. Natürlich erfordert dies einen ständigen Dialog mit KMU, Großindustrie und Labors, der auf gegenseitigem Vertrauen, Respekt und Transparenz beruht. Obwohl wir verstehen, dass die Industrie etwas verkaufen oder zumindest eine Rendite erwirtschaften muss, ist es entscheidend, dass KMU und Großindustrie lernen, mit Krankenschwestern zusammenzuarbeiten, um Produkte zu entwickeln, die geschlechtergerecht sind.

Daher sollten Pflegeforscherinnen und -forscher ihre Bemühungen und Erkenntnisse bündeln, um die EU-Politik mit Fakten im Bereich der Robotik zu unterstützen.

Die Europäische Stiftung für Pflegeforschung, die Fakten für die Politikgestaltung der EU sammelt, sollte eine entscheidende Rolle dabei spielen, den Pflegeberuf aus akademischer, beruflicher und technologischer Sicht voranzubringen. Die Überarbeitung des H2020-Programms und die Gestaltung des Rahmenprogramms 9ᵃ ist daher von entscheidender Bedeutung, um sicherzustellen, dass wir weiterhin die Kluft zwischen Theorie und Praxis, die Kluft zwischen politischer Rhetorik und Realität überbrücken. Der Europäische Innovationsrat sollte daher sensibler für Innovationen in der Pflege sein. Die Krankenpflege hat bei der Entwicklung von Informationstechnologie und Robotik viel zu bieten, um die gesellschaftlichen und gesundheitlichen Herausforderungen unserer Zeit zu bewältigen.

5.2. Krankenschwestern als Motor der Forschung

"Pflegeforschung ist ein integraler Bestandteil der Pflege, der darauf abzielt, neue wissenschaftliche Erkenntnisse zu gewinnen
, die zur Verbesserung der Qualität der Patientenversorgung beitragen"
(Europarat R96/1/1996)

Die Pflegeforschung hat sich in Europa gut entwickelt, ist aber nach wie vor eine relativ unkoordinierte Aktivität, die vom Berufsstand entfernt ist. Es besteht jedoch kein Zweifel, dass bei der Festlegung der politischen Agenda der EU und der Entwicklung des Pflegeberufs in der gesamten Union und darüber hinaus Pflegeforschung und EU-Politikgestaltung Hand in Hand gehen sollten. In Anbetracht dessen wurde die Pflegeforschung zu einem Thema von großer Bedeutung für die EU-Institutionen, das die Gestaltung von Politik und Gesetzgebung auf der Grundlage von Evidenz, vorzugsweise kontextspezifischer Evidenz aus der EU und Europa, unterstützt.

Im Jahr 2013 hat die European Federation of Nurses Associations (EFN), die politische Stimme von 3 Millionen Krankenschwestern und Krankenpflegern in der EU, einen echten Schritt nach vorne gemacht, um die Pflegeforschung in die politische Arena der EU zu integrieren. Vor dem Hintergrund der zunehmenden Bedeutung, die der Pflegeforschung auf EU-Ebene beigemessen wird, um verlässliche Erkenntnisse für künftige Personalentscheidungen zu gewinnen, wurde die Entwicklung einer Europäischen Stiftung für Pflegeforschung (European Nursing Research Foundation, ENRF) von den EFN-Mitgliedern als zunehmend wichtig erachtet und im Mai 2013 gegründet. Die ENRF hat ihren Sitz in Brüssel, in der Nähe der Generaldirektion Forschung der Europäischen Kommission, und soll die Brücke zwischen Evidenz und politischem Entscheidungsprozess schlagen sowie als Kontaktstelle für EU-Entscheidungsträger und Politiker dienen. Es hat die Aufgabe, die in den EU-Mitgliedstaaten bereits vorhandene Pflegeforschung zu analysieren und zusammenzustellen, um die vorhandenen Daten in eine faktengestützte Interessenvertretung zur Unterstützung des politischen Entscheidungsprozesses in der EU umzuwandeln.

Um die Notwendigkeit der Gründung einer solchen Stiftung zu verstehen, müssen wir in der Zeit zurückgehen. Das Jahr 2005 markierte den Beginn einer neuen Ära für die europäischen Pflegekräfte. Das ehemalige "Ständige Komitee der Krankenschwestern und Krankenpfleger der Europäischen Union (PCN)" wurde in "Europäische Föderation der Krankenpflegeverbände (EFN)" umbenannt, mit einem neuen Logo, einer neuen Satzung, neuen Büros - in der Nähe des Europäischen Parlaments - und überarbeiteten Prioritäten für die Lobbyarbeit auf EU-Ebene und für den Aufbau starker Koalitionen innerhalb der Krankenpflegegemeinschaft. EFN wurde zu einer Organisation, die von den Mitgliedern und für die Mitglieder geführt wird. Das neue EFN setzte den Aufbau von Allianzen mit den wichtigsten Interessenvertretern des Gesundheitswesens in der EU fort und begann, auf EU-Ebene mehr und mehr anerkannt zu werden. Während es seine Sichtbarkeit und sein Vertrauen bei den EU-Institutionen und politischen Entscheidungsträgern ausbaute, rückte die Frage nach der Korrektheit der Daten zu Themen, die mit Krankenschwestern und dem Pflegeberuf zusammenhängen, schnell in den Vordergrund. Folglich wurde die Frage, wie Daten aus der Praxis gesammelt werden können, um den Dialog mit den politischen Entscheidungsträgern in der EU auf der Grundlage von pflegerischen Erkenntnissen aufzubauen, zu einem echten Anliegen für das EFN, da weder die nationalen politischen Entscheidungsträger und Regierungen noch die internationalen Organisationen, die Daten sammeln (Eurostat, OECD, WHO), oder die EU über pflegesensitive Ergebnisdaten verfügen, um fundierte Entscheidungen zu politischen Themen zu treffen, die den Rahmen der Gesundheits-, Sozial- und Beschäftigungsgesetzgebung beeinflussen.

Die Pflegeforschung muss als integraler Bestandteil des Aufbaus eines gesünderen Europas anerkannt werden, da sie eine entscheidende Rolle bei der Erhaltung und Förderung der Gesundheit der europäischen Bürger spielt und gleichzeitig die Entwicklung hochwertiger, effizienter und sicherer Gesundheitsdienste fördert. Mehr als zwei Jahrzehnte nach den Empfehlungen des Europarats zur Pflegeforschung (1996) hat die EU jedoch noch einen weiten Weg vor sich, wenn sie ihre Gesundheits- und Lissabon-Ziele verwirklichen will. Eine Forschungsbasis in der Krankenpflege ist nicht nur für Krankenschwestern und Krankenpfleger, sondern auch für die Geldgeber von Gesundheitsdiensten und für gesundheitspolitische Entscheidungsträger von wesentlicher Bedeutung. Daher können wir sagen, dass die Europäische Stiftung für Pflegeforschung neben dem EFN zu einem wesentlichen Bestandteil beim Aufbau eines gesünderen und legislativ erfolgreichen Europas geworden ist, das von seinen Bürgern, ihren Bedürfnissen und ihren Sorgen bestimmt wird.

Daher erkannten die EFN-Mitglieder während der EFN-Generalversammlung im April 2008 in Kopenhagen an, dass die nationalen Pflegeverbände (NNAs) einen Konsens über die kollektiven Prioritäten der europäischen NNAs in Bezug auf die Pflegeforschung in Europa erzielen müssen, und einigten sich auf die effizientesten und effektivsten Mittel zur Umsetzung dieser Prioritäten. Es wurde daher beschlossen, eine "Delphi-Gruppe" einzurichten, die sich aus den EFN-Mitgliedern aus Deutschland (DBFK), Portugal (Ordem dos Enfermeiros) und dem Vereinigten Königreich (Royal College of Nursing) zusammensetzt, um diese Ziele zu erreichen. Es wurden vier strategische Prioritäten festgelegt: 1. Identifizierung/Entwicklung von Forschungsergebnissen aus dem Pflegebereich zur Unterstützung der EU-Lobbyarbeit zugunsten der Krankenschwestern und Krankenpfleger; 2. Lobbyarbeit für die Einbeziehung der Pflegeperspektive in alle europäischen nationalen Forschungsagenturen, um sicherzustellen, dass Krankenschwestern und Krankenpfleger an der nationalen Forschungsentwicklung und Budgetfestlegung beteiligt sind; 3. Identifizierung/Entwicklung von Forschungsergebnissen zur Unterstützung der Pflege zum Nutzen der Patienten und der in Europa lebenden Menschen; und 4. Identifizierung von Unterstützungsmechanismen für Krankenschwestern und Krankenpfleger in den Ländern mit weniger beruflichen Entwicklungsmöglichkeiten. Die Vision war, dass es längerfristig eine Pflegeinfrastruktur/-institution mit Sitz in Brüssel geben würde, die eng mit dem

EFN verbunden, aber von ihm unabhängig wäre. Um eine Einigung über die effizientesten und wirksamsten Mittel zur Verwirklichung dieser Prioritäten und dieser Vision zu erzielen, schlug die Delphi-Gruppe vor, eine Machbarkeitsstudie für ein Forschungsinstitut für Krankenpflege durchzuführen. Das Hauptargument war, dass durch eine Neuausrichtung der Forschungsprioritäten und koordinierte Maßnahmen unter anderem folgende Möglichkeiten realisiert werden können: 1. größerer Einfluss für Krankenschwestern und Krankenpfleger in der EU durch eine solidere, faktengestützte Position; 2. eine stärkere Stimme für die Krankenpflege und die Belange der Pflegepraxis in den Arenen der Forschungsfinanzierung; und 3. verbesserte Möglichkeiten zum Aufbau von Forschungskapazitäten und -fähigkeiten innerhalb des europäischen Pflegepersonals. Es wird anerkannt, dass es in der EU beträchtliche Möglichkeiten zur Finanzierung von Forschung und Entwicklung gibt, um Europa zum wettbewerbsfähigsten und dynamischsten wissensbasierten Wirtschaftsraum der Welt zu machen, mit mehr

Beschäftigung und mehr sozialer Zusammenhalt, wie in der Strategie "Europa 2020" dargelegt. Wenn Krankenschwestern und Krankenpfleger diese Chancen nutzen wollen, ist das Sammeln von Informationen und der Aufbau von Beziehungen innerhalb der EU-Finanzierungsarena eine Voraussetzung für den Aufbau einer Infrastruktur zur Umsetzung der vereinbarten strategischen Prioritäten.

Auf der EFN-Generalversammlung im Oktober 2009 wurden die EFN-Mitglieder über die ersten Ergebnisse der Machbarkeitsstudie mit dem Titel "Nursing Research in Europe: reaching a consensus on strategic priorities" (Policy Action) informiert und kamen zu dem Schluss, dass es wichtig wäre, sich auf Bereiche zu konzentrieren, in denen die EU über Kompetenzen verfügt, d. h. auf Arbeiten, die durchgeführt wurden/werden, und/oder auf die Ergebnisse dieser Forschung. Die erste Priorität sollte darin bestehen, die bereits vorhandenen Forschungsarbeiten von Krankenschwestern und -pflegern zu sammeln und eine Aussage über die Anzahl der in allen EU-Ländern benötigten Wissenschaftler im Bereich der Krankenpflege zu treffen. In Bulgarien zum Beispiel wird viel von Krankenschwestern geforscht, aber das geht alles in die "Forschungswissenschaft", und es gibt keine Möglichkeit zu wissen, was wirklich von Krankenschwestern gemacht wird. Für die EFN-Mitglieder ist es nicht nur entscheidend, über Forschungsergebnisse zu verfügen, sondern auch darüber nachzudenken, wie diese Ergebnisse mit Leben gefüllt werden können, wie sie strategisch vorangebracht werden können und wie sie mit bestehenden Netzwerken verbunden werden können.

Die frühere EFN-Präsidentin Unni Hembre aus Norwegen schlug damals vor, dass das EFN, um die Ziele für die Pflegeberuf in der EU zu erreichen, nach Möglichkeiten suchen sollte, sich für die Gründung eines EU-Florence-Nightingale-Forschungsinstituts einzusetzen, das seinen offiziellen Sitz in Brüssel, in der Nähe der Europäischen Kommission und insbesondere in der Nähe der GD Forschung haben sollte. Da die Krankenschwestern und der Krankenpflegeberuf auf EU-Ebene zu einer Schlüsselpriorität werden, ist es wichtig, dass sie neben den EU-Institutionen und den EU-Politikern und Entscheidungsträgern präsent sind und deutlich machen, warum sie in jedem Bereich gebraucht werden und wie man Prioritäten setzen kann.

Nach einer zweijährigen Datenerhebung (Delphi-Studie) und einem Meinungsaustausch über neue Entwicklungen bei den Prioritäten der Pflegeforschung und den erforderlichen Strukturen beauftragte der EFN-Exekutivausschuss im Jahr 2010 den EFN-Generalsekretär Paul De Raeve mit der Ausarbeitung einer "Vision für die Zukunft der europäischen Pflegeforschung". Darin sollte die Notwendigkeit der Schaffung eines "konstitutionell unabhängigen" und "virtuellen" Pflegeforschungsnetzwerks erläutert werden, wobei die wachsende Nachfrage nach Forschungsergebnissen und qualitativ hochwertigen Daten sowie die Vorbereitungen der Europäischen Kommission für das Achte Rahmenprogramm der GD Forschung (H2020) mit der Absicht, das Antragsverfahren zu vereinfachen, berücksichtigt werden sollten. Rahmenprogramm der GD Forschung (H2020) mit der Absicht, den Antragsprozess zu vereinfachen. Dies wurde von den EFN-Mitgliedern als der richtige Zeitpunkt angesehen, um zu entscheiden, wie die Pflegeforschungsagenda am besten vorangebracht werden kann und welche Ressourcen und Strukturen in Verbindung mit dem EFN und seinen nationalen Krankenpflegeverbänden (NNAs) benötigt werden, um das beste Ergebnis für die Krankenschwestern und Krankenpfleger zu erzielen. Die meisten EFN-Mitglieder waren sich einig, dass ein Engagement in der Forschung notwendig ist und dass es an der Zeit ist, einen strategischen EU-Ansatz für die Forschung zu entwickeln. Für sie muss die Forschung die Kluft zwischen Evidenz und klinischer Praxis überwinden und wirksame politische Ergebnisse für die Pflegepraxis liefern. Die Datenerhebung und die Evidenzbasis müssen die Lobbyarbeit des EFN unterstützen und die berufliche Entwicklung in der EU und in Europa fördern. Die Diskussion über das von der EFN-Generalsekretärin entwickelte Dokument sowie über den Auftrag und die Zukunft der Pflegeforschung in der EU wurde 2011 auf zwei EFN-Generalversammlungen fortgesetzt. Die Mitglieder waren sehr enthusiastisch, wollten sich an diesem großen Projekt beteiligen und unterstützten diese Initiative, die als entscheidend für die Gewinnung von Erkenntnissen und die Förderung der Rolle der Pflegekräfte in der Forschung angesehen wird, voll und ganz. Folglich erteilten die EFN-Mitglieder auf der Frühjahrs-Generalversammlung 2012 in Slowenien der Delphi-Gruppe den Auftrag, die Machbarkeitsstudie zur Europäischen Pflegeforschung weiterzuführen. Die Delphi-Gruppe erarbeitete eine Aufgabenstellung für die Machbarkeitsstudie und die Ergebnisse wurden auf der EFN-Generalversammlung im Herbst 2012 in Luxemburg vorgestellt. Die wichtigste Schlussfolgerung und Empfehlung der EFN-Mitglieder lautete, dass ein Europäisches Pflegeforschungsinstitut eine einzigartige Gelegenheit wäre, eine Brücke zwischen Evidenz und Politik zu schlagen und gleichzeitig als Kontaktstelle für politische Entscheidungsträger zu fungieren. Der Zweck des Instituts würde nicht darin bestehen, Forschung zu betreiben, sondern zu analysieren und zusammenzustellen, was bereits an Pflegeforschung in den EU-Mitgliedstaaten existiert, so dass die vorhandenen Daten in evidenzbasierte Empfehlungen für den politischen Entscheidungsprozess in der EU umgewandelt werden können. Die Struktur, die Leitung und die Finanzierung eines Europäischen Pflegeforschungsinstituts wurden ebenfalls erörtert, und die EFN-Mitglieder stimmten zu, dieses einzigartige Institut in Brüssel voranzutreiben, das im Laufe der Jahre an Glaubwürdigkeit gewinnen und zu einem Mehrwert im politischen Entscheidungsprozess der EU werden sollte. Nach der endgültigen Zustimmung der EFN-Mitglieder im April 2013 auf der Grundlage der Empfehlungen der Delphi-Gruppe und der 2012 vorgelegten Machbarkeitsstudie unterzeichnete die damalige EFN-Präsidentin Unni Hembre (von der norwegischen Krankenpflegeorganisation) am 3. Mai 2013 vor dem belgischen Notar die Satzung der neu gegründeten Europäischen Stiftung für Pflegeforschung (ENRF), die am 8. Mai 2013 offiziell im Belgischen Staatsblatt veröffentlicht wurde, mit großer Freude und Begeisterung.

In diesem ganzen Prozess der Gründung der Europäischen Stiftung für Pflegeforschung ist es auch wichtig, die Arbeit der Arbeitsgruppe Europäischer Pflegeforscher (WENR) zu erwähnen und zu reflektieren, die sich aus Mitgliedern der bei den EFN-Generalversammlungen anwesenden NNAs zusammensetzt. Die WENR war maßgeblich am Austausch von Informationen über Forschungsaktivitäten in der Pflege in ganz Europa beteiligt, half beim Aufbau von Forschungskapazitäten und -fähigkeiten, bot Foren für die Verbreitung von Forschungsergebnissen, erleichterte die Vernetzung und schuf ein Umfeld, in dem sich Forschungskooperationen entwickeln. Vor seiner Auflösung im Jahr 2011 schuf das WENR eine solide Grundlage für die weitere Entwicklung der Pflegeforschung in Europa. Im Oktober 2010 wurden die damalige EFN-Präsidentin Grete Christensen und der EFN-Generalsekretär zur Teilnahme an einem WENR-Treffen in Rotterdam eingeladen. Sie nutzten die Gelegenheit, sich mit dem WENR-Vorstand zu treffen, um den Prozess des zukünftigen Instituts für Pflegeforschung, einschließlich der Delphi-Studie und des Visionsdokuments, das von den EFN-Mitgliedern auf der EFN-Generalversammlung im Herbst diskutiert werden sollte, im Detail zu erläutern und zu erfahren, welche Ansichten das WENR vertritt und wie es sich in dieser ganzen Debatte positioniert. Nach diesem Treffen diskutierten die WENR-Vertreter über die Zukunft der Arbeitsgruppe und kamen zu dem Schluss, dass die bestehende Struktur und der Modus Operandi von WENR nicht mehr zeitgemäß sind und dass die nationalen Pflegeverbände neue Strategien zur Unterstützung der Pflegeforschung in Europa entwickeln sollten, die auf der Arbeit und den Erfahrungen von WENR aufbauen. Dies führte im Jahr 2013 zur Gründung der Europäischen Stiftung für Pflegeforschung.

Die Hauptziele der Stiftung bestehen darin, die Pflegeforschung als Element professioneller Exzellenz zum Wohle der Gesundheit der Bevölkerung in der EU und in Europa zu betreiben und zu verbessern, die Pflegeforschung zur Beeinflussung der EU-Politik einzusetzen und eine faktengestützte Entscheidungsfindung zu fördern:

• Förderung einer qualitativ hochwertigen Pflegeforschung sowie von Bildungs- und Ausbildungsprogrammen, die in den Mitgliedsländern als Folge von Forschungsprojekten entwickelt werden können;

• Zuschüsse und Finanzhilfen für Forschungsprojekte, Humanressourcen und Infrastrukturen erhalten;

• Kooperationsvereinbarungen mit Universitäten, öffentlichen oder privaten Einrichtungen und

Unternehmen schließen;
* Verbreitung der Wissenschaft, Transfer der Ergebnisse und Projektforschung in die Gesellschaft;
* mit nationalen und internationalen Pflegeforschungszentren zusammenarbeiten, um jungen Forschern Aus- und Weiterbildungsmöglichkeiten zu bieten; und,
* die Wahrung des Legalitätsprinzips sowie der ethischen und berufsethischen Grundsätze bei der Entwicklung von Forschung und Wissensmanagement.

Alle EFN-Mitglieder sind berechtigt, Mitglieder der Stiftung zu sein und werden deren Strategie, Funktion und Ziele (die sich von denen des EFN unterscheiden) verwalten. Von Mai 2013 bis Dezember 2015 wurde die Stiftung von einem Vorstand geleitet und vertreten, der sich aus vier Mitgliedern zusammensetzte, die aus dem EFN-Exekutivausschuss kamen: Vorsitzende: Herdis Gunnarsdottir, Icelandic Nurse Association; Stellvertretende Vorsitzende: Elisabeth Adams, Irish Nurses and Midwives Organisation; Schatzmeister: Peter Carter, Royal College of Nurses - UK; und Paul De Raeve, EFN Generalsekretär.

Unter Berücksichtigung der neuen überarbeiteten Satzung und Geschäftsordnung wählten die EFN-Mitglieder im Dezember 2015 vier neue Vorstandsmitglieder: einen EFN-Gründungsdirektor - Máximo González (Spanien) und drei EFN-Direktoren, Karen Bjoro (Norwegen), Dorota Kilanska (Polen) und Kate Seers (Großbritannien). Aus dem neu konstituierten Vorstand wurde Máximo González zum ENRF-Präsidenten ernannt. Der Vorstand ist für die Erstellung eines strategischen Plans verantwortlich, der eine Reihe von Werten, Inhalten und Themen umfasst, auf die sich die Stiftung konzentrieren soll. Dazu gehören auch Vorschläge für potenzielle professionelle Partner, mit denen Allianzen gebildet werden sollen, um eine Antwort auf die Aufforderungen im Rahmen von Horizont 2020 in den kommenden Jahren vorzubereiten.

Was die Arbeit betrifft, so begann die Stiftung ihre Aktivitäten im Dezember 2013 als Mitglied des EFN-geführten EU-Projekts ENS4Care, vertreten durch Dorota Kilanska. Ihre Hauptaufgaben bestanden vor allem in der Entwicklung des Leitfadens zur Integrierten Versorgung, in dem die wichtigsten Schritte und Überlegungen für den Einsatz von eHealth-Diensten für die Integrierte Versorgung dargelegt wurden und der zeigte, dass die Integrierte Versorgung entlang des Versorgungskontinuums von wesentlicher Bedeutung ist, um sicherzustellen, dass optimale Ergebnisse für die EU-Bürgerinnen und -Bürger erzielt werden, insbesondere für diejenigen, die mit chronischen Krankheiten und komplexen Pflegebedürfnissen belastet sind und die die Aufmerksamkeit einer Reihe von Fachleuten aus dem primären und sekundären Gesundheits- und Sozialversorgungssektor benötigen. Wir können nun sagen, dass durch das ENS4Care-Projekt eine Governance-Struktur geschaffen wurde, um ein EU-Netzwerk und Netzwerkkapazitäten aufzubauen, die in einen soliden strukturierten Governance-Mechanismus überführt werden können, der sich auf evidenzbasierte klinische Praxisleitlinien für Telemedizin und Telecare-Dienste für Krankenschwestern und Sozialpfleger konzentriert. Die langfristige Nachhaltigkeit des Projekts wurde durch die Einrichtung der Europäischen Stiftung für Pflegeforschung (ENRF) als Instrument zur Unterstützung von Politik- und Dienstleistungsinnovationen auf strategischer und operativer Ebene gewährleistet, was durch innovative Forschungskonzepte für Horizont 2020 erreicht werden soll. Künftige Aufforderungen zur Einreichung von Vorschlägen im Rahmen von H2020 greifen die Erkenntnisse aus dem nachhaltigen und offenen Netzwerk auf, in dem gute evidenzbasierte eHealth-Praktiken ausgetauscht, bewertet und umgesetzt werden.

Neben diesem Projekt entwickelt sich die ENRF selbst weiter, um eine geeignete Einrichtung zu werden, die die Nachhaltigkeit und die weitere Umsetzung der Projektergebnisse unterstützt, beginnend mit der Überarbeitung der 2013 veröffentlichten Verfassung im Jahr 2014, unter Berücksichtigung von Fragen im Zusammenhang mit der Inklusion und der Entwicklung einer internen Regelung durch eine Arbeitsgruppe für die Verfassung, die von der EFN-Generalversammlung im Oktober 2013 mit dieser Arbeit beauftragt wurde. Im Oktober 2013 genehmigte die EFN-Generalversammlung die Überarbeitung der ENRF-Satzung (veröffentlicht im Mai 2013) unter Berücksichtigung der Arbeit des Ordem dos Enfermeiros (Portugal) und des Spanish General Council of Nursing (Spanien) zur Leitung und zu den Zielen der Stiftung. Daher wurde auf der EFN-Generalversammlung im April 2014 eine Arbeitsgruppe eingerichtet, die mit der Durchführung dieser Arbeiten beauftragt wurde. Sie besteht aus dem Vorsitzenden Maximo Gonzalez (Spanischer Allgemeiner Pflegerat) und Branka Rimac (Kroatische Krankenschwesternvereinigung), Dorota Kilanska (Polnische Krankenschwesternvereinigung), Andrea Spyropoulos (Royal College of Nurses - UK), Paul De Raeve (EFN-Generalsekretär) und Hans Neyrinck

(EFN-Rechtsanwalt) überarbeitete die Gruppe die ENRF-Satzung, indem sie zunächst ein Arbeitspapier erstellte, in dem die Grundsätze für die Tätigkeit der ENRF dargelegt wurden und das als Orientierungshilfe für die Ausarbeitung der erforderlichen Änderungen an der derzeitigen ENRF-Satzung diente. Darüber hinaus wurden Fragen berücksichtigt, die für den ENRF-Vorstand relevant sind, wie z. B. "Wie werden die ENRF-Vorstandsmitglieder gewählt?", "Für wie lange/wie viele Amtszeiten?", "Wie wird die finanzielle Nachhaltigkeit der ENRF sichergestellt?", "Arbeitet die ENRF im Rahmen der EFN-Ziele?", "Langfristige Entwicklung des ENRF-Netzwerks?Die ENRF-Arbeitsgruppe hat ein ENRF-Governance- und Managementmodell entwickelt, das dem EFN-Exekutivausschuss am 18. September 2014 und der EFN-Generalversammlung im Oktober 2014 vorgestellt und von diesen genehmigt wurde. Um diesen engagierten Überarbeitungsprozess fortzusetzen, beauftragte die Generalversammlung im Oktober 2014 die Arbeitsgruppe, ihre Arbeit fortzusetzen, die damals von Maximo Gonzalez (Spanischer Allgemeiner Pflegerat) als Vorsitzendem, Herdis Gunnarsdottir (Isländischer Krankenpflegeverband) gebildet wurde, Elizabeth Adams (Irish Nurses and Midwives Organisation), Dorota Kilanska (Polish Nurses Association), Eva Szutkowska (Vardforbundet - Swedish Association of Health Professionals), Matthew Hamilton (Royal College of Nursing - UK) und Paul De Raeve (EFN General Secretary). Der EFN-Anwalt Hans Neirynck war ebenfalls an diesem Prozess beteiligt, um sicherzustellen, dass die ENRF-Satzung und die Geschäftsordnung mit dem belgischen NGO-Gesetz übereinstimmen.

Nach mehreren Sitzungen wurde die neue ENRF-Satzung der EFN-Generalversammlung im April 2015 vorgelegt und von dieser gebilligt, die der Arbeitsgruppe ein neues Mandat zur Ausarbeitung der internen ENRF-Verordnung auf der Grundlage der neuen ENRF-Satzung erteilte. Schließlich wurde der Entwurf der Geschäftsordnung auf der EFN-Generalversammlung im Oktober 2015 in London vorgestellt, geändert und genehmigt.

Mit diesen beiden Rechtsdokumenten kann sich das ENRF auf seine Hauptziele konzentrieren: 1. die Pflegeforschung als Element professioneller Exzellenz zum Nutzen der Gesundheit der Bevölkerung in der EU und in Europa zu betreiben und zu verbessern; 2. die Pflegeforschung zu nutzen, um die EU-Politik zu beeinflussen; und 3. eine evidenzbasierte Entscheidungsfindung zu fördern. Die ENRF hat sich zum Ziel gesetzt, ein Bezugspunkt für den Dialog zwischen Forschern und politischen Entscheidungsträgern zu werden, um Wissen in die Gesundheits- und Sozialpolitik zu übertragen; das Endziel besteht darin, unsere Wissensbasis bei der Reform der nationalen Gesundheits- und Sozialfürsorgesysteme zu verbessern und die wissenschaftliche Grundlage für die Verbesserung der gesundheits- und sozialpolitischen Agenda der EU zu schaffen. In Anbetracht der Tatsache, dass die Stiftung relativ neu ist, betonten die ENRF-Direktoren die Bedeutung der Grundsätze und Werte der Stiftung. Die Festlegung von Prioritäten und die Erzielung kurzfristiger Ergebnisse (Quick Wins) mit nicht zu vielen Ressourcen, aber mit konkreten Ergebnissen für die Pflege ist ein Hauptziel für 2017 und 2018. Mit dieser Strategie können wir dann Kapazitäten für umfangreichere Projekte entwickeln (langfristiger Prozess). Es ist wichtig zu sehen, was die wichtigsten Fragen in Bezug auf die Lobbyarbeit für das EFN sind, um auf EU-Ebene voranzukommen; und was die EU in ihre Agenda für Krankenschwestern und Krankenpfleger aufgenommen hat, und wo die Möglichkeiten liegen.

In Bezug auf die Arbeit der Generaldirektion Forschung, Innovation und Wissenschaft der Europäischen Kommission sollten sowohl die Berufs- als auch die Wissenschaftsgemeinschaft bei den EU-Institutionen stärker in Erscheinung treten und der Stimme der Krankenschwestern auf EU-Ebene Gehör verschaffen. Die Kommission bereitet bereits das 9. RP vor, und es wird für die Stiftung von entscheidender Bedeutung sein, ihre Wünsche in Bezug auf die Forschung und die Innovation zu äußern. Der strategische und operative Forschungsplan (SORP) der ENRF wird sich auf Aktivitäten konzentrieren, die mit den in Artikel 3 der ENRF-Satzung genannten "Zielen der Stiftung" in Zusammenhang stehen: 1. die Förderung der Qualitätsforschung in der Pflege (wenn wir die Forschung in der Pflege steigern wollen, müssen wir ihre Bedingungen verstehen); 2. die Förderung von Aus- und Weiterbildungsprogrammen und ein besseres Verständnis für die Entwicklung von Big Data in der Pflege; 3. die Beschaffung von Zuschüssen und finanzieller Unterstützung für Forschungsprojekte, Humanressourcen und Infrastrukturen; 4. der Abschluss von Kooperationsvereinbarungen mit Universitäten, öffentlichen oder privaten Einrichtungen und Unternehmen, wobei die ENRF eine Forschungseinheit für EFN ist, um die Ziele von EFN zu erfüllen und als Referenzzentrum die Zusammenarbeit zu erleichtern. Daher ist die Verbreitung der Wissenschaft, der Transfer der Ergebnisse und der Projektforschung in die Gesellschaft 5. von zentraler Bedeutung! Krankenschwestern und Krankenpfleger spielen eine zentrale Rolle bei der Erreichung dieses Ziels. Dabei ist es wichtig, dass sie wissen, wie sie mit den Bürgern kommunizieren können, und dass sie sich auf die

Auswirkungen und den Einsatz konzentrieren. Die Zusammenarbeit (6.) mit nationalen und internationalen Pflegeforschungszentren, die jungen Forschern Aus- und Weiterbildungsmöglichkeiten bieten, ist jedoch eine eher langfristige Priorität, da wir mit den Ressourcen des ENRF realistisch umgehen müssen. Dies führt zu der Priorität 7ᵗʰ, nämlich die Gewährleistung des Legalitätsprinzips sowie der ethischen und beruflichen Verhaltensgrundsätze bei der Entwicklung von Forschung und Wissensmanagement.

Diese Arbeitsweise steht im Einklang mit dem World Economic Forum's Industry Agenda Council on the Future of the Health Sector, in dem es heißt, dass eine fehlende Abstimmung zwischen den wichtigsten Akteuren im Gesundheitswesen - wie Patienten, Regulierungsbehörden, Arzneimittel- und Geräteherstellern, Gesundheitsdienstleistern, Versicherern, Wissenschaftlern, politischen Entscheidungsträgern und Investoren - zu einer Verschwendung von Ressourcen führt, da sich widersprüchliche Anreize, Verhaltensweisen, Strukturen oder Strategien negativ auf diese Akteure auswirken. Die Angleichung ist jedoch fast ausschließlich das Ergebnis von Führungsstärke und dem Engagement für die Verbesserung von Qualität, Erschwinglichkeit, Gerechtigkeit und Effizienz der Versorgung. Die meisten Beispiele für die Angleichung beruhen darauf, dass ein Akteur eine starke Führungsrolle im System übernimmt. Krankenschwestern und -pfleger spielen eine zentrale Rolle bei der Übernahme einer solchen Führungsrolle, um eine Angleichung zu erreichen. Pflegekräfte sind durch ihre tägliche Praxis damit vertraut, die Hauptverantwortung für die Lösung von Fehlentwicklungen zu übernehmen. Die Ombudsfrauen im Gesundheits- und Sozialwesen sind ein gutes Beispiel dafür, wie Krankenschwestern Kompromisse aushandeln. Der Schlüssel liegt darin, einen Anlass und einen Raum zu schaffen, in dem das Systemdenken gedeihen kann und Eigeninteressen in Frage gestellt werden. Zur Beseitigung von Fehlentwicklungen muss ein Mechanismus geschaffen werden, mit dem die Auswirkungen von Veränderungen gemessen und verfolgt werden können.

Obwohl die Fehlentwicklungen bekannt, weit verbreitet und tief verwurzelt sind, können motivierte und engagierte Pflegekräfte viel dazu beitragen, diese zu korrigieren und eine Gesundheits- und Sozialfürsorge zu bieten, die sowohl die Gesundheitsergebnisse als auch die finanziellen Ergebnisse verbessert. Um einen Wandel zu erreichen, sind sowohl Innovation als auch Forschung erforderlich. Als solche sind die Pflegekräfte in der Lage, die Umstellung des Modells für die Gesundheitsversorgung von einem kostenpflichtigen Volumenmodell auf ein ergebnisorientiertes Modell zu beschleunigen, das den Wert für Patienten und Bürger maximiert.

Dieser Wandel steht im Einklang mit den Empfehlungen und Maßnahmen des UN-Ausschusses, der sich verpflichtet hat, das Fachwissen und die Erfahrung der Krankenschwestern und -pfleger zu nutzen. Die Stärkung von Pflegekräften und Frauen durch die Institutionalisierung ihrer Führungsrolle ist der Schlüssel zur Reform des Gesundheits- und Sozialsystems, um es in ein ergebnisorientiertes System umzuwandeln. Die größten Sorgen bereiten heute jedoch die Arbeitsbedingungen der Krankenschwestern und Krankenpfleger, die Kürzung der Ressourcen und der Unterstützung, der Wert der Arbeit der Krankenschwestern und Krankenpfleger, die sehr niedrigen Gehälter und die Herabstufung der Ausbildung und der Qualifikationen der Krankenschwestern und Krankenpfleger - alles, um kurzfristig im Gesundheitssystem Geld zu sparen - wohl wissend, dass die Krankenschwestern und Krankenpfleger die größte Berufsgruppe im Gesundheitssektor sind und bis zu 80 % der direkten Patientenversorgung leisten. Daher ist eine gute Zusammenarbeit auf europäischer Ebene von entscheidender Bedeutung, um eine angemessene Planung für ein ausreichendes, motiviertes und hoch qualifiziertes Pflegepersonal zu gewährleisten. Eine Forschungsagenda sollte daher anerkennen, dass der Pflegeberuf, der mit erheblichen gesellschaftlichen Herausforderungen konfrontiert ist, dringend einen echten Wandel in den Gesundheitssystemen der EU und Europas anstrebt. Dieser Wandel kann sich auf erfolgreiche Initiativen und Ergebnisse stützen. In diesem politischen Kontext der Modernisierung des europäischen Gesundheits- und Sozialsystems, in der Gleichung von Produktivität, Wachstum und Zugang der EU-Bürger zu Gesundheits- und Sozialdiensten, sind ausreichende, motivierte und hoch qualifizierte Pflegekräfte der Schlüssel zu besseren Ergebnissen.

In Anbetracht der aktuellen gesundheitlichen Herausforderungen, insbesondere der Überalterung der chronischen Krankheiten, besteht ein dringender Bedarf an mehr Stellen für Pflegekräfte in der kommunalen Pflege, wobei der Schwerpunkt auf der Altenpflege und der Pflege von Demenzkranken liegt. Krankenschwestern und Krankenpfleger im öffentlichen Gesundheitswesen in fortgeschrittenen Funktionen sind der Schlüssel für eine nachhaltige kommunale Pflege. Der Aufbau einer nachhaltigen Gesundheits- und Sozialfürsorge für künftige Generationen setzt nämlich voraus, dass die Pflege in die

Gemeinden verlagert wird, damit die Krankenhäuser komplexere, spezialisierte Pflege und Notfallpflege leisten können. Eine erneute Konzentration auf die Erbringung allgemeiner Gesundheits- und Sozialfürsorge in der Gemeinde setzt jedoch voraus, dass die Zusammensetzung des Personals an der Schnittstelle zwischen Gesundheits- und Sozialfürsorgediensten angemessen gestaltet ist. Dies ist von entscheidender Bedeutung für die Koordinierung der Patientenversorgung, einschließlich der Primärversorgung, und für die Förderung einer gesünderen Bevölkerung, die in der Lage ist, selbständig zu leben. Wenn es den EU-Mitgliedstaaten gelingen soll, die Versorgung aus den Krankenhäusern in die Gemeinden zu verlagern, ist dringend ein System- und Bewusstseinswandel auf der Ebene der Politik, der Praxis und der Ausbildung erforderlich. Die Verlagerung der Pflege in die Gemeinschaft fördert den Mehrwert der Gesundheit als Motor für Wohlbefinden, Produktivität und Wachstum, was im politischen Kontext der Förderung der Sozialwirtschaft besonders wichtig ist. Entscheidungsträger, Politiker und Ärzte sagen oft: "Krankenschwestern und Krankenpfleger sind sehr wichtig", aber es ist dringend notwendig, diese schönen Worte in die Praxis umzusetzen! Die politischen Entscheidungsträger und Politiker haben die einmalige Gelegenheit, dafür zu sorgen, dass der Reformprozess die Probleme der seit langem bestehenden Ungleichheit zwischen Frauen und Männern sowohl bei der Erbringung als auch bei der Inanspruchnahme von Pflegeleistungen angeht. Daher ist es im Rahmen von Horizont 2020 unter besonderer Berücksichtigung der Geschlechterfrage notwendig, dass die Wissenschaft mehr Erkenntnisse von Frauen einbezieht, als dies derzeit der Fall ist. Die Förderung eines geschlechtersensiblen Ökosystems ist der Schlüssel zur weiteren Gestaltung nachhaltiger Gesundheits- und Sozialfürsorgesysteme. Um eine wirklich auf den Menschen ausgerichtete Versorgung zu gewährleisten, muss der Bereitstellung der "richtigen Dienstleistungen" am "richtigen Ort" auf der Grundlage gemeinsamer Werte und Grundsätze wie Solidarität, Zugänglichkeit und Nachhaltigkeit Priorität eingeräumt werden.

1.3.   Krankenschwestern gestalten ein soziales Europa

Wie Präsident Juncker bei seiner Wahl zum Kommissionspräsidenten vor dem Europäischen Parlament sagte: *"Ich möchte, dass Europa sich dafür einsetzt, in sozialen Fragen genauso gut abzuschneiden wie in finanziellen und wirtschaftlichen Belangen. "*Aber Juncker lebte damals in einer anderen Welt, ohne Brexit, ohne Trump. Junckers EU wird durch den wachsenden Rechtspopulismus noch mehr herausgefordert, da immer mehr Bürger die Nase voll davon haben, dass Politiker Politik für sie und nicht mit ihnen machen. Wie wird ein soziales Europa aussehen, wenn immer mehr EU-feindliche Politiker an den Brüsseler Sitzungen teilnehmen, künftige Entwürfe blockieren und sie vor Ort wieder zurücknehmen? Wir sind uns zwar darüber im Klaren, dass Junckers Säule der sozialen Rechte, die sich auf den Zugang zu Beschäftigung, gerechtere Arbeitsbedingungen und sozialen Schutz konzentriert, mit kontextspezifischen Herausforderungen wie einer sich wandelnden Arbeitswelt, der demografischen Alterung und zunehmenden Ungleichheiten zu tun hat, doch die größte Herausforderung ist der Einsatz der Demokratie innerhalb der EU.

Die britische Premierministerin Theresa May wird nicht mehr allein sein. Sie wird sich mit Marine Le Pen wiederfinden, die nur wenige Punkte davon entfernt ist, zur französischen Präsidentin gewählt zu werden, da Hollande und Sarkozy die politische Bühne verlassen haben; und der niederländische PVV-Vorsitzende Geert Wilders wird zusammen mit der Anti-Establishment-Partei von Beppe Grillo aus Italien in den Umfragen liegen. Wenn jedoch Angela Merkel und Martin Schulz mit ihrer aufstrebenden retro-nationalistischen Alternative für Deutschland verlieren, und das ausgerechnet zu einem Zeitpunkt, an dem Europa seinen kritischsten Moment erlebt, sollte Juncker sein "Triple-A" noch einmal überdenken. Wenn man Polens rechtsgerichtete Regierung in Betracht zieht und dem EU-Kuchen den rechtsgerichteten Orban aus Ungarn hinzufügt, wird deutlich, dass das soziale Europa den Zug verpasst hat! Die derzeitigen und früheren europäischen Staats- und Regierungschefs haben der Zivilgesellschaft nicht genug zugehört und sich nicht genug mit ihr beschäftigt. Die Zivilgesellschaft ist zum Schaufenster geworden, und die Rolle des Sozialen Dialogs wurde bei verschiedenen Gelegenheiten bedroht, während die Industrie den Politikern den roten Teppich ausrollt. Doch welcher Erfolg ist daraus entstanden? Das TTIP, das die Zivilgesellschaft ablehnte? Oder das Pharmazeutische Forum? Oder die Verlagerung von Medizinprodukten von der GD Industrie zur GD Gesundheit und zurück?

Auf der Grundlage des EU-Besitzstands und der Agenda für bessere Rechtsetzung (sprich: Deregulierung) ist es von entscheidender Bedeutung, sich auf eine bessere Arbeitsmarkt- und Sozialleistung sowie auf den sozialen Zusammenhalt innerhalb der bestehenden EU-Wohlfahrtssysteme zu konzentrieren. Aber sind 36 Kapitel des Acquis noch nicht genug? Sind über 90.000 Seiten an Rechtsvorschriften, die umgesetzt werden müssen, nicht genug, da vor allem die EU-Bürger angesichts der "Brüsseler Entscheidungen" nervös werden? Oder brauchen wir einen neuen Vertrag? Erinnern wir uns an die Wiedervereinigung Deutschlands im Oktober 1990 und den Zusammenbruch des Sowjetblocks, die die Staats- und Regierungschefs der EU dazu veranlassten, das europäische Projekt zu überdenken; dies führte 1992 zum Vertrag von Maastricht, in dem der Rahmen für die politische, wirtschaftliche und monetäre Union festgelegt wurde. Es folgten weitere EU-Verträge, der Vertrag von Amsterdam (Oktober 1997) und der Vertrag von Nizza (Februar 2001), in deren Mittelpunkt die Reform der EU-Institutionen nach dem Übergang von 15 auf 25 Mitgliedstaaten im Jahr 2004 stand. Der letzte unterzeichnete Vertrag, der Vertrag von Lissabon (Dezember 2007), verleiht dem Europäischen Parlament mehr Befugnisse, ändert die Abstimmungsverfahren im Rat und führt die Bürgerinitiative, einen ständigen Präsidenten des Europäischen Rates, einen neuen Hohen Vertreter für auswärtige Angelegenheiten (der hervorragende Arbeit leistet!) und einen neuen diplomatischen Dienst der EU ein. Und dennoch haben die Bürger Brüssel mehr als zuvor den Rücken gekehrt! Allerdings haben die Mitgliedstaaten bei der Umsetzung des Acquis Communautaire in nationales Recht zwar wirtschaftliche und politische Verpflichtungen, aber keine gesundheitlichen oder sozialen Verpflichtungen. Wenn Juncker ein soziales Europa schaffen will, wird er dann einige der 36 Kapitel des Acquis ändern oder eines hinzufügen?

Die Zuständigkeiten der EU im Gesundheitsbereich wurden in Artikel 129 des Vertrags von Maastricht (1992) festgelegt, der in Artikel 152 des Vertrags von Amsterdam (1997) präzisiert wurde. In Artikel 152 wurde erneut bekräftigt, dass bei allen Maßnahmen im Bereich der öffentlichen Gesundheit die Zuständigkeiten der Mitgliedstaaten für die Organisation und Erbringung ihrer Gesundheitsdienste in vollem Umfang gewahrt bleiben müssen und die EU-Gesundheitspolitik somit aus dem "spill-over" resultiert. Mit dem Vertrag von Lissabon (2009) wurde der Artikel über die öffentliche Gesundheit als Reaktion auf die Urteile des Europäischen Gerichtshofs über die Erstattung von Kosten, die Patienten bei der Inanspruchnahme von Gesundheitsdienstleistungen in anderen Mitgliedstaaten entstehen, weiter präzisiert. Konkret heißt es in Absatz 2 des aktuellen Artikels 168, dass die EU insbesondere die Zusammenarbeit zwischen den Mitgliedstaaten fördert, um die Komplementarität ihrer Gesundheitsdienste in grenzüberschreitenden Gebieten zu verbessern. Obwohl die Gesundheitspolitik (einschließlich der Organisation, Finanzierung und Verwaltung der Gesundheitsversorgung) nach wie vor in die nationale Zuständigkeit der Mitgliedstaaten fällt, führt die EU zunehmend gesundheitsbezogene Maßnahmen durch, indem sie die Zusammenarbeit zwischen den Mitgliedstaaten zum Schutz und zur Förderung der öffentlichen Gesundheit unterstützt und die Mitgliedstaaten bei der Planung ihrer Arbeitskräfte im Gesundheitswesen fördert. Was die soziale Säule der EU betrifft, so befasst sich der Acquis Communautaire hauptsächlich in Kapitel 19 "Sozialpolitik und Beschäftigung" mit den wichtigsten Themen. Sehr umstritten waren dabei die Arbeitszeitrichtlinie und die Mutterschaftsrichtlinie.

Das anstehende "Weißbuch zur Wirtschafts- und Währungsunion", das im Frühjahr 2017 vorgelegt werden soll, wird die rechtlichen, wirtschaftlichen und politischen Voraussetzungen für die Vollendung der WWU erörtern und sich auf den analytischen Input einer Expertenkonsultationsgruppe stützen müssen. Die Pflegekräfte müssen dieses politische Fenster nutzen, um Entscheidungsträger und Politiker dabei zu unterstützen, den Integrationsprozess der Europäischen Union und der Währungsunion durch eine stärkere Fokussierung auf die Beschäftigungs- und Sozialdimension neu auszutarieren. Aus Umfragen geht hervor, dass Krankenschwestern und Krankenpfleger bei den EU-Bürgern das größte Vertrauen genießen, aber von politischen Entscheidungsträgern und Politikern bei der Gestaltung politischer Maßnahmen oft nicht berücksichtigt werden, obwohl wir alle wissen, dass Krankenschwestern und Krankenpfleger einen erheblichen Beitrag zu unseren Gesellschaften leisten.

Die EU hat in den letzten 15 Jahren an der Vereinbarkeit von Beruf und Privatleben, der Gleichstellung der Geschlechter, der Chancengleichheit, der Arbeitslosigkeit, der Bildung, der Armut und den Problemen der körperlichen und geistigen Gesundheit gearbeitet. Warum stellen wir also immer noch dieselben Fragen? Warum suchen wir immer noch nach Lösungen? Mit welchen neuen sozialpolitischen Maßnahmen lassen sich die drängenden Probleme wirksamer angehen?

Es liegt auf der Hand, dass angesichts von Millionen arbeitsloser EU-Bürgerinnen und -Bürger und der Tatsache, dass viele in unserer Gesellschaft dem Risiko der sozialen Ausgrenzung ausgesetzt sind, noch viel mehr getan werden muss, um den Euroraum - die zweitgrößte Volkswirtschaft der Welt - in eine felsenfeste Architektur zu verwandeln, wie dies von den politischen Entscheidungsträgern und Politikern der EU behauptet wird; und weiter: "Wir brauchen eine dauerhafte, faire und demokratisch legitimierte Grundlage für die Zukunft, die zu mehr Wachstum, Beschäftigung und Wohlstand für alle Bürgerinnen und Bürger beiträgt". Eine erneuerte europäische Sozialpolitik, die sich auf die Koordinierung der Politik, den sozialen Besitzstand, den sozialen Dialog, die Finanzierung und das Mainstreaming konzentriert, liegt auf dem politischen Verhandlungstisch. Das Europäische Semester und die soziale Folgenabschätzung werden eine zentralere Rolle bei der Gestaltung der europäischen und nationalen Politik spielen, während sich der soziale Besitzstand auf die europäische Säule sozialer Rechte, die Entsenderichtlinie und das europäische Gesetz zur Barrierefreiheit konzentrieren wird. Der Dialog mit den Sozialpartnern wird wiederbelebt werden müssen, und es werden mehr Milliarden für neue Kompetenzen ausgegeben werden. Die sozialen Prioritäten, die im Mittelpunkt der wirtschaftspolitischen Steuerung in Europa stehen und durch das Europäische Semester veranschaulicht werden, werden sich auf die Beschäftigung und die soziale Leistung konzentrieren und die Mitgliedstaaten dazu anleiten, hochwertige Arbeitsplätze, Qualifikationen und Armutsbekämpfung zu schaffen. Eine europäische Säule sozialer Rechte sollte der Referenzrahmen für die Überprüfung der Beschäftigungs- und Sozialleistung der teilnehmenden Mitgliedstaaten werden. Aus Sicht der Kommission wird die europäische Säule sozialer Rechte drei Schwerpunktbereiche umfassen: Chancengleichheit und Zugang zum Arbeitsmarkt, faire Arbeitsbedingungen und angemessener und nachhaltiger Sozialschutz. Besondere Aufmerksamkeit wird der Förderung der Vereinbarkeit von Beruf und Familie für berufstätige Eltern und einer Bewertung des Rechtsrahmens für Gesundheit und Sicherheit gewidmet, die beide für Krankenschwestern von Interesse sind. Die wichtigste Frage ist nun: Ist es das, was die EU-Bürger brauchen?

Es ist wichtig, einige Grundsätze aufzulisten, die die europäische Säule der sozialen Rechte aufgreifen muss:

1. Diese Säule muss auf Altruismus, Integrität, Mitgefühl und der Achtung der Menschenwürde beruhen - Schlüsselindikatoren für die Sozialpolitik in der EU. Das macht unseren Kontinent einzigartig, und das ist es, was die EU-Bürger fordern werden;

2. Die Gestaltung der Säule muss über Konsultationen und Konferenzen hinausgehen, bei denen die Kommissare ihre Rede halten und dann gehen. Die Einbeziehung der Nutzer ist die Grundlage für die Mitgestaltung einer "zweckmäßigen" Sozialpolitik, die dem Personal an der Basis zugute kommt und sich an die bereits überlasteten und unterbewerteten Arbeitskräfte richtet;

3. Die europäische Säule der sozialen Rechte und die sich daraus ergebenden sozialpolitischen Maßnahmen müssen sich um die richtige Anzahl von Mitarbeitern mit den richtigen Qualifikationen am richtigen Ort und zur richtigen Zeit bemühen. Es reicht nicht aus, die neuen Qualifikationen zu haben, damit alles funktioniert. Die Säule muss daher kontextspezifisch sein, denn was die Krankenschwestern und Krankenpfleger in den EU-Mitgliedstaaten bisher erlebt haben, sind die Verschlechterung der Personalausstattung und finanzielle Kürzungen bei Gehältern und Stellen, die seit 2008 zum Verlust von Tausenden von Stellen in der Krankenpflege in ganz Europa beigetragen haben;

4. Da die Beschäftigung von entscheidender Bedeutung ist, ist es wichtig, dass die Säule die finanziellen Mittel bereitstellt, um innovative Modelle der Personalzusammensetzung, die sich nachweislich positiv auf die Ergebnisse auswirken, auszubauen. Die EFN-Personalmatrix 3+1 ist ein solches Modell, ergänzt durch den EFN-Kompetenzrahmen, die beide zu einer angemessenen Zusammensetzung des Personals an der Schnittstelle von Gesundheits- und Sozialfürsorgediensten führen;

5. Die Säule verfügt über geschlechtsspezifische Strategien, die die Wirkung vorantreiben. Daher ist es wichtig, Frauen zu befähigen, Führungsaufgaben zu übernehmen, da Frauen derzeit in geringer bezahlten und informellen Betreuungsaufgaben überrepräsentiert sind. Frauen sind unverhältnismäßig stark von einer Personalpolitik betroffen, die ihre beruflichen Bedürfnisse bei Arbeitsverträgen, Anreizen und Aufstiegsmöglichkeiten nicht berücksichtigt;

6. Obwohl die Sozialpolitik kompatibel und datengesteuert sein muss, muss der Schwerpunkt auf den sozialen Ergebnissen, einschließlich Gesundheit und Wohlbefinden, liegen. Politikexperten und Forscher weisen zu Recht darauf hin, dass die derzeitigen Daten in der Regel fragmentiert, uneinheitlich und unvollständig sind und weder national noch international vergleichbar sind. Wir müssen die Ressourcen umverteilen, um dies zu erreichen, anstatt Details zu messen und ein Benchmarking durchzuführen;

7. Der Aufbau nachhaltiger Ökosysteme für die Gesundheits- und Sozialfürsorge setzt voraus, dass disruptive, auf Benchmarking basierende Modelle vermieden werden, wie sie häufig von politischen Entscheidungsträgern, Politikern, Unternehmen und "Think-Thanks" eingesetzt

werden. Sie müssen schnell Argumente vorbringen, um voranzukommen, während der Gesundheits- und Sozialsektor sich die Inklusion zu eigen macht;

8. Die Säule muss sich auf eine auf den Menschen ausgerichtete Politik konzentrieren, die integrierte Ansätze fördert, die vom Personal an der Basis entwickelt werden! Ein gutes Beispiel sind die fortgeschrittenen Aufgaben in der Krankenpflege, die den Zugang zu und die Qualität von Diensten, einschließlich eHealth-Diensten, verbessern (siehe ENS4Care-Leitlinien);

9. Eine Kultur der "Schuldzuweisung und Beschämung" muss vermieden werden, da sie die Bürger und sogar ganze Mitgliedstaaten vergraulen würde. Es ist jedoch wichtig, gegen "Selbstgefälligkeit" vorzugehen und unsichere und unfaire Arbeitsbedingungen abzuschaffen. Daher ist es wichtig, die Ausgaben für Gesundheit und Soziales im Vergleich zu anderen Kapiteln des Besitzstandes zu überwachen und Daten über Investitionen in die Gesundheits- und Sozialpolitik zu sammeln, auch im Vergleich zu anderen Sektoren;

10. Wenn also Milliarden ausgegeben werden, müssen die EU-Finanzierungsinstrumente (ESF, EFRE, ESIF) mehr Mitarbeiter an der Basis und normale EU-Bürger unterstützen. Andernfalls werden die Bürger den Nutzen der EU-Mitgliedschaft nicht erkennen. Sie bleibt zahlenmäßig groß, aber der Mehrwert der Ausgaben geht völlig verloren. Der Brexit hat diese Realität bereits gezeigt. Es ist wichtig, dass sich die europäische Säule sozialer Rechte als Instrument zur Vervollständigung der WWU dringend darauf konzentriert, konkrete Veränderungen im täglichen Leben der Bürger zu bewirken. Es ist wichtig, die neue soziale Säule auf die lokale Ebene zu bringen, dorthin, wo die Menschen leben und arbeiten;

11. Daher ist es von entscheidender Bedeutung, dass die EU Anstrengungen unternimmt, um das Vertrauen der Bürgerinnen und Bürger zu gewinnen, das eine wesentliche Voraussetzung für den Erfolg des europäischen Projekts ist. Solidaritätsmaßnahmen und zivilgesellschaftliches Engagement sind für den Aufbau dieses Vertrauens unerlässlich. Andernfalls werden die Politiker eine bessere Rhetorik brauchen, um zu überleben;

Die fünf Präsidenten, der Präsident der Europäischen Kommission, Jean-Claude Juncker, der Präsident des Euro-Gipfels, Donald Tusk, der Präsident der Eurogruppe, Jeroen Dijsselbloem, der Präsident der Europäischen Zentralbank, Mario Draghi, und der Präsident des Europäischen Parlaments, Martin Schulz (der bereits ausgeschieden ist), müssen ihre ehrgeizigen Pläne zur Vertiefung der Wirtschafts- und Währungsunion (WWU) einem Realitätscheck unterziehen und dabei die Ansichten der europäischen Bürgerinnen und Bürger berücksichtigen, die den europäischen Institutionen und den von ihnen getroffenen politischen Entscheidungen sehr kritisch gegenüberstehen. Wenn zu diesem Ergebnis noch hinzukommt, dass die Zivilgesellschaft "weggedrängt" wird und ihr nur noch eine Schaufensterrolle zukommt, wird dies die Kluft zwischen den politischen Entscheidungsträgern der EU und den EU-Bürgern nur noch vertiefen.

Der soziale Dialog (Gewerkschaften) und der zivilgesellschaftliche Dialog (Bürger) müssen sich darüber im Klaren sein, was Wohlstand für alle Bürger bedeutet, um das Vertrauen in das europäische Projekt zurückzugewinnen. Die Ergebnisse der im November 2013 durchgeführten Standard-Eurobarometer-Umfrage (EB80) sollten aus der Perspektive der Mitgliedschaft in der Zivilgesellschaft wiederholt werden. Der Anteil der Europäerinnen und Europäer, die sich als Bürgerinnen und Bürger der EU fühlen, sinkt, und wenn wir heute Frankreich, Deutschland, die Niederlande und Italien messen würden, wären die Umfragen der Kommission falsch. Dies ist eine Realität, der wir uns stellen und etwas dagegen tun müssen.

Die jüngste Eurobarometer-Umfrage 2016 ergab, dass von 10294 jungen Europäern im Alter von 16 bis 30 Jahren in den 28 Mitgliedstaaten 61 % kein Interesse an einer EU-weiten Mobilität zu Bildungs-, Ausbildungs- oder Berufszwecken haben. In einem krisengeschüttelten Europa müssen diese alarmierenden Zahlen von allen handelnden Akteuren, einschließlich der Zivilgesellschaft, aufgegriffen werden. Europa befindet sich in einer Identitätskrise, einer demokratischen Krise und einer Wirtschaftskrise. Die politischen Antworten auf diese Krisen müssen die Ansichten der Betroffenen berücksichtigen. Da sich Krankenschwestern und Krankenpfleger seit den sechziger Jahren für die Freizügigkeit einsetzen und die Modernisierung der Richtlinie 2013/55/EU als positiv für die Weiterentwicklung des Pflegeberufs in der gesamten EU und in Europa ansehen, ist die Lern- und Berufsmobilität von Krankenschwestern und Krankenpflegern zu einem wirksamen Instrument für die Entwicklung eines starken europäischen Bürgersinns geworden. Die Förderung des multikulturellen Verständnisses und der Toleranz, die Förderung der aktiven demokratischen Teilhabe in all ihren Formen und die Entwicklung eines breiten Spektrums von Fähigkeiten, die Krankenschwestern und -pfleger und Frauen benötigen, um als Fachkräfte und aktive Bürgerinnen und Bürger in den immer komplexer werdenden Gesellschaften, die sie verwalten müssen, erfolgreich zu sein.

In der Standard-Eurobarometer 86-Umfrage (EB86) wird untersucht, wie die Europäer ihre politischen Institutionen wahrnehmen und was ihre Hauptanliegen sind. Sie untersucht auch die Einstellung der Menschen zur Unionsbürgerschaft und zu Themen, die mit den Prioritäten der Europäischen Kommission zusammenhängen, insbesondere Freizügigkeit, der Euro und Migration. Darüber hinaus ist die im Oktober 2016 durchgeführte Umfrage "Zukunft Europas" ein weiteres Barometer, das dazu beiträgt, uns alle auf die gleiche Seite zu bringen, insbesondere wenn es um das politische und soziale Leben in der EU und die Zukunft Europas geht. Diese beeindruckenden Berichte kommen zu dem Schluss, dass das Vertrauen in die EU seit Herbst 2011 erreicht, mit 36 % hat das Vertrauen den höchsten Stand seit Herbst 2011 erreicht, mit Ausnahme der Eurobarometer-Umfragen vom Herbst 2014 (37 %) und Frühjahr 2015 (40 %). In dem Bericht wird auch festgestellt, dass das Vertrauen in die nationalen Parlamente und Regierungen ebenfalls zugenommen hat, aber immer noch unter dem Vertrauen in die EU liegt. Es scheint, als würde ich auf einem anderen Planeten leben! Sehen wir hier dasselbe Phänomen: Selbstgefälligkeit? Müssen wir wirklich darauf warten, dass das Vereinigte Königreich die EU endgültig verlässt, dass Trump mit Putin Geschäfte macht und dass Marine Le Pen, Geert Wilders, Beppe Grillo und Frauke Petry in Brüssel das gleiche Taxi nehmen? Selbstgefälligkeit und Lippenbekenntnisse sind die größte Herausforderung unseres derzeitigen politischen Systems und tragen dazu bei, dass die Bürger dem Populismus als einziger alternativer Lösung in die Arme laufen. Wenn noch mehr rechte Regierungen wie die polnische und die ungarische die Führung übernehmen, wird es kein europäisches Projekt mehr geben, und das Geld der EU wird zu Hause bleiben! Ich schlage vor, dass die Kommission einen neuen Berater mit der Durchführung der Umfrage beauftragt, da ich davon ausgehe, dass sie die Bürger nicht erreicht. Eine echte Schande.

1.4. Frauen führen den Wandel an

Die EU bemüht sich seit langem um die Beseitigung des geschlechtsspezifischen Lohngefälles, angefangen mit den Römischen Verträgen aus dem Jahr 1957. Die Richtlinie über gleiches Entgelt für gleichwertige Arbeit (Richtlinie 2006/54/EG) umreißt die gemeinschaftlichen Rechtsvorschriften im Bereich der Gleichbehandlung von Männern und Frauen in der Beschäftigung, einschließlich der Anwendung, Durchsetzung und Überwachung der Bestimmungen über gleiches Entgelt. Gegenwärtig enthält der Vertrag von Lissabon eine Grundlage für EU-Maßnahmen zur Bekämpfung des geschlechtsspezifischen Lohngefälles, und die Charta der Grundrechte enthält eine Verpflichtung zur Gleichstellung der Geschlechter. Sogar Horizont 2020 befasst sich mit den historischen Ungleichheiten zwischen Frauen und Männern bei der Forschungsbeteiligung und beim wissenschaftlichen Wissen, die Hindernisse für die Erzielung der vollen sozioökonomischen Nutzens der wissenschaftsgestützten Innovation darstellen. Da Frauen in der Minderheit sind und es in der Wissenschaft mehr Erkenntnisse für Männer als für Frauen gibt, sind die Ergebnisse und Möglichkeiten einseitig auf die Bedürfnisse von Männern ausgerichtet und lassen die Bedürfnisse von Frauen außer Acht. Es ist von entscheidender Bedeutung, in der EU und darüber hinaus Möglichkeiten für die Entwicklung neuer Märkte für wissenschaftliches Wissen zu schaffen, indem geschlechtsspezifische Innovationsökosysteme gefördert werden und die disziplin- und sektorübergreifende Zusammenarbeit, beispielsweise zwischen Universitäten, der Industrie und Organisationen der Zivilgesellschaft, unterstützt wird. Die derzeitigen Ökosysteme im Gesundheits- und Sozialwesen werden den Bedürfnissen der Patienten nicht oder nicht schnell genug gerecht und bieten daher kein gutes Preis-Leistungs-Verhältnis. Wie von der Hochrangigen Kommission der Vereinten Nationen (UN) für Beschäftigung und Wirtschaft im Gesundheitswesen empfohlen

Wachstum (HEEG) sind neue Strategien und Maßnahmen erforderlich, um Frauen durch die Institutionalisierung ihrer Führungsrolle zu stärken; Frauen müssen eine einflussreichere, politische Rolle als Akteurinnen des Wandels spielen und Lösungen umgestalten, die den Bedürfnissen von Frauen in verschiedenen Rollen, z. B. als Gesundheitsfachkräfte, Mütter und Ehefrauen, Familienmanagerinnen und informelle Pflegekräfte, nicht gerecht werden. Es ist wichtig, dass Lösungen auf die spezifischen Rollen und Verantwortlichkeiten von Frauen zugeschnitten werden, da das derzeitige "Silo-Ökosystem im Gesundheits- und Sozialwesen" nicht geschlechtsspezifisch ausgerichtet ist. Es gibt genügend Belege dafür, dass Ökosysteme, die die Interaktion von Geschlecht und Gender berücksichtigen, mit größerer Wahrscheinlichkeit erfolgreich sind (Payne, 2009). Frauen und Männer nehmen die Gesundheits- und

Sozialfürsorge auf unterschiedliche Weise in Anspruch, und ihre Erfahrungen mit dem Ökosystem werden durch geschlechtsspezifische Unterschiede bei Faktoren geprägt, die außerhalb des Systems liegen, wie z. B. Beschäftigung und Familienrollen. Darüber hinaus haben Frauen in der Gesellschaft direkten Zugang zu den täglichen Bedürfnissen von Menschen aller Altersgruppen - von Kindern bis zu älteren Erwachsenen - und spielen daher eine Schlüsselrolle bei der Gestaltung von Maßnahmen, die die Gesundheits- und Sozialfürsorgesysteme in der gesamten Europäischen Union (EU) umgestalten können, indem sie sicherstellen, dass die Kontinuität der Pflege aus der Sicht der Frauen ein wirksameres Mittel für Veränderungen mit messbaren Auswirkungen darstellt. Die Beherrschung und Einbeziehung geschlechtsspezifischer Belange in die Planung, Erbringung, Überwachung und Bewertung von Gesundheits- und Sozialdiensten, einschließlich elektronischer Gesundheitsdienste, sollte kein komplexer Prozess sein, da Frauen, die in diesem System arbeiten, für die bestehende "Geschlechtsblindheit" der derzeitigen Entscheidungsprozesse sensibel sind. Wenn das Ziel der Entwicklung geschlechtersensibler Politiken erreicht werden soll, ist die weibliche Stimme entscheidend. Gender Mainstreaming geht über den Vergleich der Anzahl von Männern und Frauen, die Bewertung der geschlechtsspezifischen Muster bei der Inanspruchnahme von Dienstleistungen und sogar über die Konzentration auf die Gesundheit von Frauen und Männern hinaus. Stattdessen ist die Geschlechterperspektive ein konzeptionelles Instrument zur Anreicherung von Erklärungsmodellen mit Dimensionen, die von der Verfügbarkeit von Dienstleistungen, ihrer Zugänglichkeit, Erschwinglichkeit, Akzeptanz in Bezug auf ihre Angemessenheit und ihre Eignung reichen. Selbst wenn Bürger/Patienten Zugang zu Gesundheits- und Sozialdiensten (einschließlich Präventionsprogrammen) haben und einen Gesundheits- oder Sozialdienstleister aufsuchen, können sie möglicherweise keine qualitativ hochwertige und sichere Versorgung in Anspruch nehmen, da die Politik im Zusammenhang mit den konzipierten Diensten die Geschlechterperspektive möglicherweise nicht berücksichtigt. Der Weg in die Zukunft besteht darin, die unterschiedlichen gesundheitlichen Bedürfnisse und Erfahrungen von Männern und Frauen zu ermitteln, die Faktoren zu analysieren, die zu diesem Unterschied beitragen, und entsprechend zu reagieren. Ohne eine solche Analyse können Innovation und Forschung wichtige Gelegenheiten zur Förderung der Geschlechtergleichstellung verpassen und sich auch negativ auf die Gesundheit von Frauen (und Männern) auswirken. Die Gleichstellung der Geschlechter in Gesundheits- und Sozialökosystemen verbessert deren Funktionsweise und Reaktionsfähigkeit mit dem Ziel, die Gesundheitsergebnisse zu verbessern. Die Einbeziehung der Geschlechterperspektive in die Gesundheits- und Sozialfürsorge muss eine verbesserte Gesundheitskompetenz und die Befähigung zur gemeinsamen Entscheidungsfindung zwischen Leistungserbringer und Bürger/Patient beinhalten, was eine aktive Beteiligung am gesamten Prozess der Gesundheits- und Sozialfürsorge bedeutet.

Dies wiederum bedeutet eine Stärkung des multidisziplinären integrierten Versorgungsmodells im Gegensatz zum traditionellen arztzentrierten Behandlungsmodell.

Es werden jedoch Fortschritte gemacht. Ein gutes Beispiel ist die Ernennung aller dänischen Krankenschwestern zum "Frauenpreis" 2016 durch die dänischen Medien. Dies ist das erste Mal in der Geschichte, und sie sind für die Bürger von der Wiege bis zur Bahre da. Es ist eine Anerkennung, die Krankenschwestern und -pfleger glücklicherweise auch in ihrer täglichen Arbeit von Patienten und Angehörigen erhalten. Aber es ist auch eine Anerkennung der Tatsache, dass Politiker und Entscheidungsträger an den Wert der Krankenschwestern erinnert werden müssen. Der männliche Ingenieur erhält immer noch ein höheres Gehalt für die Bedienung der örtlichen Maschine als die weibliche Krankenschwester, die sich in der Gemeinde um die Demenzkranken kümmert. Frauen sind in der EU in hohem Maße mit unbezahlter Hausarbeit und Kinderbetreuung belastet, was dazu führt, dass sie weniger Stunden arbeiten als Männer. Diese familiären Verpflichtungen zwingen sie oft dazu, in bestimmten Sektoren zu arbeiten, und Kinder zu haben, vergrößert das geschlechtsspezifische Lohngefälle. Folglich arbeiten Frauen häufiger als Männer in Teilzeit und in schlecht bezahlten Positionen und sind seltener in Management- und Führungspositionen zu finden. Daher ist die Beschäftigungsquote der Frauen in Europa niedriger als die der Männer. Geringere Beschäftigungsquoten bei Frauen können sich negativ auf die Möglichkeiten des beruflichen Aufstiegs, der Weiterbildung, der Rente und der Arbeitslosenunterstützung auswirken. Das Weltwirtschaftsforum schätzte (2014), dass die Kluft zwischen den Geschlechtern weltweit nicht vor 2095 beseitigt sein wird. Ein Jahr später wurde die Zahl aufgrund der Verlangsamung des Fortschritts angepasst; die globale Gleichstellung wird nicht vor 2133 erreicht. Wir können dieser Verlangsamung nicht untätig zusehen, ohne zu handeln. Innerhalb des Gesundheits- und Sozialsystems helfen die Schlussfolgerungen von Witz (1992), dass ein von Männern dominierter

Beruf (Medizin) die Entwicklung eines von Frauen dominierten Berufs (Krankenpflege) hemmt, die mangelnden Möglichkeiten der Führungskräfte, Einfluss auf Politiker und Entscheidungsträger auszuüben, zu verstehen. Es kann daher argumentiert werden, dass die Nutzung des Chancenfensters durch Führungskräfte in der Krankenpflege mit der Haltung der männlichen Position ("der männliche Arzt") gegenüber dem Krankenpflegeberuf zusammenhängt, der zu über 90 % aus Frauen besteht (EFN, 2012). Die "Ärzteschaft" in den meisten Mitgliedstaaten baut ihre Macht immer noch auf Elitismus, Paternalismus und Autoritarismus auf und neigt dazu, die Krankenschwestern und die Krankenpflegeausbildung zu kontrollieren, was verhindert, dass die Krankenpflege ein eigenständiger Beruf wird (Davies, 2007).

Witz, A. (1992) Berufe und Patriarchat. Routledge: London.

Schlussfolgerungen

Ich schließe dieses Buch mit einem Rückblick auf die Vergangenheit und einem Ausblick auf die Zukunft. Eine Zusammenfassung der vorangegangenen Kapitel:

J Das Buch stellt 3 Millionen EU-Bürger an die erste Stelle

J Das Buch forderte die EU-Politiker auf, ihre Denkweise zu ändern

J Das Buch untersuchte die Privilegien der EU-Mitgliedschaft für Krankenschwestern und Bürger

J Das Buch behandelt einige zentrale Herausforderungen der Europäischen Union

J In dem Buch wird ständig von Ungleichheit und Haftung gesprochen.

J Das Buch konzentrierte sich auf Innovationen und Beweise

J Das Buch befasst sich mit dem Aufbau widerstandsfähiger Ökosysteme im Gesundheits- und Sozialwesen und hebt die wichtige Rolle des Coachings im öffentlichen Gesundheitswesen hervor.

J Das Buch inspiriert zum Aufbau eines sozialen Europas, eines Europas jenseits von Geld und Politik

J Das Buch drückt einen starken Glauben an ein Stück

Krankenschwestern und Krankenpfleger haben auf EU-Ebene viel erreicht, wie z. B. die Entwicklung des EFN und die Beeinflussung der EU-Gesetzgebung, insbesondere die Richtlinie über die gegenseitige Anerkennung von Berufsqualifikationen, die die Freizügigkeit durch die Verwendung des Europäischen Berufsausweises fördert. Die Krankenschwestern und Krankenpfleger haben sich intensiv mit dem EU-Beitritt und dem Europäischen Semester auseinandergesetzt, um unsere aktuellen gesellschaftlichen und gesundheitlichen Herausforderungen zu bewältigen: die alternde Bevölkerung und die Demenzpflege. Daher ist es wichtig, dass die EU die "Rückverlagerung der Pflege in die Gemeinschaft" unterstützt und ein transparentes, ergebnisorientiertes "wertorientiertes Gesundheits- und Sozialökosystem" unterstützt. Die Hauptaussage des Buches ist die Beantwortung der Frage: "Was ist für mich drin?" - vor allem, wenn ich vorhabe, umzuziehen, einen neuen Job zu finden und dabei endlose Bürokratie zu vermeiden. Wichtig ist aber auch, was ich von der EU zurückbekomme, wenn ich mein Privatleben unter einen Hut bringen und gleichzeitig meinen Beruf als Krankenschwester weiterhin lieben möchte. Der Pflegeberuf war schon immer eng mit den europäischen Werten verbunden, was auf die Art unseres Berufs zurückzuführen ist, in dem wir täglich mit sehr verletzlichen Menschen, Bürgern und Gemeinschaften arbeiten. Wenn wir jedoch das europäische Projekt weiterhin unterstützen wollen, müssen wir die Politiker auffordern, ihre Rhetorik zu ändern und Maßnahmen zu ergreifen, die den Einzelnen und die Gemeinschaften erreichen - 3 Millionen einzelne Krankenschwestern sind eine riesige Gemeinschaft. Um in diesem Beruf zu bleiben, verdienen die Krankenschwestern und Krankenpfleger es, von den Patienten, den Bürgern und den Politikern respektiert zu werden. Auch die Industrie sollte ihre Einstellung ändern und mit den Krankenschwestern in Kontakt treten. Die Krankenschwestern und Krankenpfleger müssen dabei unterstützt werden, ihren Arbeitsplatz und ihr Gehalt zurückzubekommen, denn der Zugang zu Gesundheits- und Sozialfürsorgedienstleistungen ist ein zentraler Pfeiler der Entwicklung im Gesundheitswesen.

In Anbetracht dieser Überlegungen unterstützen die Pflegekräfte das "Innovationsprinzip" und die "Liebe zu Robotern" und sehen sich selbst als Bindeglied zwischen Wissenschaftlern und Bürgern, um das Engagement und das Verständnis zu fördern - vielleicht keine unmögliche Aufgabe. Innovationen in der Pflege an vorderster Front sind der Schlüssel zur Einbindung der Bürger, so dass Millionenbeträge nicht einfach nur ausgegeben werden, sondern strategisch eingesetzt werden, um eine bessere Rendite zu erzielen. Die vereinigte Stiftung für Pflegeforschung kann in der Anfangsphase ihrer Entwicklung dazu beitragen, diese Stimme zu stärken.

Bibliographie Bücher und Artikel

De Raeve P, Rafferty AM, Barriball L (2016). EU Accession Policy Window Opportunity, LAP LAMBERT Academic Publishing, ISBN 978-3-659-97672-8

De Raeve P (2011). 'Nurses' voice in the EU Policy Process', Kluwer, ISBN 978 90 4653 908 8

De Raeve P. u. a. (1998). Het Verpleegkundig Wetenschappelijk Onderzoek, practisch bekeken', Kluwer, ISBN 90 6716 5107

De Raeve P. & Negri J.F. (2000) 'La Recherche Infirmière, Approches Pratiques, Kluwer, ISBN 90 5062 308 5

De Raeve P & Aligiannis K (2016) European Semester: Eine Chance für die Pflegeberuf. Gesamteuropäische Netzwerke: Regierung

De Raeve P & Aligiannis K (2016) Upscaling integrated care. Gesamteuropäisch Netzwerke: Wissenschaft und Technologie 19

De Raeve P, Rafferty A und Bariball L (2016) EU Accession: Ein politisches Fenster für die Krankenpflege? Eurohealth Observer, Vol.22, Nr.1

De Raeve P et al. (2015) Enhancing the provision of health and social care through eHealth. Internationale Zeitschrift für Krankenpflege

De Raeve P (2015) Gender und integrierte Pflege. Diplomatische Welt

De Raeve P (2015) Personalisierung der Demenzpflege. Paneuropäische Netzwerke - Wissenschaft und Technologie

De Raeve P (2015) Wenn personalisierte Medizin, Geschlecht und Demenz aufeinandertreffen. Diplomatische Welt

De Raeve P (2015) Going beyond archaic metrics. Horizon 2020 Projects: Portal 9 (4005)

De Raeve P (2015) Nursing Europe. Horizon 2020 Projekte: Portal 8 (4054)

De Raeve P (2015) Nursing Legislation and Curricula in compliance with Article 31 of Directive 2005/36/EC, amended by Directive 2013/55/EU. Diplomatische Welt De Raeve P (2015) Prévention des blessures accidentelles: où en est-on? Hôpital Belge

De Raeve P (2015) Die Sicherheit des Pflegepersonals wird bei der Ebola-Vorbereitung vernachlässigt. Diplomatische Welt

De Raeve P et al. (2014) Evidenzbasierte Politikgestaltung für die Reform der Gesundheitssysteme in der diplomatischen Welt der EU

De Raeve P et al. (2014) Sharps Injuries in the Healthcare Setting, has the EU Sharps Directive Increased Healthcare Worker Safety? Krankenhausapotheke Europa

De Raeve P et al. (2014) The Politics of Health Workforce Planning and Forecasting. Eurohealth

De Raeve P & Kilanska D (2013) mHealth Redesigning Healthcare Budgets. ePractice Journal

De Raeve P (2013) EU-US Memorandum of Understanding and Europeanisation: eHealth Services Standards of Care, ePractice Journal

De Raeve P (2013) Nursing and Social Care Central in Redesigning Healthcare Systems Through the Deployment of eHealth Services, ePractice Journal

De Raeve P (2013) Wo sind die Krankenschwestern Europas geblieben? 12Newsnow.com

De Raeve P (2013) Wie lange wird das Gesundheitswesen Geld ignorieren, das darauf wartet, ausgegeben zu werden? Hospitals.be (11/4)

De Raeve P (2013) In die Gesundheit investieren, um die Wirtschaft anzukurbeln. Öffentlicher Dienst Europa (30).

De Raeve P et al. (2013) Credentialing with Credibility. Public Service Review: Health and Social Care 35

De Raeve P et al. (2013) Krankenschwestern und Pfleger im Mittelpunkt von E-Health-Diensten. WissenschaftOmega.de

De Raeve P (2013) Targeting Cohesion. Public Service Review, Europäische Union 34

De Raeve P et al. (2012) Chain of Trust: Verständnis der Perspektive von Patienten und Angehörigen der Gesundheitsberufe auf Telemedizin und Aufbau von Vertrauen und Akzeptanz. De Raeve P et al. (2012) Why are nurses seen as 'easy targets' for cuts? Öffentlicher Dienst Europa

De Raeve P (2012) Strengthening Nursing Education Saves Lives, EPHA, http://epha.org/a/5406

De Raeve P (2012) Wie lange wird das Gesundheitswesen Geld ignorieren, das darauf wartet, ausgegeben zu werden? Lindsell Marketing

De Raeve P et al. (2012) Caring and Comparing. Public Service Review, Europäische Union 24

De Raeve P et al. (2012) Wird der Globale Kodex der WHO den Beschäftigten im Gesundheitswesen nützen? Wissenschaft Omega

De Raeve P (2012) Caring in Crisis: Die Auswirkungen der Sparhaushalte auf Krankenschwestern und Krankenpfleger. Public Service Review Europäische Union

De Raeve P (2012) A Healthy Constitution. Public Service Review, Europäische Union 23

De Raeve P (2011) Vorbereitung auf die Umsetzung der EU-Richtlinie zur Vermeidung von Verletzungen durch scharfe/spitze Instrumente. Gesundheitssachen

De Raeve P (2011) Der Einsatz von eHealth-Technologie durch Krankenschwestern und -pfleger. Das Magazin des Parlaments

De Raeve P (2011) Der Einfluss des Pflegepersonals auf den Paradigmenwechsel im Gesundheitssystem.World Medical Journal

De Raeve P (2011) Die Pflege der Richtlinie. Public Service Review, Europäische Union, Ausgabe 21

De Raeve P (2010) Krankenschwestern und -pfleger üben weiterhin Druck aus. Krankenhaus Gesundheitswesen Europa

De Raeve P (2010) Feature über die Gesundheit von Krankenschwestern. Praktische Patientenpflege

De Raeve P (2010) Verletzungen durch scharfe/spitze Instrumente - Von der Richtlinie zur Umsetzung" Gesundheit

De Raeve P (2010) Verletzungen durch scharfe/spitze Instrumente - Die Herausforderung in Europa meistern

De Raeve P (2007) Die Zukunft der EU-Gesundheitsdienste, Parliament Magazine, Ausgabe Nr. 259

De Raeve P (2007) EU Patient and Workplace Safety, Ausgabe Nr. 257

De Raeve P (2007) EU Health Pro Elderly, Ausgabe Nr. 256

De Raeve P & Kennedy A (2006) EU-Herausforderungen zur Sicherung der Qualität der Pflege und der Patientensicherheit. Health First Europe

De Raeve P (1998) Die Stärke der Krankenpflege durch NMDS, Nursing Standard

De Raeve P (1998) Approche méthodologique de la mesure de la production infirmière en Belgique. ULB, MISS - Maîtrise en Management des Institutions de Soins et de Santé, 87-100.

De Raeve P, Sevenois M, Van Riel J, Vanhemelrijck M, Suys E, De Win M (1997) Visualising the reality by nursing research. Improving Clinical Outcomes through Education, Journal of Wound Care, Harrogate, 111-113.

De Raeve P (1997) Pflegeberuf und Beschäftigung. Das Weißbuch in Sachen Beschäftigung. Das Belgische Krankenhaus - Het Belgisch Ziekenhuis, 2, 44-47.

De Raeve P (1997) Welche Zukunft für welches Krankenhaus? Neue Entwicklungen in der Krankenpflege. Het Belgisch Ziekenhuis, 3, 33-39.

De Raeve P (1994) Zuweisung von Humanressourcen auf der Grundlage des Mindestdatensatzes für die Krankenpflege und des Leistungsmodells. Das Belgische Krankenhaus - Het Belgisch Ziekenhuis, 2, 217, 8-17

Referenzen

Abbott A (1988) Das System der Berufe. Ein Essay über die Aufteilung der Facharbeit. Chicago /London: The University of Chicago Press.

Aiken et al. (2012) Patient safety, satisfaction and quality of hospital care: cross sectional surveys of nurses and patients in 12 countries in Europe and the United States: BMJ, 344 :E1717 DOI :10.1136/BMJ.E1717

Aiken, Sloane, Bruyneel, et al. (2014) Personalausstattung und Ausbildung von Pflegekräften und Krankenhaussterblichkeit in neun europäischen Ländern: eine retrospektive Beobachtungsstudie. Lancet. May 24;383(9931):1824-30. doi: 10.1016/S0140-6736(13)62631-8. Epub 2014 Feb 26.

Aldridge, M (1994) Unbeschränkte Haftung? Emotionale Arbeit in der Krankenpflege und Sozialarbeit. Journal of Advanced Nursing, 20: 722-728

Anderson G & Oderkirk J (eds.) (2015) Dementia Research and Care: Can Big Data Help? OECD Publishing, Paris.

Barnier M (2012) Single Market Act Twelve levers to boost growth and strengthen confidence "Working together to create new growth". http://eur- lex.europa.eu/LexUriServ/LexUriServ.do?uri=CELEX:52011DC0206:DE:NOT

Bird, C. E., & Rieker, P. P. (1999). Gender matters: an integrated model for understanding men's and women's health. Sozialwissenschaft & Medizin, 48(6), 745755.

Borzel TA (1999) Auf dem Weg zur Konvergenz in Europa? Institutionelle Anpassung an die Europäisierung in Deutschland und Spanien. Zeitschrift für Studien zum Gemeinsamen Markt, 37 (4), 573-596.

Borzel TA (1999) Institutionelle Anpassung an die Europäisierung in Deutschland und Spanien, Journal of Common Market Studies 37/4: 573-596.

Borzel TA, Risse T (2003) Conceptualising the Domestic Impact of Europe, in Featherstone K. and Radaelli C. (eds), The Politics of Europeanisation, Oxford: Oxford University Press, S. 57-80.

Borzel TA (2012) Policy Change in the EU's Immediate Neighbourhood. Ein Vergleich in der Praxis, hrsg. mit Katrin Bottger. Baden-Baden: Nomos.

Bamford SM (2010) Ein geteiltes Problem ist ein halbiertes Problem? Demenz: Lernmöglichkeiten aus Europa. ILC-UK

Bird CE & Rieker PP (1999) Gender matters: an integrated model for understanding men's and women's health. Sozialwissenschaft & Medizin 48(6): 745755

Buchan J, Temido M, Fronteira I, Lapao L, Dussault G (2013) Nurses in advanced roles: a review of acceptability in Portugal. Rev. Latino-Am. Enfermagem 21(Spec): 38-46

Mitteilung der Kommission an das Europäische Parlament, den Rat, die Europäische Zentralbank und die Eurogruppe zum Europäischen Semester 2016: Bewertung der Fortschritte bei den Strukturreformen, der Vermeidung und Korrektur makroökonomischer Ungleichgewichte und der Ergebnisse der vertieften Überprüfungen gemäß der Verordnung (EU) Nr. 1176/2011, COM(2016) 95 final/2 http://ec.europa.eu/europe2020/pdf/csr2016/cr2016 comm de.pdf

Croke, E. M. (2003) Krankenschwestern, Nachlässigkeit und Fehlverhalten: Eine Analyse auf der Grundlage von mehr als 250 Fällen gegen Krankenschwestern. AJN The American Journal of Nursing, 103(9): 54-63

Davies C (2007) Das Versprechen der Professionalität des 21. Jahrhunderts: Regulierungsreform und integrierte Versorgung, Journal of Interprofessional Care, 21(3), 1-7

De Raeve P (2015) Wenn personalisierte Medizin, Geschlecht und Demenz aufeinandertreffen! Zeitschrift Diplomatische Welt http://diplomatic-world.com/en/editions/48#page-82-83

De Raeve P et al. (2015) Women in Integrated Care and eHealth, in Diplomatic World Magazine - http://diplomatic-world.com/en/editions/49#page-10-11

De Raeve P (2016) Women: setting the agenda, in Pan European Networks: Wissenschaft & Technologie, Ausgabe 18 http://www.paneuropeannetworkspublications.com/ST18/#122

Delamaire M und Lafortune G (2010) Nurses in Advanced Roles: A Description and Evaluation of Experiences in 12 Developed Countries. OECD Health Working Paper Nr. 54. Verfügbar unter: www.oecd.org/els/health/workingpapers

DiCenso A, Bryant-Lukosius D, Bourgeault I, et al. (2010) Clinical Nurse Specialists and Nurse Practitioners in Canada: A Decision Support Synthesis. Verfügbar unter : http://www.chsrf.ca/migrated/pdf/10-CHSRF-0362_Dicenso_DE_Final.pdf

Richtlinie 2013/55/EU des Europäischen Parlaments und des Rates vom 20. November 2013 zur Änderung der Richtlinie 2005/36/EG über die Anerkennung von Berufsqualifikationen und der Verordnung (EU) Nr. 1024/2012 über die Verwaltungszusammenarbeit mit Hilfe des Binnenmarktinformationssystems

Richtlinie 2011/83/EU des Europäischen Parlaments und des Rates vom 25. Oktober 2011 über Rechte der Verbraucher, zur Änderung der Richtlinie 93/13/EWG des Rates und der Richtlinie 1999/44/EG des Europäischen Parlaments und des Rates sowie zur Aufhebung der Richtlinie 85/577/EWG des Rates und der Richtlinie 97/7/EG des Europäischen Parlaments und des Rates

EFN Brief an die Europäische Kommission, das Europäische Parlament, die italienische Regierung und die Zivilgesellschaft, 17. Juli 2009 - http://www.efnweb.be/wp- content/uploads/2012/07/Letter-Italy-Downgrading-Nursing-Education-17-07- 2009.pdf

EFN Brief (23. Juli 2012) an den Präsidenten der Slowakischen Republik, über unethische Praktiken im Zusammenhang mit dem Gesetz Nr. 62/2012 über Mindestlohnansprüche von Krankenschwestern und Hebammen.

EFN Brief (19. Juli 2012) an den slowenischen Gesundheitsminister über die Aus- und Weiterbildung von slowenischen Pflegehelfern

ENS4Care (2015a) Evidenzbasierte Leitlinien für Pflege- und Sozialdienste zu eHealth-Diensten. Leitfaden zur Prävention.

ENS4Care (2015b) Evidenzbasierte Leitlinien für Pflege- und Sozialdienste zu eHealth-Diensten. Leitfaden für die klinische Praxis.

ENS4Care (2015c) Evidence Based Guidelines for Nursing and Social Care on eHealth Services. Leitlinie zur integrierten Pflege.

ENS4Care (2015d). Evidenzbasierte Leitlinien für Pflege- und Sozialdienste zu eHealth-Diensten. Guideline on Advance Practice Roles.

ENS4Care (2015e) Evidence Based Guidelines for Nursing and Social Care on eHealth Services. Guideline on Nurse e-Prescribing.

Europäische Kommission (2004) Der *Acquis Communautaire*: Die Erweiterung der Europäischen Union

Europäische Kommission (2004) Lissabon verwirklichen: Reformen für die erweiterte Union.

Brüssel- http://www.europa.eu.int/comm/lisbon strategie/pdf/COM2004 029 de.pdf

Europäische Kommission (2006) Enlargement, Two Years After: Eine wirtschaftliche Bewertung durch das Beratergremium für europäische Politik und die Generaldirektion Wirtschaft und Finanzen

Europäische Kommission (2006) Eine bürgernahe Agenda - mehr Ergebnisse für Europa (IP/06/512) - http://eurlex.europa.eu/LexUriServ/LexUriServ.do?uri=COM:2006:0211:FIN:EN: PDF

Europäische Kommission (2006) TAIEX-Tätigkeitsbericht ISBN 92-79-04935-6 http://ec.europa.eu/enlargement/TAIEX/pdf/report-2006/TAIEX-activity-report- 06 de.pdf

Europäische Kommission (2010) TAIEX Tätigkeitsbericht ISBN 978-92-79-20177-6 http://ec.europa.eu/enlargement/TAIEX/pdf/report- Tätigkeitsbericht 2010/2010lq de.pdf

Europäische Kommission (2010) Europa 2020 - Eine Strategie für intelligentes, nachhaltiges und integratives Wachstum.

Europäische Kommission (2011) TAIEX Activity Report ISBN 978-92-79-23876-5 http ://ec.europa.eu/enlargement/pdf/T AIEX/11216 T AIEX 2 011 de .pdf

Fagan A, Sircar I (2010) Compliance ohne Governance: die Rolle von NROs bei Umweltverträglichkeitsprüfungen in Bosnien-Herzegowina" Umweltpolitik 19(2)

Fagan A (2010) Europe's Balkan Dilemma: Wege zum Staatsaufbau oder zur Zivilgesellschaft? I.B. Tauris.

Fiesta J (1999) Kunstfehler in der Krankenpflege: Ein Grund zum Nachdenken. Pflegemanagement, 30(2): 12

Graziano P, Vink M (2008) Europäisierung. New research agendas. Houndmills:Palgrave

Gruber M, & Gruber M J (1990) Fehlverhalten in der Krankenpflege: Die Wichtigkeit der Dokumentation. Gastroenterology Nursing, 12(4): 255-259

Klüver H (2009) Der Einfluss von Interessengruppen auf die Politikgestaltung der EU: Eine quantitative Analyse zu verschiedenen Themen. Universität Mannheim http://www.unc.edu/euce/eusa2009/papers/kluever 08D.pdf

Ladrech R (1994) Europeanization of Domestic Politics and Institutions: the case of France, Journal of Common Market Studies 32(1) S. 69-88

Lupari MT (2011). Eine Untersuchung der Wirksamkeit und Kosteneffizienz eines Case-Management-Ansatzes für ältere Menschen mit multiplen chronischen Erkrankungen in einem kommunalen Gesundheitswesen.

Maciejewski M (2012) Niederlassungsfreiheit, freier Dienstleistungsverkehr und gegenseitige Anerkennung von Diplomen, Europäisches Parlament

Matei L, Ani M (2010) The Economic and Social Impact of Public Administration Europeanization. MPRA Paper 24267, Universitätsbibliothek München, Deutschland

Megie A, Ravinet P (2004) Contrainte de coopération intergouvernementale et processus d'européanisation, La construction des espaces européens de l'enseignement supérieur et de la justice, Paper delivered to the conference on Europeanisation of Public Policies and European Integration, IEP- Paris

NHS-Entschädigung. Arrangements for Clinical Negligence Claims in the NHS. Online: http://www.nhsla.com/claims/Documents/NHS Entschädigung.pdf

Nolte E und Pitchforth E (2014) What is the evidence on the economic impacts of integrated care? WHO-Regionalbüro für Europa und Europäisches Observatorium für Gesundheitssysteme und Gesundheitspolitik ISSN

2077-1584

Payne S (2009) Wie kann die Gleichstellung der Geschlechter durch Gesundheitssysteme gefördert werden?

Percival V, Richards E, MacLean T, & Theobald S (2014) Health systems and gender in post-conflict contexts: building back better? Conflict and Health 8(1): 19

Rafferty et al. (2015) King's College London. Degree educated nurses can reduce hospital deaths. http://www.kcl.ac.uk/nursing/newsevents/news/2014/Degree- educated-nurses-can-reducehospital-deaths.aspx

Rafferty AM et al (2015) Post-graduate education and career pathways in nursing: a policy brief. National Nursing Research Unit, King's College London

Rafferty A M et al. (2006) Outcomes of variation in hospital nurse staffing in English Hospitals: International Journal of Nursing Studies. doi: 10.1016/j.ijnurstu.2006.08.003.

Royal College of Nursing (2014) Moving care to the community: an international perspective. Publikationscode: 004 450

Royal College of Nursing (2012). Advanced Nurse Practitioners. A RCN guide to advance nursing practice, advance nurse practitioners and programme accreditation. London, 2012.

Royal College Of Paediatrics And Child Health Annual Conference (RCPCH 2014), Birmingham, Vereinigtes Königreich.

Schimmelfennig F, Sedelmeier U (2005) The Europeanization of Central and Eastern Europe. Ithaca, Cornell University Press.

Studdert, D. M., Spittal, M. J., Mello, M. M., O'Malley, A. J., & Stevenson, D. G. (2011) Relationship between quality of care and negligence litigation in nursing homes. New England Journal of Medicine, 364(13): 1243-1250

Underdal A (2008) Determining the Causal Significance of Institutions: Accomplishments and Challenges. In Young OR, King LA, Schroeder H (eds.) Institutions and Environmental Change: Principal Findings, Applications, and Research Frontiers. Cambridge, MA: MIT Press

Underdal A (2012) Strategies in international regime negotiations: reflecting background conditions or shaping outcomes? International Environmental Agreements, vol.12, no.2, pp. 129-144University of Southampton, 2011

Weld, K. K. & Garmon Bibb, S. C. (2009) Konzeptanalyse: Fehlverhalten und Moderne Pflegepraxis. Forum Krankenpflege, 44: 2-10

Wildavsky A (1987) Choosing Preferences by Constructing Institutions: Eine kulturelle Theorie der Präferenzbildung. American Political Science Review 81: 3-21

Zajac J (2016) Aktuelle Situation der Schulmedizin in Polen und Vorschläge für zukünftige Änderungen zur Vermeidung und Lösung der aktuellen Probleme. Bezirkskammer der Krankenschwestern und Hebammen in Gdansk, unveröffentlichter Bericht

Witz A (1992) Berufe und Patriarchat. Routledge: London. Welt Alzheimer

Bericht (2014) Demenz und Risikominderung. Alzheimer's Disease International und Globale Beobachtungsstelle für Alterung und Demenzpflege, King's College London